JN139499

# 紙の砦

## 自衛隊文学論

川村 湊
KAWAMURA Minato

インパクト出版会

言視舎刊行の関連書

978-4-86565-067-9

## 出雲
## 歴史ワンダーランド

日本最大の神話の里「出雲」を実際に徹底的に歩き、神々と神社の世界を再発見。いたるところに秘められた物語を掘り出します。古代冶金にはじまる鉄と銅の資源技術については圧巻。古代だけではなく、近代に至る歴史散歩も充実。

出川卓＋出川通著　　四六判並製　定価1600円＋税　近日刊

---

北海道人が知らない
978-4-905369-40-0

## 北海道
## 歴史ワンダーランド

蝦夷地＝北海道は世界で「最後」に発見された場所だった！「黒船前夜」の歴史物語から、すすきの夜話、熊に食われた話、現代の壮大なフィクションまで。北海道のいたるところに秘められた物語を幻視します。

井上美香著　　四六判並製　定価1600円＋税

---

[増補・改訂版]
978-4-86565-046-4

## 北海道の逆襲
眠れる"未来のお宝"を発掘する方法

地元の良さを再発見！　北海道は住んでみたい土地ナンバーワン、でも住んでみたい≠住みやすい。過疎、財政など、悩める問題、逆襲すべき課題は多々。新幹線もやってきた！　足元で"凍っている"お宝を活用して、逆襲です。

井上美香著　　四六判並製　定価1400円＋税

---

[増補・改訂版]
978-4-86565-042-6

## 青森の逆襲
"地の果て"を楽しむ逆転の発想

誇るべき青森を再発見！新幹線が北海道へ延びても、青森は地の果て？自然・独自の歴史・文化があり、人材も豊富です。町おこしの成功例も多数。増補により南部地方も充実。過去・現在・未来から「青森の幸せ力」を探ります。

福井次郎著　　四六判並製　定価1400円＋税

---

978-4-86565-013-6

## 75歳まで働き愉しむ方法
「自分ロードマップ」で未来がみえてくる

年金危機時代、ビジネスマンが組織を「卒業」することを前提に、75歳まで働き愉しむ戦略を提案。どうすれば可能か、どういう準備が必要か、収入面もきちんと解説。その実現には未来の設計図＝ロードマップが役立ちます。

出川通著　　A5判並製　定価1300円＋税

## 出川通　イノベーションのための理科少年・少女シリーズほか

### 平賀源内に学ぶイノベーターになる方法

出川　通著
978-4-905369-42-4
平賀源内の発想法・生き方が、現在の日本と日本人を活性化する。学者、発見家、発明家、エンジニア、起業家、ネットワーカー……改革者として源内がなしたことを検証し、現在に生かすヒント・方法を導き出す。

四六判並製　定価 1500 円＋税

### MANGA 源内

イノベーター平賀源内の肖像

作・文　出川通　マンガ　REN
978-4-86565-008-2
発見家、発明家、エンジニア、起業家、ネットワーカー…イノベーターの先駆者源内の生涯を、マンガと図版・写真でわかりやすく解説する。

A５判並製　定価 1200 円＋税

「自由訳」平賀源内作

### 風流志道軒傳

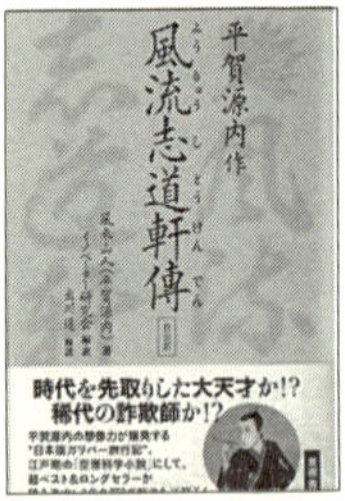


風來山人（平賀源内）著
イノベーター源内研究編・訳　出川通解説
978-4-905369-19-6
「日本版ガリバー旅行記」ともいわれ、浄瑠璃等などに翻訳されて広く知られる江戸期のベストセラー本。庶民が旅することが困難だった時代に、日本全国だけでなく、巨人の国、小人の国、長脚国、いかさま国などを巡る「トンデモ冒険SF」小説でもある。

四六判並製　定価 1500 円＋税

### 理系人生　自己実現ロードマップ読本

改訂版「理科少年」が仕事を変える、会社を救う

出川　通著
978-4-905369-43-1
「専門家」「技術者」というだけでは、食べていけない時代に突入！　あらゆる領域でイノベーションが求められている。自分の仕事と組織をイノベートするには「ロードマップ」の発想と「理科少年・少女」のわくわく感が最も有効。

四六判並製　定価 1600 円＋税

紙の砦　自衛隊文学論

目次

# まえがき

　これまで文芸批評（あるいは文学研究）の世界で、自衛隊が取り上げられたことはない。戦後文学（もちろん、戦前・戦中の文学も）が、幾多の戦争小説、戦場小説、軍隊小説を書き続けてきたのに較べ、自衛隊は戦後文学の中心どころか、辺陬《へんすう》の地においても、その居場所を見出さなかった。太平洋戦争、大東亜戦争、十五年戦争、アジア・太平洋戦争と、いくつもの名称で言い慣わされている戦争に対する反省と慚愧の念から、日本は「戦争の放棄」を決意した。それは単に日本国憲法の第九条に成文化されただけではなく、ほとんどの日本国民が悲惨な体験、悲痛な経験を経て獲得したはずの決意だった。

　日本を打ち負かし、軍事占領したアメリカ合衆国は、敗戦国日本に、「戦争の放棄」「陸海空軍その他の戦力」の非保持、交戦権の否認を強制した。それは敗戦によって「戦争」への嫌悪感、否定感を強く感じていた日本国民の共感を生んだ。かくて、日本国憲法第九条は、〝日本国の宝〟となったのである。

　しかし、これとほぼ同時に、アメリカ合衆国は、日本に「象徴天皇制」と、日本国内に米軍基地を〝自由〟に設置し、活用する「日米安全保障条約」を押しつけた。もちろん、単なる、一方的な強要ではなく、日本の保守的な上層階層に属する人々との〝合作〟であったのだが。さらに、朝鮮戦争の勃発は、「戦争」を放棄し、「陸海空軍その他の戦力」を持たない日本に、再軍備という逆コースへの進行を強制することになる。自衛隊へと羽化することになる、警察予備隊の創設である。

平和憲法、安保条約、自衛隊という、日本の安全保障に関わる重要要素は、すべてMADE・IN・AMERICAである。もちろん、日本の、ごく一部の要素は含まれているのだけれど。

こうした自衛隊の成り立ちからして、日本人は自衛隊を〝我が物〟として考えられなかった、考えたくなかったというのはいたしかたないことかもしれない。しかし、内閣府の内局だった防衛庁が防衛省に昇格し、まがりなりにも海外派兵が可能になり、三・一一の悲惨な体験を経て、自衛隊の存在に対して、日本国民の眼が急速に変化したことは確かである。

一方では災害救助活動において〝頼りになる〟〝信頼される〟自衛隊であると同時に、海外の戦闘地、紛争地に流血をも覚悟して赴かなければならない、〝戦闘集団〟としての自衛隊である（これは、安倍晋三内閣のような好戦的で、自衛隊の軍隊化を希求するナショナリストたちの目標・願望であるが）。

つまり、自衛隊は平和部隊と、〝暴力装置〟としての戦争遂行部隊との二つの岐路に立っているといえる。そうした自衛隊の存在をどのように位置づけ、どのように存立させてゆかなければならないか（もちろん、解体、解散の可能性も含めて）ということを、国民レベルで考えたことは戦後社会、戦後の歴史において一度もなかったのではないか。少なくても、私はそれが自分に関わる問題であるとは、一度たりとも思ったことはなかった。それが変わったのは、三・一一以降のことである。大震災と、福島第一原子力発電所の事故は、日本の防災・防衛体制や安全保障の脆弱さを露呈せずにはおかなかったのであり、また戦後すぐに構築された、戦勝国・占領国アメリカと、敗戦国・被占領国日本との〝合体〟としての戦後体制の不都合さや綻び、不合理性や腐敗の状況を見ないわけにはゆかなかったのだ。沖縄や本土の米軍基地問題、安保条約の不平等性、自衛隊の在り方、防衛意識の欠如と、国防・安保に関するデマゴギーとプロパガンダ。

文芸批評家である私が、こんな問題に首を突っ込むのは、もとよりガラにもないことと思わざるをえないのだが、三・一一以降、自分と身の回りの人間（日本に住む人間すべてといってよい）の「安全」について気を遣わざるをえなくなった私としては、やむをえないことだった。終生、関わり合いになることはないだろうと思っていた原子力発電所と自衛隊について、それぞれ単著を書くようになったのも何かの運命のいたずらといわざるをえない（原発については、『福島原発人災記』〈現代書館〉と『震災・原発文学論』〈インパクト出版会〉の二冊だ）。

小説家の三島由紀夫が、私兵集団・楯の会の同志とともに市ヶ谷の自衛隊駐屯地に突入したのは、私が大学一年生で、すぐ近くの大学のキャンパスで授業を受けている時のことだった。頭上を報道陣のヘリコプターが舞い、あわてて駆けつけていこうとした、外濠を挟んだ見付橋の向こうには濃紺の制服に身を固めた機動隊が立ち並んで、報道陣や物見高い野次馬たちの侵入を制止していた。

戦中時には、兵役を嫌悪していたという三島由紀夫が、自衛隊にクーデターへの蹶起《けっき》を呼びかけたという報道は信じがたかった。三島は、なぜ、それほどまでに自衛隊に肩入れしたのか。自衛隊がどうであれば、三島はその存在に満足したのだろうか。そもそも、自衛隊とは、戦後において、どんな存在であり、どうあるべきものなのか？

以下は、その時の私の疑問に対する、四十年後の解答の試みである。

# I

# 自衛隊小説論

## 〝不在の軍隊〟としての自衛隊

この論考を、イタリアの現代文学の作家イターロ・カルヴィーノ（1923～1985）の『不在の騎士』から始めようとすることは、奇矯な出だしということになるだろうか？

イターロ・カルヴィーノは、奇想天外で幻想的な物語を作り出すイタリアの小説家として、世界中に読者を持ち、日本でもその作品が多数訳出されてよく知られている（どういうわけか、ノーベル文学賞は受賞していない。その資格は十分にあったと思われるのに）。

彼の代表的な作品に『我われの祖先』という総題を持つ歴史物語のスタイルを取った寓話的小説の長篇三部作がある。戦いで頭から足の先まで、まっぷたつに切られた〝子爵〟が、その半身ずつ（善の半身と悪の半身、『半欠け子爵』の異訳題がある）が別々に生きながらえて、相見《あいまみ》えるという話の『まっぷたつの子爵』がその第一作で、次の『木のぼり男爵』は、子供の頃、嫌いなものが出た食卓から窓の外へ、そして庭の木の上から森へと逃避し、ついにそのまま樹上で一生涯を暮らすようになった〝男爵〟の物語であり、そして、〝我われの先祖〟三部作の第三作目が、『不在の騎士』（邦訳は、本川洋子〈學藝書林〉、脇功〈松籟社〉、米川良夫〈国書刊行会〉の三種がある）である。

この『不在の騎士』の主人公は、鎧《よろい》だけの空っぽの騎士である。甲《かぶと》や鎧の中を覗いても、そこには何もない。彼は、騎士道の理想を実現するという「意志」だけによって、鎧と甲に固めた自分の身（それは本来、虚無である）を動かしているのである。

「アジルーファ・エーモ・ベルトランディーノ……（この間、数十文字が入る）チテリオーレならびにフェースの騎士」と名前だけは仰々しい〝不在〟のナイト。本当は不在というより、非存在、非在あるいは虚体の騎士といったほうがいいのかもしれない（『空っぽのナイト』という邦訳題もある）。しかし、彼はムスリム（イスラム教徒）の勇士たちとの戦いの戦場では抜群の働きを見せる。何しろ、彼には死を恐れる何の理由もなく、不滅、不死の英雄という称号を受けるにふさわしい存在（いや、非存在）だったからだ。

それだけに、彼の末路は悲劇的である。彼は高貴な女性（想い姫＝ドン・キホーテにとってのドゥルネシーア姫のような）の名誉を守るという騎士道の本分を失ったと思い込んだ瞬間に、彼自身、鎧、甲、籠手《こて》、足当てを〝脱いで〟自ら消滅することを選んだのだ。中味のない鎧甲の騎士を動かしていた「意志」が、そこでは消えてしまった。あとには、空っぽな〝無意志〟が残り、そして、それは空無のものとして雲散霧消してしまったのである。つまり、ただ「意志（意義）」だけによって存在していた彼が、そうした目に見えない「意志」が消滅してしまえば、もともとの「非存在」に戻ってしまうことは当然だった。

さて、こうしたカルヴィーノの小説に描かれた、文学的な比喩を借りて、私が表現したいのが、戦後の日本国家の軍事組織である「自衛隊」のことであることは、もはや明らかとなったといえるだろう。それは軍隊としての組織と軍備を持ち、世界でも有数のハイテク兵器と兵力を有しているという。戦車も、戦艦も、戦闘機も実質的に装備している（ただし、それは特殊車両とか、護衛艦、自衛隊機といい、〝戦〟や〝軍〟や〝兵〟という字は極力使わない）。つまり、外見的には立派な鎧と甲を身につけている。しかし、この〝不在（非在）の軍隊〟の中味は空っぽなのではないか。甲の内側を覗いてみても、そこには虚無と空虚があるだけだ。戦うことのできない軍隊、戦争を知らない兵隊たち、そして交戦権を持たない国家の軍備と軍事力。日本の自衛隊は、まさに〝不在の騎士〟として存続せざるをえなかったのである。

これはきわめて文学的な、フィクショナルな、象徴世界の軍隊であるといわざるをえない。そのために、日本の自衛隊は、まさに現実的、物理的、社会的な存在というよりは、その存在や在り方について、観念や抽象的な理念やイデオロギーが飛び交う実体のない存在として存続してきたのであり、それは戦後日本社会において継子扱いされ、厄介者視され、また、〝あってはならない〟ものとして、〝あっても、ない〟〝見えても、見えない〟ものとして、その存在の正当性を常に疑問視され続けてきた（これは自衛隊が単なる〝張り子の虎〟であることを意味しはしない。つまり、見かけ倒しの装備や軍隊としての士気の無さを意味しているのではなく——それもありうるが——軍隊としての「意志」の欠落を意味している。平たくいえば、軍隊のくせに戦争（戦闘）を〝やる気〟がないのだ）。

こうした〝不在の軍隊〟の空っぽの内実に、魂を吹き込もうとしたケースもなかったわけではないが、それもきわめて〝文学的〟な文脈によって行われた。小説家の三島由紀夫（1925～1970）がその私兵グループの「楯の会」の数名とともに、市ヶ谷の自衛隊駐屯基地に乱入したのは、一九七〇年の十一月二十五日のことだった。彼はバルコニーに立ち、その前の広場に自衛隊員を集めて、ともにクーデターに蹶起しようとアジテーション演説を行った。しかし、報道機関や警察のヘリコプターなどの周囲の騒音が激しく、私設軍隊の「楯の会」の軍服（ミリタリー・ルックといったほうがよさそうだ）に身を包み、日の丸のついた鉢巻きをした彼の煽動に乗ろうとする隊員は一人もいなかった。それどころか、野次と嘲笑と罵倒が、隊員たちの間から沸き上がった。その様子は、筒井康隆が、「ダンヌンツィオに夢中」（『ダンヌンツィオに夢中』一九八九年七月、中央公論社）で紙上再現している。そこでは、三島由紀夫は「冷暖房でもって、いかなるデモも鎮圧できるもったからだ。しゅわわちくはいらなかったんだ。くともいらなかったんだ」「おれた自衛隊年待ってん」「自衛隊、違憲なんだ。も違憲ど」などと意味不明の言葉を叫んでいる（筒井康隆が、三島の声を録音したソノシートを、耳で聞いたまま再現したものである）。騒音のなかで、発声法も、演説法も学ばなかった三島の声は、聴衆の自衛隊員にはっきりと届かなかったのだ。

三島由紀夫は、空っぽの軍隊に対して、その中味としての「意志」を注入しようとしたのだが、もとよりそれは虚構の世界だけにしか通用しない、文学的な表現にしかすぎなかったのであり、空しい美辞麗句にほかならなかった（彼は、最初からそのアジテーションが失敗することを覚悟していたと思われる。自決までの手際の良さは、彼が予めそれを予測していたからだろう）。

日本の軍隊である自衛隊には、決定的に軍隊としての中身（本質）が欠落している。それは「戦争」であり、「戦争」を行う意志であり、「交戦権」そのものである。「戦争」を遂行できない軍隊が軍隊であるということは自己矛盾だ。自衛隊には戦闘能力はあっても、戦争能力はない。それは戦後の日本が、日本国憲法第九条という、自衛隊（という軍隊）にとっては〝空っぽ〟とならざるをえない絶対的矛盾を抱え込んでいるからである。

いうまでもなく、日本憲法は「国権の発動たる戦争と、武力による威嚇又は武力の行使は、国際紛争を解決する手段としては、永久にこれを永遠に放棄（日本国憲法第九条第一項）」した。そのために「陸海空軍その他の戦力は、これを保持しない。国の交戦権は、これを認めない（同第二項）」とした。これは「戦争」をしないという意志の表現であると同時に、「戦争」はできないという厳しい自縄自縛ともいえる戒律であり、国際社会に対する誓約である。日本を軍事占領したアメリカ軍は、徹底的に日本を二度と戦争をしない国、戦争のできない国にしようとした（別に平和国家の理念を追究したわけではない。二度と、アメリカに歯向かう戦争を引き起こさせないことが至上命令だった）。つまり、〝不在の軍隊〟としての自衛隊は、本当はその中身の空っぽな、外見としての〝鎧（や武具）〟（「陸海空軍その他」の戦力）さえも憲法によって保持を禁じられている、無根拠で、不法のものであり、正統性を有していないのだ。

ただし、戦後、長らく政権を握ってきた自民党と、ごく短期間に政権を握った社会党や民主党の政府は、憲法に規定のないことをいいことに、〝自衛権〟なるものを振り回し（ただ、これも自衛隊という〝実存〟が〝本質〟に先立っている。つまり、自衛隊の存在を根拠づけるために、〝自衛権〟なるものが天賦のもののように編み出されたのだ）、自衛隊という実質的には「戦力」にも、「軍隊」にも当たるものを創設し、維持し、拡大、膨張させてきた（その組織や武力だけではなく、存在感、活動範囲においても）。自衛権なる言葉も概念も、現行憲法のどこを探しても見当たらない。規定がないことをいいことに、これまでの日本政府は、自衛権は憲法解釈上、保持されているとして、自衛隊を合憲としてきた（司法では、自衛隊が違憲とされたこともあったが、最高裁で必ず覆された）。

日本国憲法の第九条が、第一条と〝抱き合わせ〟になっていることは、すでによく知られていることだ。いうまでもなく、大日本帝国憲法では宣戦布告（交戦権の発動）は、大元帥としての天皇にあった。戦後憲法では、この宣戦布告の権利を天皇から取り上げ、さらに二重三重の戦争防止策として、軍隊の不保持、交戦権の放棄を、日本国憲法に〝押しつけた〟のだ（誰が？　もちろん、戦勝国のアメリカだ）。

誰が、どんな三百代言を振るおうと、自衛隊の存在は、日本国憲法に明白に違反している。「戦争を放棄し、陸海空軍その他の戦力はこれを持たない」と規定した第九条の一、二項がある限り、日本に戦闘機や戦艦、戦車や迎撃ミサイルや軍用レーダー、軍人や軍用犬や軍用鳩に至るまでの軍隊や軍人や軍属は、あってはならないものなのだ。こうした絶対的な矛盾を、戦後の日本社会はどのように解決しようとしてきたのか？

解決しようとは、まったくしてこなかった。矛盾や問題を顕在化させることをひたすら厭い、それをことあるごとに隠蔽しようとした。自衛隊の合憲法化（すなわち憲法改正）を積極的に主張する保守政党の政治家はなく（右翼文化人などにはいた。さらに近年は、本音としての憲法改正を狙って蠢動する極右的政治家が台頭してきている）、自衛隊の即時解体を叫ぶ革新側の政治家もいなかった（左翼過激派にはいた。しかし、近年はそれを文字通り主張する極左分子はいなくなっている）。つまり、責任と権限のある人間は、この問題について触れることを、羹《あつもの》に懲りて膾《なます》を吹くように避けてきたのである。半世紀以上もの間を、漫然と。

戦争の放棄と軍隊の不保持という憲法上の規定を〝見て見ぬフリ〟をして、〝自衛権〟という超法規的、憲法違反の疑いの濃い砂上の楼閣の上に、最初は警察予備隊として、次に保安隊（警護隊）として、そして自衛隊＝防衛庁→防衛省として、日本軍の再構築は図られた。しかし、依然として自衛隊は違憲の存在であり、〝あってはならない〟〝いてはいけない〟戦後の継子《ままこ》としての存在としてあり続けた。

これらの矛盾点は、どこに、どういうふうに突出し、表現されることになったのか。それはまさに一人一人の自衛隊員、一兵卒としての個人の内面に泥水のように浸透していったのである。

## 空虚なる兵士

一九五七年六月、諫早《いさはや》高校を卒業した納所邦暢《のうしょくにのぶ》は、佐世保陸上自衛隊相浦第八教育隊に入隊した。八月には北海道千歳に転属し、翌一九五八年六月に除隊した。二十歳から二十一歳までのまる一年間を自衛隊で過ごしたのである。のちに彼は、自分の自衛隊体験を「草のつるぎ」と「砦の冬」という中篇小説の連作として描き、それを一冊にまとめたのが『草のつるぎ』（一九七四年、文藝春秋）である。野呂邦暢（1937～1980）の本格的な作家としてのスタートだった。

野呂邦暢が「草のつるぎ」で文壇の登龍門としての第七〇回（昭和四八年下半期）の芥川賞を受賞した時に、文学の世界ではちょっとした論議があった。平たくいってしまえば、自衛隊員あがりの小説家の自衛隊生活を描いた作品に、権威ある文学の新人賞を与えてよいものかという疑義や異議から生じた議論だった。たとえば、戦後民主主義の擁護者で、反自衛隊論者の小田実（1932～2007）は、「『鎖国』の文学」（一九七五年、講談社）という評論のなかで、この『草のつるぎ』について「自衛隊の是非について書かれていない」ということで、強い疑念（否定）を投げかけた。自衛隊は合憲なのか、違憲なのか。自衛隊を肯定するのか、否定するのか。小田実のような文学者にとっては、自衛隊というのは、そうした憲法問題、存否問題としてのみ取り扱われるものであって、一自衛隊員の「心の中」の問題など（自衛隊員であることに、政治的な意味で悩むということ以外）は、文学として取り上げる意味などほとんどなかったのだ。

ただ、こうした批判が生じたのも、野呂邦暢の側にまったく非がなかったということにはならない。自衛隊体験を基にした『草のつるぎ』を長い間書きあぐねていた彼に、「つまらない正義感をすててそこで見た物事を自由奔放に書けばいい」とアドバイスをしてくれた旧日本陸軍の兵士だった作家（安岡章太郎のことである）がいて、そのアドバイスによって作品を書き上げたと、彼自身が証言しているからだ。この「つまらない正義感」ということが「自衛隊の是非」ということにつながってゆくことは明らかであり、つまり小田実の疑義を作者は予め棚上げすることによって、この、おそらく日本の戦後文学においてははじめての〈自衛隊小説〉が書かれたのである。

たとえば、主人公の海東二士は、なぜ自衛隊に志願し、入隊したのだろうか。その動機や原因、理由については、作中ではほとんど明らかにされていない。一九三七（昭和十二）年生まれで、学校教育を「戦後」において受け、京都大学文学部への進学を目指していた十九歳の青年が、父親の事業の失敗で進学を断念したからといって、当時は就職口としてはほとんど〝最低〟の人気しかなかった自衛隊にあえて入ろうとした決意は、作中にはまったくいっていいほど書かれていない。まさに、「自衛隊の是非」という問題をあえて回避するように。そのかわり、そこに書かれている入隊の動機は、きわめて観念的、抽象的で、いわばきわめて〝文学的〟なのである。

伊佐に帰った翌日、高校時代の同級生に会った。彼らはぼくがなぜ自衛隊に這入ったか知りたがった。うまく説明できなかった。こういえばどうだろう。物質に化学変化を起させるには高い熱と圧力が必要だ。そういう条件で物は変質し前とは似ても似つかぬ物に変る。ぼくは自分の顔が体つきが、いやそれに限らず自分自身の全てがイヤだ。ぼくは別人に変りたい。ぼく以外の他人になりたい。ぼくがぼくでなければどんな人間でも構わない。無色透明に人間になりたい。そのためには自分を使いつくす必要があると思われた。かきまわし、熱を加え、叩きつぶさなければならなかった。このような事情をしかしぼくは語ることが出来なかった。何者でもなくなることにどうしてこだわるのか、と彼らはいいたがっているようだ。それにはぼくは自分に対する憎しみを開陳しなければならない。そこまでは億劫だった。

つまり、彼は自己否定、自己放棄、あるいは自暴自棄の気持ちで自衛隊に入隊したといっているのだ。自分を棄てるために、自分を破壊し、作り直すために、彼は自分自身からもっとも遠い存在である「兵士」となることを選んだのだ。清水《きよみず》の舞台から飛び降りるように、あるいは実存の深淵に自らを投企するように(これは少しのちのことになるが、〃戦争を知らない子どもたち〃と自分たちのことを定義した戦無派の若者たちが、連合赤軍やアラブ赤軍などの〃赤軍兵士〃になろうとしたこととパラレルであるだろう。それは〃戦争を知らない〃ことに対する自己否定の意志によるものだったのではないか――そのパロディー的存在が、朝霞《あさか》自衛隊駐屯地で自衛隊員の刺殺事件を起こした〃赤衛軍〃だろう。虚構・虚栄の〃軍〃が、〃不在の軍隊〃である自衛隊員の一人を殺した)。

こういう海東二士に、「自衛隊の是非」を問いかけてもムダだろう。彼は最初から戦後的常識では〃あってはならない〃軍隊に身を投じ、〃いてはならない〃兵士という存在になろうとしたのだから。そのためには、自衛官の制服という外見は彼にとって好都合だった。一般社会の人々は、それらの人間がいても、あたかも〝いない〟かのように目をそむける。それは日本が憲法を戴く法治国家である以上、〝いてはならない〟軍人であり、軍服の兵士であって、その限りにおいて彼らは、一般社会の中では「無色透明」の見えない存在としていられるのだ。

また、野呂邦暢の別の小説の主人公は、「かくべつ自衛隊が好きでもない自分が応募したのは、日ごろ彼自身を悩ませるもう一人の自分の冷たい目を忘れるためではないだろうかと。自分がここに確実に存在するということを、何の疑いもなくうけ入れたかったのではあるまいかと」といっている。長篇小説『丘の火』（一九八〇年、文藝春秋）の主人公・伊奈伸彦である。

いずれにしても、彼らの自衛隊入隊の動機は、きわめて実存主義的であり、文学的・観念的なものだ。彼らは抽象的な「兵士」という存在に、自分ではありえない、他者としての無色透明な存在を見ている。軍隊もなく、兵士もいないはずの国において、軍隊の一員であり、兵士であることは、抽象的、観念的であり、それは虚無という根拠の上に立つ〝不在の兵士〟にほかならなかった。野呂邦暢の〈自衛隊小説〉の主人公は、日本の戦後の社会において、自衛隊こそが、自己嫌悪や自己放棄のはてにたどりついた自己改造の場所であるという確信によって自衛隊に入隊し、そして、過酷な「実戦訓練」の最中に、次のような自覚を得ることによって、彼は自衛隊を離れる決心を固める。

ぼくはかつて他人になりたいと思った。ぼく自身であることをやめ、無色透明の他人になることが望みだった。なんという錯覚だろう。ぼくは初めから何者でもなかったのだ。それが分かった。何者でもなかった。水に浮いて漂っている今それを悟った。

もちろん、当時において、野呂邦暢のような動機から自衛隊に入隊した若者は少なかったはずだ。いや、これはきわめて稀少な例というべきだろう。いわば、実存主義的な「投企《アンガージュマン》」としての自己という存在の確認。おそらく、野呂邦暢一人だけが、こうした理由によって自衛隊入隊という選択肢を選んだのである。

だが、これはあまりにも「文学的」な入隊動機だが、こうした理由や動機がまったく孤立したものであるということも成り立たないのではないか。つまり、兵士や軍人になりたいとか、自衛隊で腕に職をつけたいといった、職業訓練的な積極的なものではなく、消極的な、というより、消去法（他に就職できなかった。でも、ぶらぶらしているわけにはゆかなかった。自衛隊員にしかなれなかった）で自衛隊に入隊してきたという若者たちは大勢いたのではないか。彼らは何者ではなかったという前に、何者にもなりたくなかった。あるいは、何者でありえるのかわからなかった。

自衛隊は、こうした〝何者でもない〟（もちろん、兵士でもない）日本の若者たちが集まって、作り上げていた無色透明で、中空の、すなわち、空っぽの〝不在の軍隊〟にほかならなかった。迷彩服の自衛隊の戦闘服や制服の中身は空虚なのであり、それを、ちゃんとした中身のある、実質的な〝兵隊、兵士、軍人〟や〝本当の軍隊〟にしようという企みはさまざまな形で行われてきたのだが、そうした動きは、ことごとく失敗に帰したといってよい。そこには軍隊と兵隊とのレゾン・デートルである「戦う意志」、すなわち「戦争への意志」が欠けていたからだ。何者にもなりたくない若者に、国を守る気概を持てということも、国防精神を植え付けることも、森で魚を得ようとすることぐらい、難しいことだったのである。

## 自衛隊の〝本領〟と「戦争」の匂い

浅田次郎（1951～）の『歩兵の本領』（二〇〇一年四月、講談社）は、作家自身の自衛隊体験を基にした〈自衛隊小説〉だ。野呂邦暢が一九五七年入隊したのに対して、浅田次郎は一九七一年入隊、十数年以上後輩ということになる。この小説の特徴は、自衛隊という組織が、一つの職場であり、自衛隊員という一つの職業について書かれた職場小説、少し変わった職業の人間模様を描いた小説であるということだ。彼らは工場労働者や会社のサラリーマンと、本質的には違ったところのない〝職業軍人〟であり、給料をもらって、運転免許や飛行機パイロットのライセンスを取得できる〝おいしい職場〟であり、いわば職業訓練所である。『歩兵の本領』で書かれた男の世界は、当時の日本社会と本質的には異なったところはない。自衛隊員には、〝本領〟や〝本分〟はあっても、その〝本質〟に当たるものはない。軍隊という枠組みがそこにはなく、彼らは軍人であっても軍人ではなく、兵士であっても兵士ではない。まさに将棋の「歩《ふ》」のような「兵」にほかならないのである。

小説家としての浅田次郎には、野呂邦暢のような純文学志向はなく、「自分を何者にもしたくない」といった実存主義的な「本質否定論」のようなものはなかった。だが、「兵士であること」「軍隊であること」という〝軍隊としての自衛隊〟の「本質」を否定する考え方・感じ方は、野呂邦暢の場合と〝本質的〟には変わっていなかった。浅田次郎が、その小説の中で主張している〝歩兵の本領〟とは、旧日本軍でいわれていたという、〝軍隊の本領〟とは、要するに〝要領〟のことであり、軍隊生活（自衛隊生活）

の中でいかにうまく〝要領良く〟振る舞うかということに尽きている。

それは一般の社会生活とまったく違ったところのない生活の知恵であり、処世術である。そこでは〝要領〟は求められていても、「本質」は求められていなかった。すなわち、軍人の本分や兵士としての本領は、そこでは発揮できない、いや、発揮してはならないものとしてあった。だから、自衛隊の中で旧日本軍出身者がいわば〝浮いてしまう〟ことは無理もなかった。「若鷲の歌」や「雪鰻」などの、浅田次郎による自衛隊を主題とした短篇小説で描かれた、旧日本軍出身の自衛隊幹部たちは、旧日本軍の舐めた悲惨な体験を持つだけに、自衛隊の現実という苦渋に耐えなければならなかった。野呂邦暢や浅田次郎のようなアプレ・ゲール（戦後）の兵士たちを目の前にしながら、旧軍出身者たちが、その今昔の落差に呆然たる思いを抱いてしまうことは無理からぬことなのだ。

『歩兵の本領』に収録された短篇のなかに、浅田次郎が体験したと思われる、一九七〇年代はじめの陸上自衛隊の隊員生活のなかには、旧日本軍的なものが残っているというテーマが見られる。「飯《メンコ》」の数、すなわち〝そこで過ごした日数・年数〟が多いほど〝身分的〟に上であり、先輩からの後輩に対するシゴキや理不尽な暴力が横行しているのは、旧日本軍的な慣行が自衛隊に連綿として遺伝していることを示している（下級隊員に暴力を振るった後に、上級隊員は言った。「おまえらが殴られた理由を教える。俺はきょう、虫の居所が悪かった」と。こうした慣行は、旧軍のほかは、体育会系クラブ、刑務所内で見られる）。実際的に、当時は旧軍隊経験者が、上級や中級の幹部として、自衛隊のなかにはまだ残っていた。

また、隊とはいわず、個人とはいわず、備品や部品を亡失したものは、他の隊や個人から〝盗んで〟、いわゆる〝員数を合わせる〟という悪弊も、旧軍から自衛隊にしっかりと〝遺伝〟している。そのことだけを見れば、リンチも、員数合わせも、自衛隊には確固として残っている。しかし、『歩兵の本領』に書かれている各篇には、そうした旧軍の旧弊そのままと見えるものが、やはり戦後という時代によって〝変質〟しているというのが、本当の主題となっているのだ。

小村二士が亡失したと思っていた半長靴は、先輩隊員が洗っていてくれたのだった（「小村二等兵の憂鬱」）。理不尽な暴力を振るう和田士長を、渡辺二士は戦闘訓練の最中に〝殺そう〟とする。便器を素手で磨かされたうえ、それを舐めさせられたのだ。しかし、決闘をして疲れ果てた二人は、奇妙な連帯感によって結ばれる（「バトル・ライン」）。妻と小学校入学前の娘をシャバに置いて入隊した、借金塗《まみ》れの落ちこぼれ隊員石川二士に、隊のみんなが入学祝いの赤いランドセルを贈る（「門前金融」）。

こうしたことは、旧日本軍ではありえなかったことといえる。シゴキ、イジメ、リンチ、〝員数合わせ〟が横行していても、それはやはり旧日本軍とは質の異なったものだ。

そこには、結果的には、旧日本軍とは異質な存在としての自衛隊が描かれていた。それは旧日本軍とは乖離した存在だ。そのことを自覚していない、旧日本軍出身の自衛隊幹部たちは、〝戦無派〟の自衛隊員の態度に戸惑うのであり、戦前と戦後の社会の変化は、日本人の精神そのものを改変させたと嘆かざるをえなかった。

戦後の日本の社会状況は、こうした自衛隊員の存在を容認した。彼らは志願兵でも傭兵でもなく、「兵士」以前の〝何者でもない〟存在であり、モラトリアム時期の若者に過ぎなかった。だから、彼らに兵士や軍人であることの自覚や、国防の決意を抱かせること自体アナクロニズムにほかならなかった。それは自衛隊員のエリートである防衛大生についても同じことだった。

防衛大学校を中退した小説家である海辺鷹彦（1946～）の書いた「黄色い斥候」（『文學界』一九八五年二月号）には、防衛大に合格した息子に、旧軍人の父親が「世が世なら士官学校よ。昔の海兵と陸士を併せたもんじゃろ。今の将校は戦争ないから一番安全じゃ」と語るセリフがある。「戦争」がないからこそ、兵士となり、軍人となる。こうした自衛隊（防衛大）の本源的な矛盾に、戦後の日本人たちは、あえて気がつこうとはしなかった。

防衛大学は、もちろん昔の日本軍の兵学校や士官学校とは異なっている。階級エリートへの近道であり、立身出世の一つの最終地点である「陸軍大将」や「海軍司令官」などの権威や輝かしさなど、もうどこにもなかった。しかし、防衛大学校が戦争や旧軍隊からまったく切り離されたものであるかという疑念も、日本国民の間には強固にあったことも事実である。

「黄色い斥候」の中の旧軍人の父親のセリフは、自衛隊（や防衛大）に対する強力な皮肉とも受けとることができる。平和日本の社会において〝無用の長物〟でしかありえない〝戦わない（戦えない）軍隊〟。まさに、〝税金泥棒〟と、一般の国民から罵られなければならない存在だったのであり、世間は決してその存在に肯定的ではなかったのである。

こうした防衛大の存在意義の問題は、文学のみならず、映画にもおいても描かれていた。家城巳代治監督の『ひとりっ子』という映画は、一九六九年の封切りだが、この当時の防衛大、自衛隊が社会のなかでどのような目で見られていたかという視線のあり方を示していた。防衛大の一次試験（二次は身体検査のみ）に受かった主人公の新二（山本亘）は、防衛大へ進み、理工学的な知識や技術を身につけようと考えていた。しかし、母親は戦争の匂いのするようなところへ〝ひとりっ子〟の息子をやりたくないと反対した。父親や学校の教師たちは賛成し、母親やガールフレンドは防衛大進学に否定的で、彼は迷うが、せっかく受かった防衛大を諦めきれない。折から高校の文化祭で沖縄・ベトナム問題を取り上げるという社研の企画に学校側からクレイムが付き、反対運動が盛り上がった。級友に反戦デモへの参加を誘われ、彼は社会問題への目を見開かせられ、ついに防衛大進学を止めるという決心に至る（「黄色い斥候」の主人公の防大生も、結局、退学する決意を固めるところで、小説は終わる）。

ほぼ同じ内容のテレビ・ドラマが、反自衛隊的内容ということで放映中止となり、原作を書いた家城巳代治が監督して独立プロ製作で映画化したのがこの作品だ。当時は、マスメディアやジャーナリズムや言論界の主流が、どちらかというと反戦平和を唱え、反防衛大、反自衛隊的な機運があったことを物語っているといえる。防衛大や自衛隊関係者が、旧日本軍の残滓のようなイメージを必死になって払拭しようと努めていても、まだまだ、日本人は、自衛隊や防衛大にある〝戦争の匂い〟に敏感さを示していたのである。

同じようなテーマは、一九八〇年代の人気テレビ・ドラマの『3年B組金八先生』のスペシャル版パートIにもあった。一九八二年製作のビデオ作品「贈る言葉」（脚本・小山内美江子、演出・生野慈朗）がそうで、そこで金八先生（武田鉄矢）が担任していた中学校のクラスの卒業生が、同窓会を開くことになり、そのなかに自衛隊入隊を志望する高校三年生の男子生徒がいた。金八先生はそれを止めようとして、みんなで話し合いをすることを提案する。しかし、それは一方的に自衛隊に入ることは戦争を認めることだという理由である（校長先生や教師たちは、戦争体験から自衛隊にはまったく反対の立場だった。

もちろん金八先生も）。

憲法の条文を生徒たち一人一人に朗読させるなどのドラマのなかの行為も、護憲派の自衛隊否定論を一歩も出るものではなかった。当時のテレビ放送の世界が、まだ自衛隊＝戦争するための軍隊という固定した概念やイメージから離れられなかったことを証明している。

## 自衛隊と右翼少年

大江健三郎の『セヴンティーン（第一部、第二部・政治少年死す）』（初出・『文學界』一九六一年一～二月号）は、一九六〇年に実際にあった社会党の浅沼稲二郎委員長をその演説会場で刺殺した、一七歳の山口二矢《おとや》をモデルとした問題小説だが、主人公の〈おれ〉の姉が自衛隊の病院で看護婦として働いているという設定で、〈おれ〉と姉とが、自衛隊の是非について、論争する場面がある。自衛隊を〝税金泥棒〟だと言い募る〈おれ〉に対して、姉は整然と自衛隊必要論を展開する。

単純な頭でもいいわよ。だからわたしの単純な疑問に、あなたの複雑な頭でこたえてよ。日本にいるあらゆる外国兵力が撤退して、日本の自衛隊も解体して、日本本土が軍事的に真空の状態になったら、たとえばの話だけど南朝鮮との関係が日本に有利なように運べると思う？　李承晩ラインのあたりでは今でも日本の漁船はつかまっているのよ。もし、どこかの国が小さい軍隊でも日本に上陸させたら、軍事力がまったくないのではどうすることができるの？

これに対して〈おれ〉は「国連に頼めばいいじゃないか」といい、「どこかの国の小さい軍隊なんていうのがクセモノなんだぜ、日本になんかどこの国も軍隊を上陸させたりしないんだ、仮想敵国なんてないんだ」と反論するのだが、姉はさらにこう。

国連もそんなに万能じゃないのよ。火星から攻めてくるのじゃなくて、地球の上のどこかの国の軍隊が攻めてくるときには、その国が国連のなかでもっている利害関係もあるし、いつも日本人のためばかり思ってくれるとは限らないわ。それからねえ、朝鮮戦争でもアフリカの隅っこの戦争でもそうだけど、国連軍が介入するのは一応戦争がはじまってからよ。日本の陸の上で戦争が三日間でもおこなわれたら、ずいぶん沢山の日本人が死ぬわ。それからでは国連軍も、死んだ日本人にとっては意味ないわ。日本になんかどこの国がというけど、基地として日本をもつともたないとでは極東で大きなちがいよ。もしアメリカが撤退したら、左翼の人は不安をなくすためにソ連の軍隊の基地をみちびきいれたくなるんじゃない？

〈おれ〉は姉に言い負かされる自分を意識せざるをえなかった。彼がいっているのは、戦後の「平和憲法」の唱える建て前の論議にしかすぎない。「平和を愛する諸国民の公正と信義に信頼して」と日本国憲法の序文は謳うが、そんな「信頼」が国際社会の現実の前では何の力も持たないことは、十七歳の高校生でも分かっていたことだ。非武装中立や反自衛隊を唱えている社会党や共産党などの左翼勢力が、アメリカの軍隊に駐留に反対しても、ソ連や中国の軍隊を同様に拒絶することなどありえないのは、冷戦下の世界では歴然としたことだった。

薄っぺらな理想と建前。欺瞞であり、嘘っぱちな「平和主義」。そもそも、アメリカが日本に押しつけて作らせた自衛隊（最初は警察予備隊）を、やはりアメリカが日本に押しつけた「平和憲法」によって否定することはできない。それは理想と現実との食い違いや乖離などではなく、戦後の日本という国家の存在そのものが、論理的な整合性を持たない、本質的に矛盾した存在そのものだったからだ。敗戦を終戦といいかえ、占領軍を進駐軍（あるいは、解放軍）と呼びかえても、外国軍隊によって占領支配されたという事実が変わるわけではない。

〈おれ〉は最初、姉との論争や級友たちとのやりとりのなかで、自衛隊や天皇制に対して否定的であり、全学連の左翼的大学生に共感するような言動を高校内で行っていた。しかし、そうした政治的意見が左翼からの〝借り物〟にしかすぎず、自分のコンプレックスや、本質的な未熟さから来る態度であることを思い知らされることによって、今度は天皇制や自衛隊を肯定する〝右翼的分子〟として政治的立場を転向させたのだ。〝空っぽ〟で空虚な自分は、何色にも染まることができる。それならば、むしろ泥水に塗れるように、〝嫌われ者〟として、憎まれ、恐れられる存在としての〝右翼〟になることが、自分を掴み得る道ではないのか。〈おれ〉はこうして家族や級友たちから孤立することによって、戦後的社会と民主主義的な擬制の下で、〝反動的〟な天皇主義者として振る舞うことを選んだ。

しかし、この選択は屈折している。〈おれ〉は、自衛隊がアメリカの主導によって作られた米軍の補完的な軍隊であって、戦前の〝天皇陛下の軍隊〟ではないことを知っている。だから、彼は天皇主義の右翼であるとすれば、自衛隊員になるという選択肢はありえない。彼がなりうるのは、〝天皇陛下のたった一人の兵士〟としてのテロリストたらざるをえなかったのである。

『セヴンティーン』の〈おれ〉のモデルとなった山口二矢の父親は、事件当時、現役の陸上自衛隊一等陸佐であったが、次男の二矢が事件を起こした三日後に依願退職した。事件の非難の矛先が自衛隊に向けられることを怖れた自衛隊中枢の――事なかれ主義の――意向だったという（本人には、最初、退職の意志はなかったという）。

自分の家族（姉や父親）の職業に対して、後ろめたい思いを抱かざるをえない子どもたち。『ひとりっ子』でもそうであったように、自衛官という職業、自衛隊という職場は、その誕生の時点から一九七〇、八〇年代に至るまで、何のためらいも、後ろめたさもなく広言できるものではなかったのであり、職業差別される存在として認知されていたといえるのである。こうした風潮が払拭されるようになるまでには、本書の第II部で述べるように、二十一世紀の到来を待たなければならなかったといえる。

## 制服自衛官

もう一つ、自衛隊員の登場する小説作品をあげてみよう。『熟れてゆく夏』で直木賞を受賞した藤堂志津子（1949〜）の出世作「マドンナのごとく」（『マドンナのごとく』一九八八年、講談社）である。三十五歳の〈私〉、優子は、十歳も年下の男をボーイフレンドにしている。唐沢と藤堂である。一人は防衛大学校の同期生で、所属部隊は違っているが、自衛隊の駐屯地に勤務する陸上自衛隊の三尉（昔の日本軍流にいえば少尉）である。優子は唐沢と図書館で出会い、お互いに引かれあってマンションの一室で同居生活をする。しかし、その精神的なつながりは齟齬し始め、優子はマンションを出て、唐沢との関係はいったんは切れる。優子の引っ越しを手伝ったことから、今度は藤堂との関係ができる。彼は、優子と唐沢との関係を羨ましく見ていて、彼女に惹かれていたことを告白する。

一人の女をめぐる二人の男の三角関係の〝恋愛〟小説だが、男二人が現役の自衛官であることが特徴的といえるだろう。男らしく、精神的にも、身体的にも強い男性。というところが、優子の相手役として自衛官を登場させた作品上の理由のようだが、そこに、作者も意識していない意味があるのかもしれない。最初の出会いの頃、唐沢は自分の職業をはっきりと告げなかった。優子に問われ、「やはり言わなくちゃならないでしょうね」といい、自衛官であることを告げる。優子は「自衛隊のどこが後めたいのですか」というのだが、これはちょっと作品の舞台としての北海道という特殊性もあるかもしれない。

「マドンナのごとく」は、直接的に北海道が舞台だとは明言していないが、作者が北海道出身で北海道在住、この作品が北海道新聞文学賞を受賞していることから考えても、舞台が札幌などの北海道の都市であると思われる。自衛隊の基地が多いということもあり、北海道での自衛隊の受け止め方は、他の地方とはちょっと違ったところがあると感じられる。自衛隊に対する肯定観が、他の地方よりも強いと感じられる。優子の「自衛隊」に対する感じ方も、そうしたものが感じられる。彼女は「七〇年安保でヘルメットをかぶって、角材を振りまわしていた」ほうなのに、恋人としての自衛官をあっさりと受け入れる。そこには、自衛隊、自衛官に対する何の疑問もない。

むしろ、唐沢本人のほうに、自衛官であることに、屈折を感じているようだ。「ぼくはどうして防大を選び、自衛隊を選んだのでしょうね」と、一人言のように呟く。〈私〉は、以前彼から聞いたエピソードを彼に思い起こさせる。それは、彼が生徒会長をやっていた時、同級生の女の子との帰り道にチンピラたちに絡まれ、彼はその場から動けなかったという過去の記憶だ。スポーツマンで、腕力に自信がなかったわけでもないのに、彼は女の子をかばってやることができなかった。いわば、これがトラウマとなって、彼は獣医やコンピュータ技師という志望を棄てて、防衛大に入り、自衛隊に入隊したのだ、家族の反対を押し切ってまで。

単純にいうと、唐沢は学生時代に女の子を〝守ってやる〟ことができなかった。そんな自分の怯懦、臆病さを克服するために、彼は自衛官になることを志願したのだ。今度こそ、〝守るべきものを守る〟ために。しかし、唐沢にとっても、藤堂にとっても、〝守る〟ものなど、本当は何も見えていない。〝女の子〟につながる家族や知人・友人、日本人としての国民、民族、そして祖国。これらの〝愛する〟人々（の住む国土）を〝守る〟ためにこそ、自衛隊は存在する。

しかし、唐沢には、優子に対する異性愛を含めて、「愛」というものがわからない。「愛ってどういうことですか。ぼくは確かに、あなたに一目惚れした。でも、ぼくたちの関係、これは愛ではないでしょう」「これは愛とは違うでしょう」と彼は言い募る。二十五歳の男性としては、青臭く幼稚ともいえるし、純朴ともいえるセリフだが、いずれにしても、唐沢は優子という女性との関係を「愛」という名前でとらえることができない。それは、彼が自衛隊員であることを選んだことと同じように、自分でも「自分の気持」を「説明できない」からだ。

なぜ、自分が防衛大に入り、自衛官として生きているのかを自分にさえ説明できない人物。「マドンナのごとく」は、そんな自衛官の男二人が、一人の女を〝マドンナ〟としてあがめたてながら、〝共同便所〟

として使用することになるという結末で終わっている。そこには、中世の騎士道のように、〃想い姫＝マドンナ〃を守護することを至上命令としながら、本当はそうした高貴な「愛」（祖国愛、民族愛、国民愛）など信じ切れない、現在の自衛官の心情がそのまま描かれているのではないか。そういう意味で、「マドンナのごとく」は、ストーリーの都合上、自衛官を登場人物にしたということと、いささかの違ったものと想われる。作者の意識のなかには入っていなかったかもしれないが、やはり、そこには現在の日本社会においての自衛隊の位置、自衛官の存在根拠という問題が、そっと示されているのではないかと思われる。

## 『光はるかに』という長篇小説

日本の現代小説のなかで、自衛隊員を主人公として、自衛隊を作品の舞台とした長篇小説として、三浦朱門の『光はるかに』（一九七九年七月、日本経済新聞社）をあげることができる。日本経済新聞に新聞小説として連載されたこの作品は、天麻三郎という陸上自衛隊三等陸佐を主人公として、主に彼の勤務する陸上自衛隊の教育隊の内部での出来事と、独身の彼の実家である天馬自動車社長宅での出来事が交互に物語られる。

作者の三浦朱門は、この小説の連載にあたって、かなり自衛隊や防衛大学の実情を取材したらしく、普通では知られない、教育隊の隊員のことや訓練の様子、隊内での生活、隊外での行動、防大の教育制度、その寮生活の内情や習慣、先輩・後輩関係など、細部の点まで行き届いた調査によってリアルに描写されている。

たとえば、防大生には、新入の一期生と二期生の間に「対番」というパートナー的制度があり、学内生活、寮生活、学業の面についても、一対一の関係で指導・保護が行われることが描かれている。旧日本軍の「戦友」関係や、上級兵と下級兵との関係などはよく知られているが、防大のなかで、そうした同窓や同期の仲間意識を醸成させる慣習（制度）があることなど、実際の防大出身者でもなければなかなか知ることのできない事柄に違いない。「B」（BODAI）と呼ばれる防衛大出身者が、自衛隊内で中心的な派閥を作っていることの、その結束力の原点がそうしたものに拠るのだろう。一般大学を出て、自衛隊に入った者は「U」（UNIVERSITY）で、入隊後夜間大学を出たのはUダッシュ、その他はI（ITUPAN＝一般か?）であるという。

だが、この小説が、この作品が書かれた当時（一九七〇年代後半）の自衛隊を過不足なく描き尽くしているかというと、疑問を抱かざるをえない。作者はその「あとがき」としての「創作ノート」で、「現実の自衛隊の姿が知られていなさすぎるように思う」と書き、自分の作品が〝現実の自衛隊の姿〟を書くというモチーフを持つことを問わず語りに語る。「私は小説書きである以上、そのような政治・社会的環境におかれた『国家公務員』である何人かの若者と彼らをかこむ人々の姿を、この小説で書こうとしたにすぎない」と。しかし、「それでも多少図式的に、自衛隊に好意的な国民、そういう人に反感を持つ国民、自衛隊そのものに否定的な国民、平和憲法などを象徴する登場人物を作った。そういう『大説』的な発想は小説の現場では常に崩れるものである。従って一部の登場人物は自分の役所《ヤクドコロ》をこえて活躍したし、また、萎縮して私が想定した役割を果さずにかすんでしまった登場人物もできた」と自己反省の弁も吐いている。

確かに、小説の冒頭で、不良の若者たちにからまれていたところを、天麻三等陸佐に助けられた、大学で米文学を専攻している深沢教授は、典型的な戦後民主主義派の平和憲法護持者であり、反自衛隊論者のはずだが、自衛隊幹部（候補生）である天麻に向き合って、はかばかしい〝自衛隊否定論〟を展開するわけでも、現役自衛官と論議するわけでもない。つまり、「軍隊を持つか持たないか。またその警備・能力はどうあるべきか。自衛隊はその問題の中で、どういう場所を占めるべきか。これらの問題について、もっと公然とした論議がおこってもよいと思う」と、作者は語っておきながら、いざとなると、そうした論議は「小説」にはふさわしくない「大説」だとして、作品内から排除しようとしている。いや、排除というよりは、深沢教授のように、萎縮して、その登場人物としての役割が〝かすんでしまう〟ような書き方しかしていないというべきだろう。

## 貴種流離の自衛官

この小説に対する一番大きな疑問点は、天馬自動車という大企業のオーナーの御曹司である主人公の天麻三郎が、父や兄が望んでいるように、一族会社の自動車メーカーに入社せず（出世することは目に見えている）、世間的にはまだまだ〝白眼視〟されていた、防衛大から陸上自衛隊へという進路を選んだということだ。何人もの家政婦やお手伝いさんに囲まれ、洗濯も炊事も一切自分でしたことがなく、兄嫁から譲られたスポーツカーを乗り回し、高級レストランでの食事や、上流層の集うホテルでのパーティーなどの生活に慣れ親しんでいるブルジョワ家庭の子弟である彼と、自衛隊の三等陸士という職位とは、まったく水と油のようにはじき合うもののように思える。

地方出身の中卒、せいぜい高卒の次・三男の就職先としての自衛隊。頭が良くても、家庭の経済環境のために、学費免除どころか給与まで貰える防衛大に志願する苦学生。それは単なるイメージだけではなく、現実に基づいた〝自衛隊員〟の身の上のパターンといえるだろう。そんななかで、富裕階層に属する若者が、あえて〝国防〟の大義に身を投じ、自衛官の道を選ぶとは、一般的な感覚では到底考えられない。もちろん、小説やマンガで描かれるような〝富豪刑事〟だって広い世の中にはいるかもしれないし、ブルジョワ子弟の自衛官だっていないとも限らない。しかし、そうした主人公を「現実の自衛隊の姿」を伝えようとする作品のなかで設定することは、リアリティーという面で逆効果以外のものではない。

さらに、そんな天麻三郎が、典型的なブルジョワ夫人と思われる兄嫁の亜希子に、苦しいまでの、きわめてプラトニックな恋愛感情（憧れ）を抱いており、それがこの長篇小説のもう一つの重大なテーマとなっていることに、違和感を持たざるをえない。三郎の兄は、妻である亜希子に隠れて、秘書の妻と不倫関係を持っている。三郎と亜希子は、兄嫁と義理の弟としては、超えてはいけない、若い男女としての一線をすれすれに超えようとする（結果的には、超えることはない）。

そうした点だけから見ると、この小説はブルジョワ家庭の乱倫な男女関係を描いた退廃的な通俗小説とその見かけがひどく似通っているといわざるをえない。つまり、主人公の天麻三郎は、大企業の自動車メーカーのオーナーの息子であり、兄嫁に恋するブルジョワ青年であると同時に、陸上自衛隊の期待される若い幹部として、教育中隊を率いる真面目な自衛官であるという、現代の日本社会の、一人の人間としては矛盾撞着するような人物として設定されている。

別の見方からすれば、これは貴種流離の物語かもしれない。貴公子ともいえそうな主人公が、泥まみれ、汗まみれの訓練を受け、上司や部下たちとの間に板挟みとなって悩む。一方で彼は、朝廷の後宮のような乱倫ともいえる恋愛関係に悩む〝光源氏〟のような立場である（彼自身は色好みでもなければ、不倫の恋に溺れたりもしないが）。

あるいは、三郎と亜希子とは、小説のなかでしばしば言及されているように、それは自衛隊と国民という、互いに理解し合おうとしながら、距離感や乖離を持たざるをえない両者の関係をシンボリックに表現しているのかもしれない。国民を守るための自衛隊が、その国民から〝税金泥棒〟呼ばわりされ、あってはならない〝暴力装置〟として、むしろ憎まれ、嫌がられる存在としてある（一九七〇年代までは、まさにそうだった）。つまり、どうしても理解し合い、結ばれることのない、関係として自衛隊と国民はあるのであり、三郎と亜希子との〝禁じられた愛〟は、旧日本軍への憎しみが、自衛隊に向けられ、それを自衛隊が引き受けざるをえないという時代状況において（作中に、旧軍への憎しみを引き受けるために、沖縄で不発弾処理の業務に就き、殉職する自衛官が出てくる）、決して全うすることのない、運命悲劇的な恋愛関係にほかならない。

だが、兄嫁と義理の弟との禁断の恋の物語が、そのまま自衛隊と日本の国民の関係の物語へとシフトされるというのは、やはり納得しがたいものであり、その意味では、この小説は「現実の自衛隊の姿」を描くものとしては明らかに失敗作といわざるをえない。驕慢な兄嫁には読者を惹き付ける魅力はないし、天麻三郎は現実離れした、物語上の貴公子であり、英雄的な武人である。そこには自衛隊と国民を和解させ、健全で、美しい関係を結ばせる要素は存在しない。自衛隊と国民の想いは齟齬し、蹉跌している。ただ、そのことを指摘するためならば、この〈自衛隊小説〉はあまりにも長すぎ、そして貴種流離の物語に囚われすぎている。自衛隊の真の姿は捉えきれず、その社会的存在の意義の問題についても、深められることはなかったのである。

## 自衛隊の任務

ここで改めて問わなければならない。自衛隊は何のためにあるのか？　一九五四（昭和二十九）年七月に施行された自衛隊法（防衛庁設置法とともに防衛二法とされる。その後何度か改正されている）では、「自衛隊の任務」として、第一章第三条に「自衛隊は、我が国の平和と独立を守り、国の安全を保つため、直接侵略及び間接侵略に対し我が国を防衛することを主たる任務とし、必要に応じ、公共の秩序の維持に当るものとする」と定められている。また、自衛官の「服務の本旨」として、第四章第五十二条に「隊員は、わが国の平和と独立を守る自衛隊の使命を自覚し、一致団結、厳正な規律を保持し、常に徳操を養い、人格を尊重し、心身をきたえ、技能をみがき、強い責任感をもつて専心その職務の遂行にあたり、事に臨んでは危険を顧みず、身をもつて責務の完遂に努め、もつて国民の負託にこたえることを期するものとする」と記している。

これらの規定では戦争をすることは徹底的に排除されている。日本国憲法によって戦争が放棄され、戦争をしたくてもできないように、法的にがんじがらめになっている日本の自衛隊が、戦争を遂行することを前提とすることなどできるはずもないのだが、それにしても、「わが国の平和と独立」を守るという文言のなかにも、戦争否定の考え方は色濃い。戦争を始めれば、それはすでに「平和」ではないのだから、「平和と独立」を守ることにはならない。つまり、戦争以外の手段で「平和と独立」を守らなければならないのが、自衛隊の本来の任務なのである。

また、自衛隊は「戦力」を持たない。憲法によって「陸海空軍その他の戦力」を持つことはできないからだ。「自衛隊は、その任務の遂行に必要な武器を保有することができる」（第七章第八十七条）、そして第八十八条には「第七十六条第一項の規定により出動を命ぜられた自衛隊は、わが国を防衛するために、必要な武力を行使することができる」と定められている。武器の保有と武力行使は認められているのだが、それはあくまでも「兵器」であったり「戦力」であったり「戦闘」であったりしてはいけないのだ。

自衛隊法で容認されているのは防衛のための「武器」であり「武力行使」である。「戦力」「兵力」「軍事力」は、「武力」の言い換え語としても使うことができないのだ。その意味では、自衛隊は「戦争の放棄」によって、その安全を守られていた。前述した「黄色い斥候」の中の「今の将校（＝自衛官）は戦争ないから一番安全じゃ」という父親のセリフは、憲法九条の恩恵を一番蒙《こうむ》っていたのは、自衛隊であるという皮肉な巡り合わせを看破したものなのである（ただし、一九九二＝平成四年八月に施行された「国際連合平和維持活動等に対する協力に関する法律」によって、自衛隊の海外派遣が実質的に可能となり、隊員が戦場へ赴き、戦闘に巻き込まれる可能性があるようになった――さらに「周辺事態法」、ならびに防衛庁の防衛省への昇格によって、海外における平和維持活動（ＰＫＯ）が自衛隊の本務の一つとなり、海外派兵が実現されることになった）。

自衛隊にとって「武器」や「武力」は、手段にほかならない。それは「わが国の平和と独立を守り、国の安全を保つため、直接侵略及び間接侵略に対しわが国を防衛すること」のためのやむを得ない手段に過ぎないのであって、武器を使い、武力を行使すること、すなわち「戦う」ことが目的であってはならないのである。

だが、軍隊（兵隊）は本質的に「戦う」ことを目的としたものであって、それは戦争を行い、そして〝戦い〟に勝つことを目的とした集団にほかならない。そう考えると、自衛隊という組織は、その中心となるべき目的を持たない、無目的の集団といわざるをえない。そこには、人間が集団を作る時の目的もなければ、その目的を完遂するための意志や情熱、エートスもパトスもありえない。

戦前の旧日本軍には、明瞭にその目的や意志や情熱があった。「軍人勅諭」には「一、軍人は忠節を本分とすべし」として、こうある。「凡生を我国に稟くるもの誰かは国に報ゆるの心なかるべき。況して軍人たらん者は此心の固からでは物の用に立ち得べしとも思はれず。軍人にして報国の心堅固ならざるは如何程技芸に熟し学術に長ずるも猶偶人にひとしかるべし。其隊伍も整ひ節制も正くとも忠節を存せざる軍隊は事に臨みて烏合の衆に同かるべし。抑国家を保護し国権を維持するは兵力に在れば兵力の消長は是国運の盛衰なることを弁へ世論に惑はず政治に拘らず只々一途に己が本分の忠節を守り、義は山嶽よりも重く死は鴻毛よりも軽しと覚悟せよ。其操を破りて不覚を取り汚名を受くるなかれ」と。

ここで語られているのは「報国心」であり、個人の「自己」よりも先立つべき「軍人」の本分であり、その国家に対する「忠節心」だった。軍隊という木彫りや銅造の〝仏〟は、「報国心」「忠節心」「愛国心」といった〝魂〟を吹き込まれることによって、はじめて本物の存在になるのであって、それは〝不在の軍隊〟を、本当の軍隊とする、唯一の方法なのである。自衛隊法に欠けているのは、「軍人勅諭」や「戦陣訓」が持っていた、こうした精神論であり、大和魂のあり方だったのである。軍隊は、悪しき物質主義、合理主義だけでは維持してゆくことができない。人間誰しも、死を厭い、それを忌避しようとすることは本来的なあり方であり、それは誰にでも否定できないことだからだ。

しかし、こうした死を厭う気持ちを払拭しなければ、軍人は軍人たることはできず、兵士は兵士たることができない。「滅私奉公」の精神がない軍隊は、〃不在の軍隊〃たらざるをえない。だが、こうした死をも恐れない〃大和魂〃がなくても、現代の戦争を遂行することは可能なのではないのか。旧日本軍の延長、あるいは復活として自衛隊を見ることは、もはや時代にも現実にもそぐわないドグマにほかならないのではないか。変わったのはポスト冷戦後の米国の軍事的世界戦力と自衛隊のあり方であり、変わらないのは、自衛隊に対する日本の社会の〃不在の軍隊〃としての眼差しであり、それは目に見えても見ようとしない精神的な怠惰以外の何物でもないのではないか。

## 自衛隊、過去へ未来へ

〃不在の軍隊〃である自衛隊は、その本来の存在意義である「戦う」ことから遠ざけられていた。世界でも有数の戦力を保持するようになっても、自衛隊は、基本的に〃張り子の虎〃にしかすぎず、いくら高く、優れた戦闘能力を持っていたとしても、それを発揮する機会は、ほとんど永久にやって来ることはない（憲法第九条がある限りは）。

こうした自衛隊の〃欲求不満〃を解消する試みが、虚構の世界で彼らに十分な活躍の場所を与えるということだった。半村良（1933～2002）の『戦国自衛隊』（初出・『ＳＦマガジン』、一九七一年）は、そうした自衛隊をせめて空想の世界の中で思いっきり「戦争」をさせてみせようというモチーフに貫かれている。

演習に出動中の自衛隊の第一師団の輸送隊の一部が、戦国時代へとタイムスリップした。60式装甲車一両と戦闘用ヘリコプター一機、哨戒艇一艘と隊員三十名弱。彼らは伊庭三尉を中心に、長尾景虎、すなわち後の上杉謙信と手を組み、戦国時代の〝国盗りゲーム〟のような「戦争」に参加してゆくことになる。タイムスリップした戦国時代において、彼ら自衛隊員は、晴れて戦車や軍用ヘリコプターによる実戦を行い、機関銃や砲撃によって、敵を殲滅する戦闘を実体験することができた。古参の自衛隊員である島田三曹はこういう。

俺たちは川向うのサムライたちとひと戦争やってしまった。悪い気分じゃなかったぜ。考えてもみろよ、弓矢と槍の世界へこんだけの道具を揃えてのりこんだんだ。誰に遠慮も気がねもなく、ブッ放してなぎ倒して、やりようによっちゃあ日本を征服することだってできるんだ。男と生れてこの世界が気に入らねえ法はない。

いささか、という以上にマッチョで乱暴な論理だが、日本という国において、常に鬼っ子であり、継子扱いをされてきた自衛隊が、その本領としての「戦闘能力」を発揮できるチャンスを与えられて、それを奇貨とするという気持ちは、分からないでもない。そこには自分たちの力を誇示したいという子供じみた願望と、自分たちを日陰者として扱ってきた「日本」社会に対する強烈なルサンチマンが伏在していると考えなければならない。〝不在の軍隊〟である自衛隊に、ようやく戦争という〝魂〟が吹き込まれたのだ。

もちろん、『軍靴の響き』のような、軍国主義の再来に対する警鐘を鳴らす小説を書いた庶民派の作家・半村良が、単純な〝自衛隊肯定論者〟であるわけではない。彼はただ、本質的には日本の庶民の子弟たちで構成された自衛隊が戦後社会の中で継子扱いされ、髀肉の嘆をかこっていることに同情したに過ぎないのだろう。『戦国自衛隊』では、いったんタイムスリップした自衛隊員は、もとの「現代」に帰ってこない。伊庭三尉は織田信長として、島田三曹は柴田勝家として、すなわち歴史上の人物として戦国時代に定着することになる(原作映画のリメイク作品として作られた『戦国自衛隊1549』のシナリオ(映画)では過去と現在を往還する)。

自衛隊が「軍隊」としてその本領を発揮することは、空想科学小説の世界でしか叶わないことだというのは、『戦国自衛隊』が書かれた一九七〇年代初頭の日本においては当然の常識だった。あるいは、それを常識として認識させたのが、『戦国自衛隊』という小説が持つ意味だった。前述したように、半村良自身は、自衛隊という存在を肯定し、それを本来の「国軍」にすべきだという三島由紀夫のような自衛隊論を持っていなかった。しかし、『戦国自衛隊』は、空想や虚構の中でなら、自衛隊を存分に〝戦わせる〟ことができるという創作的次元を切り開いたのである。これ以降、もっぱら空想科学小説(SF)の世界で、自衛隊が活躍する〈自衛隊小説〉が書かれることになる。

たとえば、一九八五年に出された川又千秋(1948〜)の『虚空の総統兵団』(一九八五年、中央公論社)では、演習に参加した海上自衛隊のVF-1戦闘機は、操縦者の仁科信行三尉を乗せたままタイムスリップ(あるいは異次元世界へワープ)して、ナチス・ドイツのメッサーシュミット戦闘機などの〝総統兵団〟と戦う。

ただし、この作品については、異次元世界の軍隊と、最新鋭の自衛隊の戦闘機が戦うという異種格闘技的な戦闘シーンが創作の中心であって、自衛隊の置かれた立場や、自衛隊員の内面的な葛藤などについては、ほとんど顧慮していない。軍事マニア、兵器オタク、あるいは戦闘機ファンが喜びそうな描写や解説やストーリーの展開があるだけだ。「政治家や役人たち、そして自衛隊員までが、自衛隊を実戦力として考えることを、故意に回避し続けてきた。飽くまでも、それをオモチャの軍隊と見なそうとしてきたのである。／その陰で、ただ装備だけが高度化し、肥大してきた」というのが、この小説が自衛隊の立場について書いてある、数少ない文章である。続けて、主人公の仁科について「彼はただ、戦闘機乗りになりたかった。／それが――仁科にとっての、自衛隊の存在意義だった」と書かれるだけである。

自衛隊の在り方や存在意義に踏み込まないこと――これが〈自衛隊小説〉が密かに自らに課していた課題だったのだが、『戦国自衛隊』以降、文学作品の中に登場する自衛隊は、自らの〝敵〟を求めて、その存在意義を確固たるものにしようとしているように思われる。『虚空の総統兵団』がナチス・ドイツという仮想敵を想定することによって、自衛隊員としての仁科三尉、そして海上自衛隊のVF-1戦闘機を〝肯定〟していることは明らかだろう。

あるいは、遙士伸（1969～）の『時空連合自衛隊』（I～III巻、二〇〇五～二〇〇六年、コスミック出版）では、東日本と西日本で時空的に分断された一九四五年と二〇一〇年の日本で、自衛隊（と旧日本軍の連合艦隊）は、米軍と中国軍と戦うのである（このような『戦国自衛隊』を模倣した自衛隊のタイムスリップものは数多く書かれている）。もちろん、一九四五年の沖縄近海での戦いは、「太平洋戦争」の雪辱を晴らすという意味があり、二〇一〇年の中国軍との戦いは、中国脅威論と反中国意識の高まっている、まさに「現在」の日本の好戦的な気分を反映している。過去と未来における日本国家に対する「敵」を、自衛隊は両面作戦として攻撃する〝戦う軍隊〟として表現されている。

この『時空連合自衛隊』が杜撰《ずさん》な歴史意識しか持たず、また米軍の戦闘機パイロット（テッド・アルドリッジ）、中国のフリゲート艦の艦長（馬玉寧）がともにファナティックな殺人狂、破壊狂的な言動をしていることからわかるように、反米、反中意識を隠していない。日本人の軍人は、冷静沈着であり、ある意味では平和愛好者であるのに対し、米兵や中国兵は、狂気じみている。これはまさに歴史の修正主義にほかならない。戦後の日本は、戦中の日本軍こそ狂気じみていたと教育の現場で教えてきた。その戦争や軍隊の狂気を、相手側に押しつけようというのが、この『時空連合自衛隊』の歴史修正主義的な意図なのだ。

この小説が杜撰で、偏頗《へんぱ》な歴史意識しか持たないことは、一九四五年の日本軍の戦争において、中国における陸軍の戦闘がまったく考慮されていないということでも明らかだ。アメリカの占領軍は日本軍との戦いを「太平洋戦争」と名づけ、それを日本側にも強要した。それは、日本軍の敵はアメリカ軍であって、中国における中国軍（国民党軍、共産党軍）ではなかったという虚偽（虚構）を流布させることになったのだ（現在では、「アジア・太平洋戦争」という呼称が定着化しつつある）。

だから、『時空連合自衛隊』は、アメリカ軍の戦争史観に基づいた歴史修正主義に貫かれた〈自衛隊小説〉であり、戦艦大和に郷愁を感じる戦後の日本の軍事マニア（戦争オタク、ミリタリーファン）の願望の集大成ともいえる作品となったのだ。

## 自衛隊はクーデターを行えるか

小林久三（1935～2006）の『皇帝のいない八月』（一九七八年、講談社）は、自衛隊員によるクーデター計画が実行されるという設定の下で、クーデターに参加する自衛隊員たちと、たまたまいっしょの夜行寝台列車（ブルートレイン）に乗り合わせた、皮革専門の業界紙の記者・石森宏明が遭遇したスリルとサスペンスに溢れた事件（事態）を描いた長篇ミステリーである。

石森が手に入れたブルートレインの寝台特急券を、腕ずくでも奪い取ろうとした男たちは、いったい何者か。石森との結婚を暗黙の了解事項としていた江見杏子が、突然彼の下から失踪したのは五年前のことだったが、その彼女が博多の駅頭で彼の前に姿を現したのは、単なる偶然だろうか。そこには、江見杏子の父親の、陸上自衛隊の幕僚監部に勤めていた高級将校だった為一郎を巻き込んでの自衛隊内部でのクーデターの陰謀と、それを妨害し、摘発しようとする術数と、その隠蔽工作といった水面下で行われた事件があったのだ。そして五年後、雌伏していたその時の青年将校たちが、日本全国の自衛隊基地から東京へ続々と武器を持って集まるという〝叛乱軍〟の活動が、ついに開始された。

防衛大出身で、自衛隊の幹部となった現状に不満を持つ自衛官たちが、左翼が政権を奪取することの危機を感じ、右翼と政治的黒幕と手を結んで企てられたクーデター計画。こうした設定は、現実に一九六一年十二月に引き起こされたクーデター未遂事件、いわゆる「三無事件」にヒントを得たものである。文庫版『皇帝のいない八月』の「解説」の筆者の権田萬治は、この事件についてこのように説明している。

三無事件の首謀者は川南工業社長川南豊作で、共産主義を阻止するため、「無失業」、「無税金」、「無戦争」の三無主義に立つ国家主義政治を主張していた。安保闘争の激化に危機感を抱いた川南は、先制クーデターを計画、この陰謀に、五・一五事件で犬養毅首相を射殺した三上卓、陸士五九〜六〇期生からなる国史会グループ、右翼団体の菊旗同志会などが参加した。

計画は九州から川南工業従業員、自衛隊隊友会会員ら二五〇人を動員して国会を占拠し、閣僚、国会議員を監禁のうえ、非常事態宣言を発するというもので、場合によっては、全閣僚を殺すことも考えるという物騒なものであった。

『皇帝のいない八月』に書かれた、一九六一（昭和三十六）年六月五日に、アメリカの通信社であるUPIが全世界に発信した日本における自衛隊員によるクーデター未遂事件とは、この「三無事件」をモデルとしたものである。それは六〇年安保反対闘争に危機感を感じた右翼と自衛隊の青年将校たちが手を結んだものであり、彼らは、共産主義などの左翼に弱腰であり、所得倍増政策などを振りかざした自民党の政治は失敗し、〝政治の腐敗〟と〝道義の低下〟は、とどまるところを知らないと感じていたのである。

保守政権の崩壊と革新政権の出現は、非武装中立と自衛隊の違憲を唱えていた左翼勢力の主張を現実化させるものであり、それは文字通り自衛隊の解体につながりかねない〝危機〟にほかならなかった。右翼勢力と自衛隊の一部勢力とが結びついてクーデターとなり、革新政権を転覆させるというシナリオは、必ずしも空想的なものではなかったのだ。

ただ、この場合でも、自衛隊が一丸となってクーデターに蹶起《けっき》したり、自衛隊が主導的にクーデターを引き起こすということは考えられていない。軍事クーデターの実働部隊として、実際に兵器を扱える自衛隊員が参加することは必要条件ではあっても、必ずしも十分条件ではなかった。〝不在の軍隊〟であることを運命づけられていた自衛隊にとって、そうした主体的な意志や意欲、政治的な欲望や願望を持つこと自体が、きわめて厳しく禁じられていたのであり、自衛隊がクーデターの〝主体〟となることは、その警察予備隊としての出発の時点から、防衛庁が「防衛省」に昇格する今日に至るまで、可能性としても考えることができない。文民統制、すなわちシビリアン・コントロールにある自衛隊が、その最高指揮官である日本国内閣総理大臣に銃を向け、その政権を倒壊させるということは、自衛隊という存在の基盤そのもの、根拠そのものをうち崩すことであって、自衛隊が自衛隊である限り、軍部独裁ということはありえないのだ。

だから、『皇帝のいない八月』においても、自衛隊からのクーデター参加者は、あえてその部隊から脱営することによって、東京に馳せ参じようとしているのであり、北海道や九州や北陸の自衛隊基地そのものでクーデターの火の手を挙げようとはしない。それはあくまでも「自衛隊の一部」なのである。

ブルートレインを乗っ取った藤崎元二佐は、各地から上京しようとするクーデター参加の自衛隊員が途中で拘束され、計画がすでに失敗に終わったことを知っても、列車を東京へ向かって走らせることを要求する。彼のクーデターへの情熱は、江見杏子が鋭く指摘するように、「あなたのお父さんが、上官の罪を背負って捕虜虐待の汚名を着て、B級戦犯で処刑された」という個人的な事情から「国家を憎むようになった」ことから発している。それはきわめてプライベートな動機によるものにほかならなかった。

つまり、それは自衛隊の組織的な行動というより、個人的な、私的な動機や理由によって始められたものであり、自衛隊一般に話を拡げることのできるものではなかった。それは実際の「三無事件」が民間主導であったことと無関係ではない。虚構の中の軍事クーデターや、空想の内戦においても自衛隊は主役たることはできず、脇役に甘んじなければならない。何しろ、クーデターを起こそうとする彼らの前に立ち塞がるのは、まさに幕僚監部の将校という上官の自衛官なのであり、自衛隊という組織はその意志によって、自らの内部の叛乱分子を鎮圧するような抑圧の機構を備えている。それは、空っぽの〝不在の軍隊〟は、自ら自身を存続させるという目的にしか、そのレゾン・デートルを獲得することはできず、存続することが自己目的化した集団であり、組織であることを示した一瞬なのである。

砧《きぬた》大蔵（1962～2005）の『ザ・クーデター』（二〇〇四年、有楽出版社）は、フィリピンの政変に、米軍の後方支援に現地に派遣された自衛隊の物語である。後方支援として、戦闘は許されなく、小銃しか持たされていない自衛隊は、邦人のフィリピン脱出を補助しようとするが、中国に支援されたフィリピン新人民軍は、脱出しようとする日本人を襲う。装甲車や小銃以外の武器の携行を禁じられた自衛隊は、むざむざと敵軍の標的となり、多数の隊員が死傷し、民間人の邦人の中から犠牲者を出す。

しかし、有効な武器携行を許さなかった日本政府は、事が起こった後から、自衛隊の不手際や戦闘行動を批判するのだった。多数の部下を亡くした司令官と、これから大使館に集まった邦人救出に行こうとする部隊の指揮者とは、武器使用に優柔不断な現政府をクーデターで倒し、憲法改正を行う、元自衛隊の国会代議士を首班とする政権を樹立しようとした。だが、彼らは結局、それに同調しない自衛隊の最高幹部たちの逆襲に遭い、投降を呼びかけられ、一部は帰順し、一部は自滅する。

　この小説のなかで、戦後民主主義を標榜する社○党（社会党のことだろう）が憲法九条を中心とした護憲を唱え、自衛隊の武器携行に反対し、結果的にフィリピンの政変下での邦人保護に失敗、自衛隊に多数の死傷者をもたらしたことに憤怒の念を表しているが、これはお門違いというものだろう。これまでにも語ってきたように、憲法に基底のない自衛隊を存在させ、それを〝戦えない軍隊〟として、外面的に強大化し、海外派遣まで出そうとしたのは、戦後の日本の保守政権を担ってきた自民党である。社会党には、それを、三分の一政党（自社対立の五五年体制において、社会党は常に国会議員の三分の一以上を占めない万年野党の地位に甘んじていた）として支えてきた、連帯責任はあるが――もちろん、それは補完的な責任だ。

　自衛隊が、保持する「戦力（武力）」を有効に使えないのは、自衛隊の存在をそもそも違憲としている政治思想ではなく、憲法に規定のないまま、ずるずると自衛隊を増強、増長させてきた保守政権の責任であり、結果的に自衛隊員を〝見殺し〟にしたのは、強力な「軍隊」を持つことの覚悟もなく、シビリアン・コントロールの能力も、知識も、責任もない、歴代の政権首脳たちだった。自衛隊は、立法・行政・司法の三権から分離した「軍事権」を司る「軍隊」のではなく、あくまでも行政権の配下にある国家公務員としての、つまり官僚としての自衛隊であり、官僚たちが自分の存在の根源を否定する国家転覆（クーデター）を決行することなどありえない（財務省や外務省の役人が、クーデターを起こす〝滑稽〟さを想像すればよい）。この小説は、自衛隊側も、政権側も、いずれも合理性や正当性のない行動を取る。虚構＝フィクションとしても、その小説としての強度にはきわめて疑問のある作品にしかなっていない――シミュレーション小説としても失格なのである（砧大蔵はこのほか『日本再占領』『日朝激突』『日中激突』などの戦記シュミレーションとしての自衛隊小説を書いている）。

## “軍靴の響き”が復活！

半村良の『軍靴の響き』（一九七二年、実業乃日本社）も、一種の自衛隊によるクーデター小説といえる。小説は、短篇連作の形で展開する。一話ごとに男女の絡み合いのシーンが登場することが特徴である。インドネシア海域で、日本のタンカーが襲撃されるという事件が起きた。それに呼応して海外の駐留の日本人が被害に遭うということがあり、自衛隊の海外派兵が行われた。急速な社会の右旋回のなかで、自衛隊の極右分子によるクーデターが試みられた。いったんは鎮圧されたものの、反戦派のテロによる抵抗は続き、今度は自衛隊中枢による本格的なクーデターがひき起こされる。若者たちの予備登録という名の徴兵制の復活へと、日本の軍国主義化は急速に進められる。まさに再び〝軍靴の響き〟が、日本の路上に轟き渡ることになるのだ。

近未来小説として一九七〇年代初に書かれたこの小説は、発表から四〇年を経た、二〇一〇年代の現在から読み返せば、自衛隊の海外派兵、防衛庁から防衛省の昇格、国軍としての正当化、徴兵制の復活、戦争への参戦といったその後の〝逆コース〟を見事に予言している（後の三つはまだ実現化していないが、その危険性は大きい）。こういう時代に、父親の意向に逆らい、予備登録をして、進んで徴兵制に応じようとする息子が、父親へと語るこうした言葉が、きわめてリアルなものと響いてくる。

自衛隊の最初の海外派兵の時、父さんたちは反対もしなかった。防衛庁の国防省昇格の時、デモもかけなかった。反戦グループの活動を過激ときめつけ、彼らがまき起こす騒動の市民生活に対する迷惑だけを数えあげて、結局彼らを潰してしまった。何が起こっても知らん顔だ。戦争の悲惨さと戦後の貧乏を知っている世代のくせに、長いものにまかれ、流されるにまかせて何ひとつ、してくれなかった。なるほど父さんたちは日本を経済大国に仕たてあげたよ。働き者さ。でもそれは何だったい。アメリカが辿った道と同じ道を歩いただけじゃないか。専守防衛と言ったって、国が富めばいずれは外に出て行くんだ。その時の歯どめを作ろうとしたかい。富めば守るものも増えるんだ。そこで自衛力増強以外の知恵を働かせてくれたかい。僕らが一人前になったとたんクーデターだ、高度国防国家だ……徴兵制復活だ。今さら親の気持を察しろだの、戦争のこわさを知っているかだの、そんなことを言ったって手おくれさ。

内実を持たない、形だけの〝空っぽな軍隊〟が、見かけや装備や軍備だけを立派にすればするほど、現実の世界状況と対応しない「高度国防国家」なるものが構想される。現実にありそうもない〝仮想敵国〟からの攻撃を煽り立て、針ネズミのように迎撃兵器を身の回りに並べ立て、やがてそれは専守防衛という枠組みを超えて、先制攻撃こそ最大の防衛（防御）であるという、軍備拡大と戦争勃発の危険な道をまっしぐらに進むことになる。

半村良が『戦国自衛隊』で描いたのは、国防の精神という実体のない〝軍隊〟が、戦車や戦闘機、そして機関銃やロケット砲という重装備の兵器を持てば、それを〝使いたくなる〟のは必然であって、この世界に〝戦国〟を出現させることになるということだった。自衛隊を正式に軍隊にし、高度な国防国家、防衛体制を作れば作るほど、戦争が引き起こされる危険性はますます増大する。そうした日本が軍国主義の国家として〝かつて歩んできた道〟を、もう一度辿ろうとするほど、日本国民は愚かなのだろうか？

その答えを出すべき時は、二〇一〇年代の今において、間近に迫っているといえる。

## 反・自衛隊小説

明らかに、反・自衛隊の考えた方を示す小説作品もある。その典型的なものとして、生田直親（1929～1993）の『1 9 9 X年自衛隊潰滅す』（一九八五年、徳間ノベルス）をあげることができる。刊行されたのが一九八五年六月だから、表題の「1 9 9 X年」はその時点で近未来であり、近未来のSF小説と称することも可能である。小説の内容は、自衛隊の千歳基地（北海道）の近辺に巣を構える鴉の一群と、自衛隊との〝戦争〟の物語で、擬人的に描かれた鴉の侠客的な軍団と、千歳の航空自衛隊、陸上自衛隊、さらに海上自衛隊とが加わって、三軍の最強の自衛隊軍団と鴉とが衝突し、最新、最強の装備、軍備を誇る自衛隊が壊滅的な敗北を被るというアレゴリー的な長篇小説である。

航空自衛隊が誇るF15Jイーグル戦闘機が、千歳飛行場空港スクランブル発進しようとして、基地の残飯目当てに飛んできた鴉の一群をエンジンの吸気口に吸い込み、墜落、炎上してしまった。わずか五〇羽程度の鴉のために、八〇億円もの戦闘機をおシャカにされた千歳の航空自衛隊第一〇二航空団の団司令の的場空将補は、鴉の一掃を目論《もくろ》むが、いいアイデアが浮かばない。滑走路の端の目立たない所に鴉たちをおびき寄せ、一斉射撃によって殲滅を図るが、大半の鴉に逃げられた挙げ句、鴉たちの復讐に遭って、多くの隊員が眼球を突き出されるというような重大な被害を負わされる。陸上自衛隊の援助も借りて、鴉たちの塒《ねぐら》の熊ノ頭山を猛爆するが、やはり鴉軍団の反撃を受け、軍用ヘリコプター群を潰滅させられ、日米合同演習を視察に来たアメリカ人将軍夫婦を死傷させてしまうという反撃に遭う。怒り狂った的場空将補は、北海道の全自衛隊の戦力を総動員して、鴉たちを撃滅せんとしようとするが、逆に、北海道一円、さらに東北から助っ人を頼んだ鴉軍団に、潰滅させられてしまう。戦闘機、戦車、戦艦を総動員しても、自衛隊は鴉たちに一敗地に塗れることとなった。

自衛隊の指揮者たちは戯画化されており、鴉たちは親分の風作や手下の勘三郎、旅烏の鬼吉など、ヤクザ集団のように擬人化されており、ほとんど東映のヤクザ映画か、任侠映画のパロディーのようだ。組の跡目争い、旅烏の助っ人、組の姐さんとの駆け落ち話、組の親分の娘との色恋沙汰。近代的な軍隊と、任侠のヤクザ集団との〝戦争〟は、総身に知恵が廻りかねる近代機械化軍団の壮絶な敗北に終わるのだが、もちろん鴉の側の被害も甚大だ。何しろ、戦闘機や軍用ヘリコプターに対する鴉たちの戦法は、捨て身の特攻攻撃、エンジンやプロペラへの自殺攻撃にほかならないのだから。

つまり、この自衛隊対鴉軍団の戦闘は、機械や物量に頼る科学的軍隊に対し、任侠道に生きる〝古い〟精神主義の苦い勝利を描いた作品であるともいえるのだ。生田直親がこうした〈反自衛隊小説〉を書いたのも、一九八〇年代当時の自衛隊に対する国民感情を受け止めたものだろう。

作中に、一九八五年四月十六日付けのＪＮＮデータバンクの世論調査の数字が引かれているが、それによると防衛予算を国民総生産（ＧＮＰ）の一パーセントという枠を設けていることについての意見として、「一パーセントの枠は、今後も守るべきだ」という答えが四二・二パーセントで一番多く、「一パーセントの枠は、大きすぎるのでもっと小さくしていくべきだ」が一六・六パーセント、「防衛費は0《ゼロ》にすべきだ」が六・〇パーセントで、防衛費に反対、自衛隊の縮小か廃止に賛成の意見が、六四・八パーセントと過半数を優に超えていた。二十一世紀に入った現在に、この数字がそのまま当てはまるとは思われないが、生田直親にとって、「199X年」という近未来には、自衛隊解散、縮小ということも十分にあり得ると思えたからこそ、近代装備を備えた立派な軍隊であり、戦力である自衛隊が、鴉軍団風情《ふぜい》にとことん敗北を帰すという〝人鴉戦争〟の夢物語を書くことができたのだ。

もちろん、ここに幼い頃に農業移民として渡満し、後に北京に移り、帰国してからは十七歳で開拓移民団の一員として北海道に渡り、〝棄民〟に等しい国策の犠牲になったという作者・生田直親の個人的な体験から来る「反権力」「反体制」の情念を見ることは肯《うべな》われるべきことだろう。早い時期に原子力発電所の問題を取り上げ、『東海村原発殺人事件』（一九八三年、徳間ノベルス）や『原発・日本絶滅』（一九八八年、カッパノベルス）という福島第一原発事故を予言するような反・原発小説を書いた彼は、自衛隊が純粋に国を守る〝自衛〟のための軍隊であるよりも、アメリカの軍需産業の興隆を支えるための最新鋭の戦闘機・戦車・戦艦などの武器見本市のような存在でしかないことを痛切に知っていた（それは、原子力の平和利用として、〝欠陥〟原子炉を日本に売り込み、日本を原発だらけにした、アメリカと日本の強欲な資本家や政治家たちの〝商売〟共同体と同じ構造の下にある）。そうした権力や政治体制に対する飽くなき反抗の情熱にほかならない。

傷ついた若鴉の勘三郎を手当してくれた人間の爺さんがいた。十四歳の時から造材飯場で出面《でめん》稼ぎ（日雇い労務者）として働いていた彼は、馬追い人夫たちに捕まり、袋詰めにされた鴉たちを助けたために、ひどいヤキ（拷問）を入れられた。彼は山仕事の途中で霧に巻かれ、すんでのところで鴉たちに助けられ、遭難から逃れて飯場にたどり着くことができた。それ以来、爺さんは鴉も含めて、生きものたちをこよなく慈《いつく》しむ人間となった。

また、鴉たちに作戦を教示している木村徳蔵という老人がいた。旧日本軍の撃墜王と呼ばれた彼は、不時着して捕虜となり、捕虜交換で日本に帰って来て、人々の目が厳しいことに気が付く。命からがら生還した彼を日本社会は冷たく迎え、戦争後の社会はそれが憎悪のようなものに変わっていることに彼は気付く。日本のため、〝テンノウヘイカ〟のために戦い、傷ついた彼を、その祖国の日本が白眼視し、冷遇した。彼が、戦後社会を〝敵〟と考え、自衛隊と戦う鴉たちに味方するのも当然の成り行きだったのだ。

こうした、人間のなかでも、疎外され、疎まれ、不遇の身を託《かこ》つ人間が、鴉軍団に味方して、出世意欲と、天降りの安定と、愛人を囲うことを人生の目的としているような自衛隊の幹部や、役にも立たない防衛産業の経営者や資本家、防衛庁の高級官僚や防衛族の政治家たちに、残虐ともいえるような悲惨な最期を遂げさせるのは、当然ともいえることだ。ただ、そこから零《こぼ》れ落ちるのは、幹部ならぬ北海道の自衛隊の一兵卒の隊員たちも、彼らと同じような北海道の開拓民の末裔であり、そうした中・下層の開拓農民や流れ漁民やタコ労働者たちの息子であり、孫であったということだ。

藤丸卓哉の『自衛隊脅迫』（一九八六年、徳間ノベルス）は、題名に自衛隊と入っているが、主たるストーリーの展開と自衛隊とはあまり関係がない。自衛隊隊員の一年間の食費として三百八十億円が使われているのに、その四分の一の量が残飯として棄てられ、年間九十五億円の無駄遣いとなっているので、その分を福祉関係の施設に分配せよ、という脅迫状が、爆発物を仕掛けるというテロリストから、自衛隊に届くという話である。もちろん、自衛隊そのものが、そんな金額を出すはずもなく、自衛隊に軍需品を納入している企業がダミーの財団を作り、一億円の現金を用意して、脅迫犯の要求に応じようとする、そのやりとりが、サスペンス小説として展開される。

最初の脅迫状が自衛隊に届くまでが、自衛隊の出番であって、その後はもっぱら警察官とテレビ放送局の記者、企業や福祉施設の関係者が登場人物で、自衛隊はほとんど本筋とは関わらない。国民の税金の無駄遣いをする自衛隊ということが語られるだけで、自衛隊の存否が問われるわけでもなく、自衛隊には残飯が多いという、社会的な問題としては枝葉末節とも思われるようなことが、犯人の脅迫のネタとなっているだけだ。〝自衛隊脅迫〟という題名は羊頭狗肉のものとしか思われない。ただ、無駄遣いの最たるものとして自衛隊の食費が取り上げられているのであり、庶民的な感覚でのアンチ自衛隊という気分が、この小説を書かせる動機となっている。自衛隊の海外派兵(カンボジアやアフガニスタン)や阪神・淡路大震災の災害出動の救助活動以前までの自衛隊に対する、一般的な国民の感覚はそんなものだったのである。

## サルビヤ部隊と反戦自衛官

さらに徹底した〈アンチ自衛隊小説〉といえる作品がある。森村誠一(1933〜)の『黒い墜落機《ファントム》』(一九七六年二月、光文社)である。茨城県百里基地から飛び立った第七航空団所属のF-4Jファントム主力戦闘の一機が、緊急発進して三十分後に交信を断った。山梨県から長野県上空を、高度八千八百五十メートルで編隊飛行中に積乱雲の雲堤のなかに突入し、そのうちの一機が行方不明となった。やがて、そのファントム一機は、南アルプスの高い峰に三方を囲まれた山村、風巣《ふうす》という集落の近傍に墜落したことが判明した。しかし、航空自衛隊の幹部は、警察にもマスコミにも通報せず、関係者に箝口令《かんこうれい》を敷いて、墜落事故を明らかにしようとしなかった。墜落機には、自衛隊の存続にも関わるような重大な秘密が隠されていたからだ。

しかし、限界集落で、老人ばかりが暮らす家が十戸ほどある風巣集落について、「軍神」と揶揄される旧日本軍出身の自衛隊最高幹部は、精鋭のレンジャー部隊をその集落に向けて派遣し、恐るべき命令を与えた。事故の目撃者はもちろん、集落の人間を鏖殺して、墜落事故そのものを隠蔽しようと図ったのである。集落には、都会から駆け落ちして来た若い男女がいて、民宿を開いていた。冬期間なのに、秘境としての村の噂を聞きつけてその民宿に滞在している客が、男四人、女一人がいた。村の老人は十三名、それに民宿の管理人男女二人と客を合わせて二十名。それが、自衛隊レンジャー兵士集団サルビヤ部隊と、サバイバルを賭けて〝戦う〟ことになる。

屈強で、重武装したレンジャー部隊と、戦う武器も手段も何も持ち合わせていない素人集団の〝戦争〟。その勝敗の帰結は明らかだと思えるが、素人は素人なりに、職業や余技や不思議な能力を駆使して、一騎当千の敵たちと互角に、そしてついには村民以外の七人は、二人だけを犠牲に五人が生き残るという結果となる。レンジャー部隊が壊滅に近い被害を受けたのとは逆に、生き延びた人間のほうが多かったのだ。

戦争（戦闘）に素人の市民たちが、れっきとした軍隊を相手にいかに戦ったかが、この小説の読みどころなのだが、それはエンターティンメント小説としてのこの作品に直接に当たってもらうこととして、ここで指摘したいのは、〈アンチ自衛隊小説〉としてのこの作品世界に底流となっている考え方についてだ。雪に閉ざされ、サルビヤ部隊に命を狙われる五人のなかに、野崎弘という男がいた。彼はサルビヤ部隊の本部に偵察に行き、逆に彼らに捕まって捕虜にされるのだが、彼は自分の〝正体〟が彼らに知られていないことにほっとする。なぜなら、彼は元自衛官で、自衛隊の存在に疑問を持ち、反軍的な思想を持ち、「反自衛隊活動」を行うに至った。「こうした野崎は隊に居坐って活動を続けた。四十×年五月、同隊が所属隊員に実施している『非常警備訓練』に反対して、隊内にビラを貼付し、あるいは新聞に折り込んで、隊員に配布しようとした。だがこれは事前に上官に発見され、隊員の目に触れる前に回収されて、焼却された」。彼はこれにもめげず、次々とビラを作成し、それを隊内のみならず、街頭や民家の塀にまで貼って歩いたので、ついに警務隊に連行されて取り調べられ、自衛隊法六十四条、すなわち「怠業の扇動禁止」違反で逮捕された。そして名古屋刑務所の独房に拘置された。

こうした野崎の経歴が、実在のいわゆる〈反戦自衛官〉、小西誠三等空曹の事件をそのままなぞったものであることは明らかだろう。一九六九年十月九日、一人の若い自衛官が、航空自衛隊佐渡分屯基地（第四六警戒軍通信電子隊）内の隊舎の壁や電柱に、ビラ貼りを行っていた。「佐藤訪米阻止！　安保フンサイ！　沖縄解放！」、そして「治安出動拒否！」と書かれたビラを。その〝犯人〟は、小西誠、二十一歳、宮崎県串間市出身の航空自衛隊三等空曹だった。自衛隊基地のなかで、治安出動の訓練活動に出るな、というアジビラを貼って、公務の執行を妨げようとした容疑で逮捕された彼は、アンチ自衛隊という風潮が、自衛隊のなかから生み出した、いわば鬼子的な存在であるといえる。

同年十一月一日、奇しくも自衛隊記念日のその日、小西三曹は逮捕され、新潟刑務所のなかにある拘置所に収容された。二十二日には、自衛隊法第六十四条などに違反したとして公訴された。自衛隊員の「政治的行為の制限」と「怠業の扇動禁止」の規定に違反したというのである。裁判の過程で「政治的行為の制限」に関する違反ははずされ、「治安出動拒否！・」の言動とビラ貼りが「怠業の扇動」に当たるかどうかが、裁判の焦点となった。七〇年安保の改定期を迎え、自衛隊は各基地内で「治安出動」の可能性をにらんで、ひそかに〝特別警備訓練〟という名目で治安出動の訓練を行っていた。同じ日本国民、同じ日本の若者たちのデモ隊に、装備された自衛隊員が鎮圧・弾圧の攻撃を行うことが許されるだろうか。小西誠は、訓練を拒否し、「アンチ安保」と題したビラに「何故我々は治安訓練を拒否する必要があるのか。いや何故我々は拒否せねばならないのか」と書いたのである。

小説の登場人物の一人である野崎弘の裁判は、作中ではこのように推移する。「勾留期間満了前に、検察は、野崎を自衛隊法違反で起訴した。その後、五年間にわたる前後三十回の公判が開かれた。裁判所が自衛隊の実態を調べるために防衛文書の提出を命じたが、防衛庁が『国家機密』を理由に、提出を拒否したために審理が打ち切られてしまった」のである。「『野崎の肚としては、非常警備訓練を『国民に銃を向ける対内的治安訓練』として告発し、それを拒否した隊員の表現、思想、政治活動の自由等の基本的人権を問い、一気に自衛隊および自衛隊法の違憲性を展開するつもりだった」。ところが、それを嫌った防衛庁、国家権力は、裁判所の「防衛文書提出命令」を拒否したため、裁判所は「国が文書を提出しない以上審理はできず、被告に有罪を言い渡す可能性も少ない」として審理を打ち切った。

これは、現実の小西三曹の〈反戦自衛官〉裁判とほぼ同一の過程を示している。一九七五年、新潟地方裁判所は、小西三曹（逮捕された時に、懲戒免職となっていたが）が「怠業を扇動」したということについて検察側の証明が不十分であるとして無罪判決を出した。高裁からの差し戻し審においても、彼の言動は言論の自由の範囲内という無罪判決が出て、一九八一年に確定した（国は、小西三曹の〝犯罪〟の証拠となる文書の提出を最終まで拒否した）。いずれも、自衛隊が合憲であるか違憲であるかの司法判断は回避された。小西誠は無罪を勝ち取ったのだが、国はそれ以上のものを得た。自衛隊が違憲である（あるいは自衛隊が憲法上問題であるという疑義）という司法判断が回避できたからである（参照・小西誠編著『小西反軍裁判——反戦自衛官の闘いと勝利——』一九八二年、三一書房）。

野崎は考える「——基地における孤独な戦い、そしてその後につづく五年にわたる法廷闘争が、なんにもならなかったのだ、なんにも——」と。小西誠が、その後も〈反戦自衛官〉として、孤独で厳しい〈アンチ自衛隊〉、反軍・反戦の戦いを続けたのに対し、作中の野崎弘は、サルビヤ部隊との戦いのなかで、ヘリコプターを奪取し、外部との連絡を取ろうとして失敗し、山肌に激突して、ヘリコプターとともに炎上死した。

国民や国土を守るという目的のためにその存在が認められている自衛隊が、国民に銃を向け、自分たちの秘密を隠蔽するために、国民にほかならぬ風巣の住民たちと民宿の客という一般市民たちを殺そうとする、非情で身勝手な論理。それが軍隊としての自衛隊の本質であると、作者の森村誠一は強調したいようなのだが、サルビヤ部隊による〝風巣集落全滅作戦〟は、フィクションとしても荒唐無稽の域にあるといわざるをえない。核兵器の持ち込みや、それを装備した米軍艦船の寄港は隠蔽されるべき〝機密〟だろうが、その秘密の保持のために民間人を多数殺傷するというのは、自衛隊にとっても非常に危険な作戦、工作であって、尋常な参謀本部なら決して採ることのない愚策であろう（全斗煥《チョンドゥファン》時代の韓国で、ビルマのアウンサン廟爆破や大韓航空機爆破事件があったが、真犯人と思われる北朝鮮、およびそれに同調する日本人の幾人かは、韓国の〝自作自演〟説を流した。しかし、万が一、それが明らかになった場合において、政権の受けるダメージは測り知れず、あえてそうした〝危険な賭け〟に打って出るほどの愚策を採ることは普通では考えられない。もちろん、異常な〝ならず者国家〟であるならば、この限りではないが）。

作中に、軍事評論家の藤井治夫（1928～2012）の『自衛隊クーデター戦略』（一九七四年、三一書房）からの引用がある。「軍隊の本質は、二つの視点から解明されなければならないだろう」として、「第一はその内的本質」として、民主主義の欠落をあげている。「自衛隊においては、その内部生活に一かけらの民主主義もない」としており、「隊内民主主義なくして国民に奉仕する軍隊とはなりえないのだ」と断言している。「第二に、自衛隊をとりまく外的条件」として、「アメリカとの安保体制が、自衛隊の侵略性と反人民性を倍加していることを指摘すべきだろう」としている。こうした指摘は、理論的には肯われるべきものと思われるが、現今の自衛隊については、アサッテの方向を向いた議論であると考えずにはいられない（軍隊に民主主義を求めたり、その侵略性や暴力性を認めないとすれば、それはすでに軍隊ではありえない。しかし、三宅勝久の『自衛隊員が泣いている』や『自衛隊という密室』などを読めば、現在の自衛隊＝防衛省が民主主義も職業倫理も自浄努力もない、腐敗体質の官僚機構に堕していることが明らかとなってくる）。

小説作品のなかに、あえて現実の論議されている軍隊論、自衛隊論を引用しているのだから、作者の森村誠一は、こうした論理に共感していると思われるのだが、自衛隊の非民主主義性、侵略性を指弾するこうした論理が、自衛隊の本質や在り方を論ずる場合において、正鵠《せいこく》を得たものとは考えられない。これらは、〈アンチ自衛隊＝軍隊〉という戦後日本の国民的感情に裏打ちされたものだが、結局は感情論、情緒論の域を出ないものだ。民主的な軍隊も、侵略性をまったく持たない軍隊というものを考えることはできない。それは当時（今も）の日本共産党が唱えていた自主防衛のための〝人民軍〟の理念のなかぐらいにしかないと思われるのだ（ただし、藤井治夫は非武装中立論者である）。

なお、森村誠一には、自衛隊特殊部隊を除隊した味沢岳史という主人公が、東北の地方都市に住み着き、そこで政財官界を束ね、町を支配するボスと戦うというストーリーの『野性の証明』（一九七七年、角川書店）があるが、これも、自衛隊の特殊部隊の秘密を守るためには一般人や一般自衛隊員にさえ銃（大砲や戦車砲までも！）を向けるという非情さがテーマとなっている。しかし、これは本質的な自衛隊批判とはなっていないと思われる。

## 自衛官殺人事件

自衛隊内における殺人事件を扱った〈反自衛隊小説〉として、真保裕一（1961～）による『朽ちた樹々の枝の下で』（一九九六年、角川書店）という長篇小説をあげることができる。これも、自衛隊とは相性がいいというべき北海道を舞台としたもので、妻を交通事故で亡くした男（尾高建夫）が、大雪山山系の山林組合の作業員として山林に籠もるような生活をしているという設定から始まる。男は、自衛隊の演習場に隣接する山林のなかで、一人の女性と出会い、逃げ回る彼女を追い、逃げそびれて川原に転落して気を失った彼女を診療所に連れてゆく。しかし、彼女は意識を取り戻すと、診療所の窓から逃げ出し、男はそのことで新聞記者を名乗るあやしげな男から、取材を受ける。

主人公の男の過去の夫婦関係、自然保護団体と山林組合との角逐、そして自衛隊員による不発弾の密売事件など、複雑なミステリー要素が詰め込まれているのだが、結局は、自衛隊内でのリンチ殺人か、粛清殺人の事件を隠蔽しようとする〝自衛隊の犯罪〟と、それに巻き込まれてしまった、元恋人の自衛官の死の真相を突き止めようとする女性と、彼女とともに事実を確かめようとする主人公の男との〝謎解き〟が一編のテーマだ。

しかし、この事件の本質は、最後まで明らかとはならない。自衛隊の演習場で、一人の自衛官が殺され、埋められているのを不良自衛官が目撃する。彼はそれをネタに上司を脅し、自衛隊の調査隊に入って出世する。しかし、彼は不発弾を横流しする過程で、誤爆事件によって死亡する。自衛隊の不祥事には違いないが、それはもっと〝大きな事件〟を隠蔽し、抹殺しようとする自衛隊の意志そのものから来るものではないのか。

しかしながら、もちろんそんな自衛隊の存亡や国家的意志に関するような機密や謎が、恋人を失った傷心の女や、一介の山林組合の作業員の手に負えるものではない。自衛隊の秘密情報組織や、憲兵隊的組織の追跡を受けたものの、主人公の男女は、本質的な秘密に到達することはできず、自衛隊という組織のなかの、単なる不祥事としてしか、それは処理されない。

つまり、それは自衛隊という軍隊の本質が、そうした国家的な機密によって成り立っているということの確認にほかならないのだ。憲法にも、国民的世論にも正当性を持たない自衛隊は、秘密によって成り立ち、秘密によって己れの姿を煙幕によってカバーしなければやってゆけない存在であり、組織なのだ。そして、問題なのは、そうした機密や秘密の凝り固まった自衛隊は、自分自身にも、自分の本当の姿が見えない存在に成り果てているということだ。

誰が日本の防衛政策を決めているのか。その本質はどこにあるのか。どのように防衛体制が組み立てられ、その指揮や命令系統は確固たるものとなっているのか。つまり、自衛隊の意志は、どこにあるのか。どこにもない、あるいは誰にもそれを自信を持って言うことができない、というのが真実だろう。そうしたなかで、一人以上の人間を殺す暴力性を自衛隊は保持しており、それを巧みに隠蔽するだけの政治的な工作技術は身に付けている。シビリアン・コントロール（文民統制）といった政治的な虚構が、そうした自衛隊の本質を隠しおおせている。

もう一つの〈自衛隊殺人事件〉は、現実のものであり、アンチ自衛隊というイデオロギーから、〝自衛官〟の殺戮、武器奪取による〝赤衛軍〟の武装化を狙ったとされる、いわゆる〈赤衛軍事件〉である。この事件については、当時、朝日新聞記者として〝赤衛軍〟のリーダーと名乗った菊井良治と関わりがあり、後に〈赤衛軍事件〉の証拠隠滅や犯人隠匿の容疑で逮捕され、有罪の判決を受けた川本三郎（1944〜）によるノンフィクション・ノベルといえる作品『マイ・バック・ページ　ある六〇年代の物語』（一九八八年、河出書房新社）がある。そこには、憲法違反の不法な〝軍隊〟である自衛隊ならば、〝自衛官殺し〟も許容されるという当時の過激派の、きわめて〝過激〟な反・自衛隊の感情が底流している。

一九七一年八月二十二日の朝、陸上自衛隊朝霞駐屯地では、歩哨としてパトロールへ行った陸士長が交替時間になっても戻ってこないという出来事があった。捜しに出た隊員は、駐屯地構内で全身打撲、胸腹部や腕に刺し傷を負った彼を発見した。一場哲雄、二十一歳である。一年半前に入隊してきた若い自衛官で、すぐさま病院に運ばれたがすでに死亡していた。現場には、「赤衛軍」と書かれたヘルメットやビラなどが散乱していた。過激派による襲撃事件と見られた。「朝霞自衛官刺殺事件」あるいは「赤衛軍事件」と呼ばれる事件の勃発である。

ほどなく、「赤衛軍」のリーダーと称する日大理学部生・菊井良治と二人の共犯者が逮捕された。駒沢大学生の新井と十九歳の少年だった。新井は元自衛官だった。彼らは、武装革命闘争のために、自衛隊基地を襲い、武器を奪取することを計画し、八月二十一日深夜、朝霞基地に侵入し、歩哨中の一場陸士長を包丁で刺殺、その「警衛」という腕章を奪い取ったが、彼の持っていたライフル銃は暗闇に取り紛れて奪取できなかったという（立哨中、および巡視中の自衛官の銃には実弾は込められていないという）。

菊井良治は、彼らの犯行であるという唯一の〝物的証拠〟の「腕章」を、それ以前に襲撃計画をうち明けていた朝日新聞社の社員で、『朝日ジャーナル』の編集部員である川本三郎（当時二十七歳）に渡したと自供した。証拠隠滅の容疑で逮捕された川本三郎は、ニュースソースの秘匿として証言を拒否していたが、検察の取り調べに屈服し、ついに「腕章」を受け取り、同僚記者にその焼却を依頼したことを証言した。

のちに、川本三郎は事件を回想した『マイ・バック・ページ』のなかで、「Kは自供のなかで、私を組織の仲間にしているということだった。組織の頂点には京大パルチザンの指導者だった滝田修（本名・竹本信弘〈1940～〉、元京大助手、『ならず者暴力宣言』などの著者がある――引用者註）がいる、Kはその滝田の命令で事件を起こした、というストーリーがKによって作られ始めていた。私は滝田とKとのあいだの連絡係という役割にさせられているということだった」と述べている。K＝菊井は、自分の罪を軽くするため、過激派としてマークされ、警察の手を逃れて潜行中の滝田修を主犯に仕立て上げようとしたのである。

赤軍派などが誕生した過激派のなかで、より過激であろうという虚栄心（？）から殺人事件を起こしてしまった若者。そんな思想性のない虚言や虚勢に同調させられてしまった週刊誌記者。しかし、警察・検察・政治権力は、それだけでは済まさずに、「滝田修」をトップとする暴力革命を呼号する過激派を一網打尽にするチャンスとして、少しでも関わりのある左翼的文化人や、シンパ的人物を洗い出すというローラー作戦を開始した。菊井良治は、警察・政治権力にとって、そんな罠のなかに、自ら進んで飛び込んできた〝愚かな狐〟だった。

〈赤衛軍事件〉が、全共闘運動など一九六〇～七〇年代の反体制運動の〝頽落〟した姿であることは今となっては明らかだ。連合赤軍事件がそうであったように。その「赤衛軍事件」のある意味では当事者である川本三郎は、この事件に「いやな感じ」「いやな気分」を持ったと前掲書に書いている。「だって君、人がひとり死んでいるんだよ。何の罪もない人間が殺されたんだよ」と、彼は実兄にいわれ、「はっとした」と書いている。

このことは彼がそれまでに、被害者の自衛官のことをほとんど考えていなかったという〝事実〟を示している。菊井良治が山本義隆や滝田修のように「東大」「京大」出だったらと、大学格差について語っている著者（川本三郎）が、大学出ではない二十一歳の自衛官の死を、なぜ、直視することができなかったのか。それが〝革命〟を呼号した時代の風潮ということだろうか。過激派から見れば、自衛隊の最下層に近い一兵卒など、殺しても構わない存在として見なしており、銃一丁を奪うために殺害してもしょうがない〝敵〟と見なされていたのである。

戦争のないはずの日本のなかで、戦死などありえないはずの自衛隊の基地内での殉職死。一場哲雄陸士長は、殉職者として二階級特進して、二等陸曹となった。勲七等青色桐葉章を受け、遺族には、退職金、弔慰金等を合わせて、四百四十万四千八百八十円が国庫から支給された。

なお、自衛隊を辞めた元自衛官が、古巣の自衛隊に復讐のような攻撃を行うというストーリーを持つ作品として、東野圭吾の『天空の蜂』（一九九五年十一月、講談社）がある。無人操縦の自衛隊の大型ヘリコプターをハイジャックして、高速増殖炉「新陽」の上空にホバリング（空中停止）させて、自分たちの要求を受け入れなければ、墜落させ、原子炉を破壊させると日本政府を脅迫するテロリストたちの物語であり、その犯人のうちの一人が元自衛官である（もう一人は原子炉メーカーのエンジニア。彼らは、日本中の原発の稼働を停止することを要求する）。

防衛大の航空宇宙工学教室で研究をし、防衛庁に入ってから、若い研究者仲間とクーデター計画を練っていたという男。その男、佐竹（雑賀と名乗る）は防衛庁を退職してから、原発労働者となっていたが（いっしょに働いていた労務者の被曝死ということがある。それは会社によって握り潰される）、防衛庁の虎の子の無人ヘリコプターを奪取して、テロリズムを実行しようとする。その動機は複合的なものだが、クーデター計画のリーダーだった彼に、自衛隊に対する強い怨恨があったことは推察されるのだが、作中ではその具体的な動機は明らかにはされていない。

## 立ち上がれ、自衛隊！

こうしたアンチ自衛隊の風潮、そして〝不在の軍隊〟に甘んじることは、これ以上は耐えきれないという声を挙げたのは、自衛隊の内部からではなく、むしろ自衛隊の外部の私設応援団、あるいは自衛隊の熱狂的なファンであった小説家の三島由紀夫だった。すでに書いたことだが、彼が二十代の青年たちを集め、当時の若者たちの人気ファッションだったミリタリー・ルックに身を固め、「楯の会」なる私設軍隊を作って、市ヶ谷の自衛隊駐屯地に乱入したことは、よく知られたことである。

三島由紀夫が、自衛隊市ヶ谷駐屯地の建物のバルコニーから、集合させた自衛隊員に向かって最後のアジ演説を行い、「今からでも共に起ち、共に死のう」と呼びかけたのだが、集まった自衛隊員の野次と怒号によって迎えられたことは、多くの記録に残されている。

ここには奇妙な倒錯がある。偽物の、おもちゃの軍隊である「楯の会」の、所詮は非軍人である三島由紀夫が（彼には兵役嫌悪の過去があると指摘する評伝作者もいる――猪瀬直樹『ペルソナ　三島由紀夫伝』一九九五年、文藝春秋）、本物の兵士たちに、お前たちは偽物の兵士であり、空っぽの軍隊であるから、〝本物の兵士〟〝本当の軍隊〟になるために立ち上がろうと演説しているからである。

われわれは四年待った。最後の一年は熱烈に待った。もう待てぬ。自ら冒瀆する者を待つわけには行かぬ。しかしあと三十分、最後の三十分待とう。共に起って義のために共に死ぬのだ。日本を日本の真姿に戻してそこで死ぬのだ。生命尊重のみで、魂は死んでもよいのか。生命以上の価値なくして何の軍隊だ。今こそわれわけは生命尊重以上の価値の所在を諸君の目に見せてやる。それは自由でも民主主義でもない。日本だ。われわれの愛する歴史と伝統の国、日本だ。これを骨抜きにしてしまった憲法に体をぶつけて死ぬ奴はいないのか。

三島由紀夫はそういって自衛隊員の蹶起を促したのだが、彼の「檄」によって立ち上がる者は一人もなく、彼は憤然として人質として囚えていた連隊長の部屋に戻り、そこで割腹自殺を実行したのである。三島由紀夫の「檄」は、一見、クーデターの勧誘のように読める。しかし、よく読むとこれは行動に立ち上がらせるというより、「共に起って義のために共に死ぬのだ」とあるように「共に死ぬ」ことに一番の意義を見出しているようだ。巷間、囁かれたように三島由紀夫の割腹死は、森田必勝との同性同士の「心中」にほかならず、そういう意味では三島由紀夫は最初からクーデターという行動へ自衛隊員の有志を駆り立ててゆこうとしたのではなく、ただ自分と自衛隊との「心中」を企てていたといえるかもしれないのだ。

だから、これを三島由紀夫による〝クーデター未遂事件〟と呼ぶことは過大評価に過ぎる。ただ、自衛隊調査学校の校長などを歴任し、三島由紀夫が現役自衛官としてもっとも信頼していたという山本舜勝の証言によれば、三島由紀夫のクーデター計画に賛成の自衛隊幹部（松本重夫の『自衛隊「影の部隊」情報戦』〈二〇〇八年、アスペクト〉では、藤原岩市という実名があがっている）もいて、彼らの裏切りによって三島のクーデター計画は杜絶、彼の割腹自殺につながったという見解もある（参照・山本舜勝『自衛隊「影の部隊」三島由紀夫を殺した真実の告白』二〇〇一年、講談社)。三島由紀夫と自衛隊とは、一時的な蜜月の時代があったと考えられるが、自衛隊側は、高名な小説家による、「鴨がネギを背負ってきた」(ある自衛隊幹部の言葉)という程度の認識で、自衛隊の宣伝に役立つことだけを歓迎していただけだったという。

三島由紀夫の檄文は、結果的には、いわば死者による呪言という古代の怨霊信仰的な効果を狙ったものにほかならず、彼は自衛隊とそれを包み隠そうとする日本社会に呪縛を与えたにしか過ぎなかった。その意味で、彼はあくまでも〝口舌の徒〟であり、言葉に自らの全精神を込める文学者として終始したのである。

　われわれは今や自衛隊にのみ、真の日本、真の日本人、真の武士の魂が残されているのを夢みた。しかも法理論的には、自衛隊は違憲であることは明白であり、国の根本問題である防衛が、御都合主義の法的解釈によってごまかされ、軍の名を用いない軍として、日本人の魂の腐敗、道義の頽廃の根本原因をなして来ているのを見た。もっとも名誉を重んずべき軍が、もっとも悪質の欺瞞の下に放置されて来たのである。自衛隊は国家の不名誉な十字架を負いつづけて来た。自衛隊は国軍たりえず、建軍の本義を与えられず、警察の物理的に巨大なものとしての地位しか与えられず、その忠誠の対象も明確にされなかった。われわれは戦後のあまりに永い日本の眠りに憤った。自衛隊が目ざめる時こそ日本が目ざめる時だと信じた。自衛隊が自ら目ざめることなしに、この眠れる日本が目ざめることはないのを信じた。憲法改正によって、自衛隊が建軍の本義に立ち、真の国軍となる日のために、国民として微力の限りを尽くすこと以上に大いなる責務はない、と信じた。

もちろん、こうした三島由起夫の憂国の熱情は、結果的に片想いに終わった。彼の演説に共感する自衛官は一人もなく、自衛隊員でもないのに、自衛隊に片想いをするこのドン・キホーテを、自衛隊も日本社会も嘲笑したのである。だが、三島由紀夫が死を賭けて実現しようとしたのは、その場での自衛隊のクーデター蜂起ではなかった。彼はまさに文学者として言葉による（あるいは言霊《ことだま》による）影響力を日本社会に与えようとした。すなわち、「憲法改正（改悪！）」を行い、「自衛隊を合憲化」し、「国軍」としての本義を与えるということを、百年、千年を賭けても実現するようにと「言葉による呪縛」を、その檄文の中に潜めていた。

三島由紀夫の目論見は、成功したように見える。二〇〇六年、すでに「周辺事態法」などで、海外派兵や武力行使を〝法的〟に可能となった自衛隊は、その所轄の防衛庁を「防衛省」に昇格させることによって、憲法改正への王手を打った。「教育基本法」の改正や防衛施設庁の解体と「防衛省」への吸収合併によって、空っぽの〝不在の軍隊〟からの、実質のある、〝名誉ある〟「国軍」への華麗な羽化を果たそうとしている。

そういう意味では、三島由紀夫の夢想は実現した。彼の呪言は、三十数年後の日本において実現したかに見える。それは浅田次郎のような若者を自衛隊に入隊させたという直接的な影響力のほかに、現在となって明らかとなったことだが、自衛隊の幹部隊員の中にも、密かな精神的支持者を持っていたということでもある。彼らは三島由紀夫が蹶起しようとしたクーデター計画に同調することはなかったが、三島由紀夫の呪言は、しっかりと〝不在の軍隊〟の中の、その空っぽな内部へと浸透していった。「国軍」になること、日本国憲法第九条第二項の「言葉の呪縛」を解き払い、「戦う」ことのできる「戦力」を持った「日本軍」に変身すること。三島由紀夫は、その目的のための臥薪嘗胆や穏忍自重を、自衛隊に逆説的に求めたのである。非武装中立というスローガンを唱えながら、安保条約や米軍の駐留や自衛隊の存在や、数百発分の原子爆弾の原材料としてのプルトニウムの備蓄を漫然と許容してきた戦後民主主義や左翼勢力が、日本社会においてその勢いを阻喪させるのをひたすら待ちわびながら、である。

だが、三島由紀夫の呪言から四十数年後の現在において、本当に実現したのは「天皇を中心とする日本の歴史・文化・伝統を守る」ことを「建軍の本義」とする「日本の軍隊」ではなく、三島由紀夫がそこで否定的に語った、「自衛隊は永遠にアメリカの傭兵として終るであろう」という呪言の方であったように思われる。

「アメリカは真の日本の自主的軍隊が日本の国土を守ることを喜ばないのは自明である」と三島由紀夫は語る。しかし、この認識は甘すぎるように思われる。増田弘『自衛隊の誕生』（二〇〇四年、中公公論新社）でも明瞭なように、アメリカは日本国内の反対（抵抗程度だが）を抑えて警察予備隊を作らせ、保安隊を経て、「自衛隊」を建軍した。自衛隊の生みの親はまさにアメリカである（警察予備隊の装備や訓練など、すべてが米軍の丸抱えで行われた。米軍の軍事顧問団が、その存在を秘密にして指導に当たった）。そのため自衛隊は日本国内では正統な嫡出子として認められないのだ。そして半世紀以上にわたってアメリカ軍の〝傭兵〟としての自衛隊を育成し、訓練を施し、装備を充実させ、育てあげてきた。最初から、アメリカは日本が独自の「建軍の本義」を持つ「国軍」を持つことなど許容しなかったのである。

非常事態、周辺事態の危機感を背景に画策された自衛隊の「軍隊」への変身過程が、日本国や日本国民の保護、防衛に主眼点があるのではなく、アメリカ軍が指揮する有志連合や多国籍軍、あるいは国連軍への自衛隊の参加の道均《なら》しをすることであり、海外派兵、平和維持活動といった〝海外〟での日本自衛隊の活動を推進するための〝変更〟であったことを冷静に認識しなければならない。そこには三島由紀夫が夢見た「天皇を中心とする日本の歴史・文化・伝統を守る」という建軍の本義は、一顧だにされていないというべきなのだ。つまり、三島由紀夫の自衛隊に賭ける夢想や呪言は、巧みに簒奪されることによって、自衛隊という「日本国軍」は、彼の夢とはまったく背馳する存在となろうとしている。

戦後の少年たちのサブカルチャーの世界において、鉄人28号や、魔神ガロンや、マジンガーZや、機動戦士ガンダムが、本質的には自らの意志も目的も持たない、戦闘用ロボットであったことをここでもう一度、想起すべきかもしれない。彼らは、その戦闘力を操作、操縦することによって初めてその正義の味方としての力を発揮する。鉄人28号の操縦器が、時折、正一少年の手から奪われて悪人の側に渡った時、鉄人28号が悪魔のロボットと化してしまうというエピソードを忘れることはできない。ピックという心臓部のいない魔神ガロンは暴走するし、マジンガーZは、操縦室のある大型のロボットであり、機動戦士カンダムは、着脱自由な〝モビールスーツ〟にほかならない。彼らは、いくらその外見が独立的な〝戦士〟であっても、それは中味のない、大規模な甲と鎧をまとった巨大な〝不在の戦士〟にほかならない。

こうした戦後から現在に至るまでの、漫画やアニメのサブカルチャーの英雄たちが、戦後の自衛隊の暗喩であったというのは言いすぎだろうか。アメリカという操縦者に操られた完全武装した巨人ロボット。これは陰謀史観などではなく、まさに日米合同の「戦力誇示」が目的の共同演習を見るまでもなく（また、湾岸戦争やイラク戦争を見るまでもなく）、軍事的、戦略的な意味から見た自衛隊の本姿にほかならないだろう。何よりもそこには指揮官も司令部も、そして参謀部という〝頭〟も欠けている。文民統制による、内閣総理大臣が自衛隊の最高指揮官であるという規定は、「文民」として彼が、どんな「戦争指揮」を行えるかという疑問だけでなく、そもそもこれらの空っぽの鉄やブリキの兵隊に、「軍隊」や「戦争」ということにどれだけ頭が回るかという根本的な疑念が生じざるをえない。

三島由紀夫は、F104の音速のジェット戦闘機に同乗し、その鋼鉄の翼のなかで考えたことが、肉体と精神の融合する体験であり、戦闘機と自分との合一の体験だと告白している（『F104』、河出文庫）。肉体が耐えうる重力の壁を突破する時、そこで体験するのは超心理的な宗教的感覚のようだ。兵器である戦闘機と自分とが溶け合う瞬間。しかし、それがあくまでも錯覚であることはいうまでもない。

それは、戦後の少年たちが夢見ていた自分のなかの「空白」を満たす充実感であり、〝空っぽ〟の身体に充溢するエネルギーにほかならない。〝空っぽの軍隊〟であり、〝不在の戦士〟である自衛隊こそ、戦後の少年たちの逆説的なヒーローだったといえるのである。

## 亡国と興国の一戦

福井晴敏（1968～）の『亡国のイージス』（一九九九年、講談社）は、現在の時点で、〈自衛隊小説〉としてもっとも大規模で、画期的な作品と評することができるだろう。それは、ベストセラーとなり、映画化されて多くの読者、観客を動員したということだけではなく、自衛隊の存在意義を初めて正面に据えて書かれた小説であるということだ（福井晴敏は、他に『川の深さは』『トゥエルブ Twelve Y.O.』などの〈自衛隊小説〉を書いている）。

イージス艦とは、海上自衛隊の誇る迎撃ミサイル装備護衛艦で、ミサイル攻撃に対して、それを防衛的に撃ち落とすという機能を持った最新鋭の艦船である。そのイージス艦《いそかぜ》の艦長として宮津二等海佐がいて、その《いそかぜ》の先任警衛海曹（いわゆる先任伍長）として仙石海曹が乗り組んでいる。彼は、同僚や上官などの周囲の人間となじまない如月一等海士のことを気にかけている。

そのイージス艦が、〝叛乱〟兵士たちによって乗っ取られ、自衛隊の指揮下を離脱するという事件が起きる。首謀者は、何と《いそかぜ》艦長の宮津海佐その人だった。彼は、北朝鮮の工作員ホ・ヨンファと心を合わせ、日本政府とアメリカ軍、そして北朝鮮の支配者に対して、彼らなりの戦いを行うことを宣言した。それは、原爆以上の巨大な破壊力を持つ、米軍が開発した〝GUSOH（グソー＝後生）〟なる破壊兵器をミサイルの弾頭に装着し、東京の都心めがけて発射するという脅かしだった。一千万人以上の人間が瞬間的に殺戮されてしまうという恐るべき大量破壊兵器。全東京都民を人質に取り、彼らが要求したのは、一人の防衛大学生の死の真相と、沖縄の米軍基地における〝GUSOH〟漏出事故の顛末の公表などであった。防衛庁情報局、通称〈ダイス〉という秘密組織の工作によって、暗殺された防大生・宮津隆史は、宮津海佐の自慢の一人息子だったのであり、父親は息子の復讐のために、《いそかぜ》を腹心の部下たちといっしょに占拠し、息子の死の無念を晴らすための行動に出たのだ。

如月一等海士は、ダイスから《いそかぜ》に潜り込まされた秘密諜報工作員として、仙石海曹は、《いそかぜ》の先任伍長として、宮津たちの叛乱兵士たちと、勝手知ったる艦内を縦横無尽に走り回りながら、血みどろな戦闘を行うことになる。全身が攻撃の機械となったような北朝鮮の女諜報員のチェ・ジョンヒとの壮絶な戦いを経て、如月・仙石の二人は、ようやく宮津・ホたちを追いつめ、〝GUSOH〟の発射、そして〝GUSOH〟ごと核ミサイルによってイージス艦《いそかぜ》を破壊するという政府方針による航空自衛隊の最終攻撃を思いとどまらせる。

イージス艦の内部構造や、乗組員の組織、搭載したミサイルや装備する武器など、ミリタリー・ミステリーのファンならば、それだけでも十分に楽しめるものだが、この小説にはこれまでの〈自衛隊小説〉が持っていた問題点が凝縮されていると思われる。つまり、憲法九条に違反した自衛隊の存在そのものの〝耐えられない軽さ〟に対する不満（というよりも怨念、憤懣に近い）と、クーデター、叛乱による自衛隊の認知に対する渇望といっていいほどの憧れなのである。

防衛大生の宮津隆史が、ダイスによって暗殺されたのは、彼が三島由紀夫の檄文のような民族主義な防衛思想を持っていて、それを過激に主張したからだった。彼は「三無事件」を引き起こした自衛隊の幹部候補生たちのように、秘密のグループを作って、自衛隊の「自衛軍」化への道を探っていた。宮津隆史は、その主張をまとめ、公表しようとしていた。防衛大生にそうした意見を公表されることを恐れた防衛庁の上層部は、彼をその主張とともに抹殺しようとして、交通事故に見せかけた事件によって暗殺する。父親の宮津海佐は、ホ・ヨンファからそうした工作を聞かされて、それまで海上自衛官としてほとんど一生を捧げ、忠実に勤務してきた自衛隊（防衛庁）に叛乱することを決意したのである。ホ・ヨンファは、また自衛隊の叛乱を利用して、自分の国の独裁者の政治を何とか改めさせようという政治的意図を持っていた。

先任伍長の仙石は、そうした防衛庁の上層部や自衛隊の幹部の考え方とは無縁に、「自衛官」という自分の職業に誇りを持っていたし、また、まず、第一に《いそかぜ》という艦そのものと、その乗組員の無事と安全を守らなければならないという使命感を持っていた。だから、彼は艦を乗っ取った宮津艦長たちを許せなかったし、僚艦の《うらかぜ》を撃沈した彼らと徹底的にゲリラ的に戦うことを決心した。そして、この小説の本当の主人公といえる如月には、防衛庁の〈ダイス〉に入る前には複雑な事情があった。母親を虐待する父親を持った彼は、母親が自殺して父親の元に引き取られる。彼を保護してくれた祖父が父親によって間接的に殺された後、酒乱となった父親を彼は撲殺する。しかし、彼は警察には逮捕されず、奇妙な黒服の一団によって拉致されるように連れ去られた。

人間的な感情を持たず、機械のように性格に工作や戦闘を行う秘密情報員。如月に与えられた役割は、そうした非情なロボットのような役目だった。だが、彼は人情的な仙石との共闘の中で人間的な心を取り戻してゆく。そして瀕死の重傷を負った彼は、その幻覚の中で自分が殺した父親と対話する。それはこんなものだ（会話部分のみを摘出）。

「あんたが悪いんだよ。あんただって人殺しだろう。じいさんを殺しちまってさ……！」
「誰も君のことを恨んじゃいない。絵も描けるし、お母さんと話をすることもできる」
「母さんは、怒って……いるもの。おれが、あんたを……父さんを、殺してしまったから……」
「母さんは怒っていないし、わたしも恨んでいない。むしろ、父親らしいことをなにもしてやれなかったと後悔している」

「……嘘だ。今さらそんなの……」

「嘘じゃない。本当だ。だから父さんはここにいるんだ。どうしてもらいたい？　なにをすれば信じる？」

「……おれには、やらなくちゃいけないことが、ある」

「わかった。よく頑張ったな。父さんが代わりにやってやる。おまえは離れていなさい」

「……無理だ。あんたなんかにできっこない……」

「できるさ。親が、子供のためにできないことなどあるものか」

「……そうなの？　そうなら……。おれは、父さんを許すよ。だから……」

「ああ、父さんもおまえを許す。……すまなかったな、今までずっと辛い思いをさせてきて……」


これは幻覚を見ている重傷の如月を、宮津艦長が介抱しているところの場面である。如月は、死んだ父親と会話しているという幻覚の中にいるし、その幻覚に話を合わせているうちに、宮津艦長は如月の本当の父親になっているつもりとなって対話している。あるいは、彼は失った息子・隆史とのありうべき対話をしているような気持ちになっているのかもしれない。

いずれにしても、この父と子の対話は象徴的である。ここで断絶していた父と子は、和解する。日本近代文学の一つのパターンのように、物語は暴力的に傷つけ合った（殺した）親子の関係の回復によって大団円を迎える。母親を傷つけ、自分だけのためにエゴイスティックに振る舞う暴力的な父親。貧しいながらも息子を愛情深く育ててきながら、ついに自殺をしてしまった母親、融通が利かず、愛情表現ができないながらも、孫の成長を見守っていた祖父。しかし、その祖父は自分の息子によって殺されてしまう。こうしたファミリー・ロマンスの寓話的な意味を解読することはそれほど難しくない。すなわち、一人息子（主人公の如月行）が「自衛軍」を志向する日本の戦後社会の〝不肖の息子〟だとしたら、その母親は警察予備隊、保安隊（警備隊）、自衛隊と呼び名を変えた自衛隊そのものであり、父親はその母親を利用するだけは利用しながら、決して正式の配偶者としなかった、暴力的でワンマンな米軍であり、祖父とはもちろん旧日本軍にほかならない。旧日本軍は、自衛隊を自分の後継者として「自衛軍」にまで育て上げたいのだけれど、米軍という父親、自衛隊という母親の親権を脅かすことはできない。ただ、精神的なつながりを持つだけなのだ。

擬似的な父子としての如月と宮津艦長との〝和解〟の対話は、父親としての米軍が、正式に息子としての日本の「自衛軍」を認めるという、日米軍事強調の象徴的なものであって、米軍によって開発され、日本の海に配備されたイージス艦こそ、こうした親密な日米軍事同盟のシンボルにほかならない。護衛艦、戦闘機、潜水艦、レーダー装置、ミサイルなど主要な「戦力」をすべてアメリカ製に頼り、軍事基地も共用とはいいながら、米軍の指導下に実質的には入っている自衛隊に、日本独自の利害や国家的意志に基づいた安全保障政策も、防衛政策も、防衛作戦も、防衛能力も意志もありえない。まさに「亡国」の意志しか自衛官といえども持たずにはいられないのであり、日本国民一般が「亡国」とか思えない愚昧な防衛戦略しか持たないことは論を俟たない。

『亡国のイージス』という小説は、まさにそうした現在の日本国民の〝防衛観〟の水準を表している。自衛隊を「自衛軍」という正式の軍隊に再編し、憲法九条のとりわけ第二項を「改正」して、「自衛軍」

の存在を合憲化すること。海外派兵を容易にするために、「自衛軍（隊）」の本来任務として海外における平和維持活動、国連軍や多国籍軍に参加し、その軍事的指導下において軍隊として出動することなどだ。『亡国のイージス』という小説は、もちろん明示的にはそうした「憲法改正」による自衛隊の「軍隊化」と「公認」を求めているわけではないのだが、〝父子〟の対話とその和解は、最終的には三島由紀夫が悲願とした自衛隊が「真の国軍」となるための通過儀礼を表すものといわざるをえない。

映画化された『亡国のイージス』（阪本順治監督）に海上自衛隊や航空自衛隊、防衛庁が格段の協力をし、支援したことはよく知られている。まさに、この小説、映画ほど「防衛庁」の「防衛省」昇格の広報キャンペーンの役割を果たしてくれたエンターティンメント作品はなく、憲法改正と「自衛軍」の創設の地均しを、民間から買って出てくれるといったことは、それまでにあまりなかった（『戦国自衛隊』は見方によっては、現在の自衛隊の存在を否定するイデオロギーを助長する可能性すらあった――映画『亡国のイージス』に自衛隊は最初は協力を断ろうとしたが、時の防衛庁長官だった石破茂が翻意させたという）(1)。

『亡国のイージス』が、とりわけ悪質な政治的プロパガンダとして働くのは、ホ・ヨンファやチェ・ジョンヒなどを登場させて、一種の北朝鮮批判のメッセージを伝えようとしているところだろう。人間的感情もなく、陰謀と戦略という冷徹なマキャベリズムの権化であるホと、殺人機械、戦闘マシンのチェというイメージは、日本とアメリカの仮想敵国がどこであるかということを明白に示し、日本が「自衛軍」を持たなければならないことの理由には、こうした非人間的な、得体の知れない隣国をわれわれが持っているからにほかならない（という認識を読者や観客に植え付ける）。

〝不在の軍隊〟から、中味のある「真の国軍」への脱皮は、困難と苦痛とを伴う。三島由紀夫の自決から三十数年間の時間は、それに対応する陣痛の時間だったともいえる。しかし、『亡国のイージス』が明らかにしているように、アメリカ（軍）と日本（自衛隊）の〝和解〟は実現されたのであり、日本の「国軍」として自衛隊は、堂々と米軍の太平洋艦隊の一翼を担っているのであり、補給や輸送の兵站作業は現在に至るまで沖縄やインド洋や、戦火の続くイラク国内で行われている。それは、決して、祖父としての旧日本軍の復活でもなければ、父親に疎まれた母親の不安定な位置にとどまったままの自衛隊の存在とは一線を画したものだ。それは憲法改正によって合憲となり、また、安保条約という日米同盟によってがっちりと米軍機構の中に取り込まれ、さらにその軍事費を気前よく支払うという孝行息子の役割を果たす。祖父―父―母―子のファミリー・ロマンスは、戦後の帰結点としての〝戦前〟への回帰をもたらすものなのだが、この〝戦前〟は、むろんアジア・太平洋戦争の戦前ではなく、「戦力」を保持した「日本国軍」による、米軍との合同の戦争についての〝戦前〟にほかならないのである（いや、すでにわれわれの状況は、〝戦時下〟であるという主張も決して奇矯過ぎるとはいえない）。

## 祖父の〝発見〟

〝不在の軍隊〟としての軍隊が、父の世代の無力さ、不甲斐なさ、ダメさを象徴していると考えるのが、福井晴敏の『亡国のイージス』のような〈自衛隊小説〉だとしたら、祖父の世代、すなわち自衛隊の前身としての旧日本軍への回帰を文学作品として形象化しているのが、二〇一〇年代にベストセラーとして登場してきた百田尚樹（1956～）の『永遠の0《ゼロ》』（二〇〇六年、太田出版）といえるだろう。この小説には、直接的に自衛隊は登場してこず、その意味では〈自衛隊小説〉ではないのだが、父の世代（自衛隊）を飛び越して、祖父の世代の旧日本軍（特攻隊）、すなわち「日本国軍」に回帰し、それを肯定しているところに、文学史上の特徴があると思われる。

作品の時代設定は、「大正八年生まれ」の主人公たちの祖父が「生きていたら、八十五歳ね」というセリフがあるから、初版刊行時を作品内の現在とすれば、二〇一四年ということになるだろう。二十六歳の司法試験浪人の弟（佐伯健太郎）と、フリーライターの三〇歳の姉（慶子）というきょうだいが、この小説の主人公だ。姉が、自分たちの祖父（母親の父）の宮部久蔵（正確には、実の祖母・清乃の最初の夫。義理の祖父・大石賢一郎は、祖母の再婚相手）のことを調べようと弟に提案し、二人は零戦の飛行士でカミカゼ特攻隊員として戦死した、宮部久蔵のことを調査するために、その実の祖父を知る、特攻隊の生き残りの元航空隊兵を訪ね回る旅に出る。

孫たちが調べて歩く宮部久蔵の生前の像は、まるで〝藪の中〟を踏査するように、謎と矛盾の錯綜したものだった。ある者は、臆病な、日本軍隊の風上にも置けない兵士だったと孫たちの前で痛罵した。戦死が当たり前で、「海ゆかば水漬《みづ》く屍《かばね》、山ゆかば草蒸す屍」と、国民の誰もが歌っているなかで、死を怖れ、攻撃に出ても必ず生き残って帰還するのが宮部という男だったと吐き捨てるようにいう。もう一方では、零戦の操縦技術では天才的であり、理不尽な作戦や攻撃にはきちんと反対する合理性の持ち主であり、人間的にも素晴らしかったと証言する元部下もいた。

そうした祖父の本当の姿を尋ねる姉弟の旅は、最後に自分たちの義理の祖父——大石賢一郎へと辿り着く。宮部が最後の特攻攻撃で、搭乗機を交換したのが大石であり、そして宮部から譲られて搭乗して、エンジンの不調で喜界が島に不時着し、翌日に敗戦を迎えることで命拾いをした元特攻隊員である。宮部の代わりとなって戦後を生き抜いた大石は、宮部との間に一人娘をもうけていた、宮部未亡人である清乃と再婚したのである。

小説の最後の〝どんでん返し〟は、感動的であって、この小説がベストセラーとなり、映画化され、やはりヒット作となったのは頷けることだ（通俗的で、いかにもお涙頂戴の〝臭い〟人情噺《ばなし》ともいえるが）。それは、これまでの〝零戦神話〟〝特攻神話〟の手放しの礼賛と、全面否定との双方を止揚しながら、現在の時点において、日本には旧軍隊があったのであり、そして戦争を行ったという歴史的事実を再発見させる契機となっているといえる。また、それが単なる〝過去の戦争〟の美化ではないことは、戦争や軍隊の狂気的面、悲惨さ、残酷さも十分に表現していることからも分かる（しかし、こうした反戦、反軍的な表現がカモフラージュでしかなかったことは、作者のその後の極右的言動を見れば一目瞭然である）。

だが、この小説が、結果的に、神風特攻を、イラクやパレスチナにおける〝KAMIKAZE ATTCK（カミカゼ攻撃）〟と呼ぶことによって現今の爆破テロリストと同一視する傾向を否定しようとするモチベーションを持っていることも明らかである。姉の恋人である新聞記者・高山は、特攻隊員＝テロリストという論を振り回す、反戦、反テロ、反軍的な左翼的なジャーナリストとして描かれる。すなわち、高山は、現実的には朝日新聞を揶揄していると思われる進歩的・左翼的な新聞社のエリート記者であり、神風特攻隊は、自爆テロのアラブ系テロリストたちとの同質性、同類性を主張して止まないのだ。

もちろん、特攻隊と自爆テロリストたちとは違っている。ただし、それが〝強いられた犠牲死〟であることが共通しているのだ。高山は、「信念のために命を捨てるという一点」において、両者には共通項がある、といいたいようだが、それは違う。彼らの死は、強制されたものであり、彼らを殉教者として祭り上げることによって、さまざまな意味において利得を得る者（たち）のために〝死なせられた（この受動詞の主体は、死者の家族や関係者など、死者を悼む人たちだ）〟のである。

『永遠の0』は、あたかも特攻死が、彼ら自身が選んだものであるかのような詐術によって、その死を美化し、〝永遠化〟している。それは結果的に祖父の世代の日本の旧軍隊を救抜しようという底意によって彩られていると思える。この小説は、実の祖父を尋ね回る姉と弟の物語だが、そこに「父」の姿がまったく欠けていることに驚かざるをえない。健太郎は、司法試験の浪人生だが、彼が「司法試験を目指したのも弁護士である祖父の影響だ」と自分自身、自覚している。「ぼくは祖父が好きだった」ともいう。この場合の祖父は、義理の祖父の大石健太郎のことだが、宮部久蔵という実の祖父を捜す旅自体、彼が〝（二人の）祖父〟につながるラインに自分を位置づけようとしていることを示している。そこに欠落しているのは、もう一人いるはずの祖父、すなわち〝父の父〟である。

そもそも、この長い長い、孫が祖父を捜し求める物語のなかで、姉弟の〝父〟は、「佐伯」というきょうだいの姓以外には名前さえ示されていない。彼らの父、すなわち母の清子の夫は、早くして死んだ。母は女手ひとつで会計事務所を切り盛りして、二人の子ども（慶子と健太郎）を育てた。もちろん、母方の祖父母がそれに協力した。そうしたことは書かれているのに、きょうだいの父の名前も、彼がどんな人物でどんなことをしていたのかなど何も書かれていないし、母方の実の祖父に深甚な興味を抱いている姉と弟ともに、自分たちに直接つながる父親への関心は、まったくといっていいほど窺われない。

ましてや、父の父であるもう一人の（父方の）祖父に関しては、その情報は完全にゼロである。別に、母方と父方の双方の祖父について平等に関心を持たなければならないといっているわけではない。子どもは父母を選ぶことはできないが、祖父母はある意味では選ぶことができる。生物学的に一人の人間には、四人の祖父母がいる。孫は、〝大好きなおじいちゃん、おばあちゃん〟を選択することができる。必然的にそれは〝そうでもないおじいちゃん、おばあちゃん〟を生み出すのだが。つまり、孫が祖父を選ぶのは恣意的なものであり、自分をそうした祖父の血筋（血統）の流れのなかに位置づけたいという個人的な意志でしかない（これらのことは、江藤淳が『昭和の文人』のなかで、強く否定している、恣意的に〝父〟を選ぼうとする非理である）。

健太郎は、宮部久蔵を追求する過程で太平洋戦争に関する書物を読み漁り、「祖父たちは何と偉大な世代だったことか」と感嘆している。「あの戦争を勇敢に戦い、戦後は灰燼に帰した祖国を一から立て直した」からだ。偉大な祖父に対峙されるのは、おそらく〝偉大ではない父〟だ。つまり、〝父の否認〟だ。それは、旧日本軍の老軍人たちから見れば、不名誉な〝戦えない軍隊〟としての自衛隊を構成した世代であり、米軍に尾を振る番犬のような日本国軍の姿にほかならなかった。『永遠の0』の徹底した〝父〟の不在、〝父の父〟の消去は、戦前の特攻隊や旧日本軍がテーマとなっていながら、戦後の自衛隊（在日米軍も）については全くの言及がないところに、むしろ秘められた意図を感じずにはいられない。

しかし、孫から見た〝偉大な祖父〟も、父の世代から見たその父たちは決して偉大ではなかった。「あの戦争を勇敢に戦い、戦後は灰燼に帰した祖国を一から立て直した」はずの、たとえば阿部昭の描く、かつての日本軍の軍人だった父親は、まったく偉大ではない（戦後文学には、そうしたダメな父親像が多く描かれた）。敗戦必至の無謀な戦争に駆り出され、俘虜になり敗残兵となり、死に後れて復員してきた情けない〝父親〟たち。生き残った者だけではない。ガダルカナルの戦場で、華々しく散華する余裕もなく、餓死し、病死し、狂死し、自殺し、負傷したまま死に至った者。特攻機（特攻艇）の多くは、敵艦轟沈などの戦果を挙げられずに、途中で墜落したり、迎撃されたものが大半であって、それはどう言葉を言いつくろったところで、無駄死にであり、犬死にほかならなかった。

太平洋戦争を戦った〝偉大ではない父の世代〟をシニカルに見ていた子の世代の作家の阿部昭（1934～1989）は、短篇小説「司令の休暇」（『司令の休暇』一九七一年、新潮社、所収）で、元海軍大佐だった父が戦後において、いかに卑小でみじめな存在だったかを書いている。〝偉大な祖父〟は、〝偉大ではない父〟と対《つい》になるものだ。昭和天皇にとって、規範とすべきは父親である大正天皇ではなく、明治天皇であったように。平成時代の政治家・安倍晋三が、父親である安倍晋太郎ではなく、母方の祖父である岸信介を範としていることはよく知られていることだ。

小林よしのり（1953～）のマンガ『新ゴーマニズム宣言スペシャル　戦争論』（一九九八年、幻冬舎）は、平成時代の〝大東亜戦争肯定論〟ともいえるものだが、このマンガ作品も、〝大東亜戦争＝アジア太平洋戦争〟は、祖父たちの戦った戦争として描かれている。懐かしく、愛情を孫たちに注いでくれたおじいちゃん。その祖父たちの雪冤、雪辱が孫の世代の小林よしのりが、この作品を作り出した動機なのであり、そうした祖父たちの戦った戦争を肯定する論理は、いわゆる「歴史修正主義者」たちの編み出した詐術とまったく同様のものである。

虐殺された人数の不正確性を強調することによって、まるで南京やシンガポールでの日本軍の虐殺が〝幻〟のものであったかのように言いくるめることや、公式の文書のないことをいいことに（敗戦時に、多くの機密文書が焼かれたことは周知のことだ）戦場慰安婦の連行について軍隊関与を否定したり、沖縄での集団自決について、日本軍の軍人による命令も関与もなかったかのように言いつくろう論理は、少し考えれば、杜撰で、非論理的な強弁であり、詐欺的な言辞にほかならないことは明らかなのだが、嘘も百回つけば本当のこととなりかねないという俗言のとおり、〝戦争から遠く離れた〟世代（戦った祖父たちの孫以降の世代）に対する洗脳工作として、一定程度の効果を治めていることも事実である。

そこで持ち出されてくるのは、欧米帝国主義に対する〈大東亜の解放〉というスローガンであり、終戦後に、特にアジアにおいて植民地支配に苦しめられていた国民国家の独立、民族の解放という現実だ。日本が西欧列強に戦いを挑み、アジア各国の目覚めや独立を促したという論理構成だ。もちろん、ここには、日本帝国主義が、最初からアジア地域を資源供給地域として（インドネシアの石油、マレー半島のゴムや金属、ベトナムやタイの米などの食料）、その植民地支配を目論んでいたことなど、都合良く忘却（本当は隠蔽）している。

その意味で、小林よしのりの『戦争論』が、戦前はアジア地域では日本を除いてすべての地域が欧米の植民地だったという誤った記述があるのは問題だ。もちろん、これは「タイ王国＝シャム」が独立国であったことを見落とした間違いだが、欧米の植民地主義を弾劾し、日本の〈大東亜の解放〉を強調する立場からすれば、これはケアレス・ミスとして見過ごせない重大な誤解であり、無知である。戦時中、日本はタイに進駐し、日泰攻守同盟を結ばせ、枢軸国側として日本軍に協力させたのであり、〈大東亜解放戦争〉にとってアジアでの唯一の〝同盟国〟として重要な意味をもっていたからだ。それを見落とすことは〈アジアの解放〉を本気で信じていないことの証拠である。

## 祖父の〝復権〟

こうした、祖父の〝発見〟は、いわゆる「歴史修正主義」と連動している。藤岡信勝（1943～。元日本共産党員！）などが主導してきた日本における歴史修正主義は（小林よしのりもその一人だ）、結局は、アジア太平洋戦争における旧日本軍の〝旧悪〟を擁護することに帰結する。戦場慰安婦問題、南京虐殺問題、沖縄戦における集団自決問題、七三一部隊による人体実験問題、東京裁判の戦犯問題。彼らが歴史を〝修正〟しようと躍起となった問題は、旧日本軍がいかに残虐、非情であり、悪業を働き、無能で傲岸不遜であったかということの問題であり、それを否定しようという底意を持っていた。それは決して、大東亜戦争肯定論ではなく（それは、戦後に日本社会を〝占領〟し続けてきたアメリカの逆鱗に触れる。彼らは、アメリカを批判、否定するほどの〝勇気〟や〝愛国心〟は持ちえていない）、旧日本軍の負の遺産の相続をいかに否定するかということにかかっていた。

朝鮮人慰安婦が、軍の命令によって集められたものではないという史実がもしも証明されたとしても、それは別段、旧日本軍の名誉となることではない。朝鮮人慰安婦という存在がいたことは明らかであって、強制的に日本軍の前線基地などに集められていたのは確かである。軍隊経験者である小説家の田村泰次郎（1911～1983）は、「蝗」や「春婦伝」やその他の小説で、朝鮮人慰安婦の存在を描き、慰安所の設営から衛生管理についてまで、日本軍の積極的な関与を認めている。また、伊藤桂一（1917～）も「分屯地への旅」（『ひとりぼっちの監視哨』一九七八年、講談社文庫）という短篇のなかで、日本軍の兵士が、分屯地へ二人の朝鮮人慰安婦を護衛して届けるという話を書いている。田村泰次郎や伊藤桂一、さらに古山高麗雄の朝鮮人慰安婦を登場させた小説の記述が虚偽ならば、その当時は多くの旧軍関係者が生存していて、抗議、反論、訂正要求がありうるはずだと思われるが、そんなことはなかった。

戦場慰安婦の存在までを否定する勇気のある〝修正主義者〟はいないのだ。南京大虐殺然り、七三一然り、集団自決死然り、仮にそれらに関して日本軍の関与が否定されたとしても、慰安婦の存在、虐殺、捕虜虐待、集団自決という事実そのものはなくならない。ただ、旧日本軍の罪科の程度がほんの少し軽くなるだけだ（それも本当は、ありえない）。

安倍晋三（1954～）と中川昭一（1953～2009）という自民党国会議員の二人が、ＮＨＫの慰安婦に関する国際法廷の放送に対して、政治的圧力をかけたという、表現の自由、放送の自立を犯した事例は、こうした歴史修正主義とぴったりと癒着している。(2) 安倍にとってそれは祖父・岸信介の戦争犯罪、植民地犯罪の履歴を抹殺することであり、それはいわゆる東京裁判史観を否定することであり、彼らのいう自虐史観を克服することである。安倍晋三の場合、祖父である岸信介と同等のＡ級戦犯を祭る靖国神社への公式参拝に固執することは、彼の個人的な祖父の雪冤にほかならず、それは、さらに祖父の築きあげた戦前の日本に回帰することであり、〝美しい日本〟を再生させることによって、祖父を戦犯という犯罪者に陥れた「戦後」を全面的に否定することなのである（岸を退陣させるきっかけとなった、一九六〇年の安保反対運動も、彼の否定すべき戦後日本社会の象徴的なものだ）。

腹痛（潰瘍性大腸炎）によって、一度目の総理大臣の椅子から下りなければならなかった彼は、臥薪嘗胆の末、二度目に権力を手にした時から、祖父の〝発見〟からその〝復権〟へと舵を切った。しかも、それは母方の祖父である岸信介（1896～1987）への一方的な心酔であって、父の安倍晋太郎（1924～1991）や、その父である父方の祖父・安部寛（1894～1946。進歩党の衆議院議員で、いわゆる〝ハト派〟といわれた。〝タカ派〟の岸とは対照的だ）への無関心、沈黙とパラレルとなっている（生前の祖父と孫との交渉は、この場合なかったのだが）。恣意的であり、主観的であることが、その〝歴史（家族史、個人史）〟を修正することの特徴となる。

彼は一度目の政権の時の失敗に懲りて（政治家による放送への恫喝や編集権への侵犯を批判されたこと）、メディアによるイメージ戦略に、より神経を使うようになった。それは公共放送であるNHKを簒奪することだった。まず、腹話術の人形にしかすぎない籾井《もみい》某をNHKの会長に仕立て、まさに祖父の〝発見〟で話の合う同志としての小説家・百田尚樹や、トンデモ学者・長谷川三千子などを経営委員に無理矢理ねじ込んだ。これによって、NHKの安倍晋三一味による公共放送の電波ジャックは、完成した（タモリのテレビ番組『笑っていいとも』最終回に現役総理大臣として出演したのも、そうしたマスコミ相手の〝臭い〟芝居の一環だ）。

『永遠の0』と、安倍晋三政権との支持者、支持層とがぴったり重なり合うことの要因は、まさにこうした孫たちによる祖父の発見と、祖父の復権とにある。『永遠の0』は、そのゼロ戦による戦闘シーンなどを、坂井三郎の『大空のサムライ』（一九六七年、光人社）の現実の戦闘記の記述にほぼ全部を依拠し、その小説としてのオリジナリティーは希薄であり、大戦末期のゼロ戦による特攻隊内での人情話としての〝感動〟に多くのものを負っている。それは歴史を捏造し、感動的で感傷的な戦争美談、軍国美談を再来させることでしかない。爆弾三勇士（日露戦争）や九軍神（真珠湾攻撃）のような、薄っぺらな感動性を売り物とする『永遠の0』は、祖父たちの戦った戦争を、その孫たちが再発見する物語であり、それは文字通りの反動的なナショナリズムの産物にほかならない。

旧日本軍、大日本帝国の軍国主義、植民地権力の正当性を〝復活〟させようとする彼らは、〝美しい国〟などを合い言葉としながら、その〝醜い〟復古主義的ナショナリズムの回復を目指している。メディアを席巻し（NHKのテレビ放送局、産経新聞、読売新聞などの保守系、右翼系新聞、ツィッターやブログなどのネット・メディアの簒奪）、自分の発言や政策に関しての批判的言論や言説への露骨な批判や恫喝、強圧などは、独裁国家さながらの様相だし（むろん、日本的な〝空気を読む〟ことによるマスメディアの過剰な自粛でもあるのだが）、特定秘密情報保護法などを成立させるなど、言論弾圧への布石は着々と行われている。

しかし、彼らの弱点も、またそこにある。プロパガンダや煽動はし続けなければならないし、一瞬の映像は彼らの隠そうとしている〝本質〟を残酷に露出させることがある（中川昭一の〝もうろう記者会見〟などもその一例である）。集団的自衛権の必要性をプロパガンダしようとする、安倍晋三のテレビ中継されたパフォーマンスも、その類いのものだった。論理的でも、知的でも、法的でもない〝事例〟なるものを説明する彼の姿は、その非論理性や反知性や知的鈍感さをまざまざと観客に訴えるものだった（それは百田尚樹の、権力や強者に阿《おもね》ることだけが巧みな、鈍感な感性や貧弱な知性と相似的だ）。

## UNKNOWN の軍隊

だが、情報の隠蔽と秘密の漏洩は、実はもっとも国家機密に属する軍事機密、軍隊に関わる問題点の裏と表の関係にあるものだ。「特定秘密情報保護法」が、本来は、アメリカ軍の軍事機密情報であるイージス艦の設計図が、日本の自衛官の手によって中国側に渡ったことに対しての、米軍の強力な不信感による、機密保護の徹底を強く要求されたこと始まっている。

「日米相互防衛援助協定等に伴う秘密保護法」によって、中国人の女性スパイに設計図を渡したとされる二等海曹は有罪となったが、スパイ防止法のない日本において秘密保護は困難であるという観点から、軍事機密以外にも重要な政治的な秘密なども含めて、その漏洩や取得を防止する「特定秘密保護法」が上程され、二〇一三年の国会によって成立した。いわば、自衛隊の杜撰な秘密管理の実態が、国家秘密を含む〝情報管理〟の手段を安倍晋三政権（自民党政権）に与える政治的結果となった。

ライトノベル系のメフィスト賞を受賞することによって、文学の世界にデビューした古処誠二（1970～）のデビュー作は『UNKNOWN（アンノウン）』（二〇〇〇年）だった。自衛隊のレーダー基地で、〝識別不能機〟を意味するこの「UNKNOWN（アンノウン）」という言葉が標題になっていることからも分かるように、これは自衛隊基地の中で起こった電話盗聴事件を調査するために防衛部調査班の朝香二尉と、基地内で彼をサポートする野上三曹を中心的な登場人物とした〈自衛隊小説〉である。

レーダーサイト基地を中心とした自衛隊基地の基地指令の隊長室で、電話機に仕掛けられた盗聴器が発見された。誰が、何の目的で、二十四時間監視体制にある〝密室〟ともいえる隊長室に盗聴器を仕掛けたのか。

外側の軍事的情報のみならず、あらゆる情報を収集しようとするレーダー基地の内部で発覚した情報の漏洩となりかねない事件。それは、「国防」に当たる自衛隊にとって、決して軽微ではない、ゆゆしき事件といわざるをえない。朝香二尉というホームズ役と、野上三曹というワトスン役とのコンビによって、この自衛隊密室ミステリーは、大きなクライマックスもなく、解き明かされてゆくのだが、おそらく日本の社会組織において、「情報」についてもっともセンシティヴであるべき場所において、きわめて無造作な情報の管理しか行われていないということに対する、おそらくこれは警告をも込めたストーリーなのだろう。古処誠二の履歴はよく知られていないが、自衛隊に入隊していたことは明らかとなっており、『UNKNOWN』という作品が、そうした自衛隊経験を基にした小説であるということは、推測可能である。

初版のノベルス版の表紙の折り込みの部分には「作者のことば」があり、そこには「舞台は自衛隊の基地――閉ざされているのは、無論、物理的な意味だけではありません」とある。自衛隊基地が〝閉ざされている〟ことは、ある意味では当たり前のことで、外部からの侵入や内部からの脱出が、物理的にも情報的にもきわめて困難な場所であり、空間であることは当然だろう。しかし、その〝閉ざされた〟密室のもっとも中枢の頭脳ともいえる隊長室に、機密情報の漏洩に関わる盗聴器が仕掛けられていたということは、この場所が、実は見かけの堅牢さに関わらず、きわめて開放的な、ルーズで、杜撰な機密保持の機能しか持っていないことを明らかにするものだ。

レーダー基地は、〝敵〟の通信無線や信号を傍受し、一瞬のうちにその情報の分析を行わなければならない。それは、だから外側に〝開かれた〟ものでなければならず、内側には当然〝閉ざされた〟ものだ。しかし、情報の交通、交流という意味では、一方的に外側へは開き、内側には閉ざすということが原理的にもきわめて難しいものであることは自明だろう。レーダー基地が、戦争が始まれば真っ先に敵側の攻撃の対象となるのに対して、その防衛機能がきわめて貧弱であることはすでに指摘されている。半田滋の『自衛隊VS北朝鮮』（二〇〇三年、新潮社）のなかでは、非常事態には米軍の通信施設の防衛のために自衛隊の出動が考えられているが、普段は無人であり、民間ガードマンのパトロールに任せているという例が上げられているし、自衛隊のレーダー基地拡充のための土地買収がうまくいっていない例があり、その最後の反対の地権者は、元自衛隊関係者だという。彼は自衛隊関係者だったからこそ、戦争が始まれば、真っ先に敵の標的になるのがレーダー基地であり、そうした基地のある島での軍・民の共生は無理であることを十分に知っているからというのだ。

開かれながら閉ざされている。こうした自衛隊のレーダー基地の現状をパロディー小説という形で、ドタバタ喜劇として書いたのが、吉岡平（1960〜）の『二等空士物語』（二〇〇三年、朝日ソノラマ）である。南の離島に駐屯する航空自衛隊のレーダー基地。それが北朝鮮の兵士たちによって占拠されるという事件を想定して書かれたライトノベルなのだが、電子的な情報戦の熾烈さは、逆に素朴な防衛体制の空白さを生み出してしまうのである。住民よりも駐屯する若い自衛官の方が多い南の島（それは前述したレーダー基地のある南の海の離島をモデルとしているのだろう）。しかし、空中を飛び回る電子的な情報に開かれている分だけ、それは古典的な、物理的な攻撃にはきわめて脆いものなのであり、機関銃やロケットランチャーなどを装備した少数の敵軍にも、あっさりと占領されてしまうような〝自衛力（戦力）〟しか持たない。

『UNKNOWN』は、自衛隊が密室ならざる密室であり、それは内部の〝人事抗争（！）〟レベルで、高度な情報管理の体制があっさりと打ち破られるようなものであることを示している。盗聴器を仕掛けた電話機を、隊長がトイレに行った隙に置き換えるというトリックは、高度なハイテク電子技術を誇る日本の自衛隊にはまったくふさわしくない、ローテクの〝仕掛け〟にほかならないし、しかも、生命を賭けて国防に邁進しなければならない自衛隊幹部が、出世競争に負けたくないがために隊長室に盗聴器を仕掛けるというのは、007も真っ青な〝売国奴（少しは国防、国益のことを本気で考えろ、という意味で）〟ぶりだ。古処誠二は、こうした〈自衛隊小説〉を書いた後に、日本のかつて戦った戦争をテーマに新しい意味での「戦争文学」を書き続けるようになるのだが、少なくとも自衛隊は「軍隊」の名前に値せず、「国軍」としての資格も能力もないことを、間接的に示したともいえる。

イージス艦の重要な設計図を中国人の妻を通じて中国側へ漏洩したと思われる自衛官。ゴルフ場の費用や飲食を立て替えてもらうことで、防衛装備の企業と癒着した防衛次官。中国漁船の衝突ビデオを外部に漏出した海上保安官（外国ならばコーストガードとして、「軍」に属する）。美人局《つつもたせ》の罠にはまって国家の重要情報の提供を強要させられそうなって自殺した大使館員。このような事態を「特定秘密情報保護法」によって完全にガードできるとは思われない。むしろ、そうした情報漏洩の失態を隠蔽し、自衛隊の内部の犯罪情報を隠し、自分たちの責任を問われることから〝自衛〟するために、この法律が活用されることは目に見えている。〝識別不能〟な情報や秘密を一把《いっぱ》ひとからげで保護するための法令。もちろん、それは行政と政治家と在日米軍のために存在するのである。

## さまよえる日本軍

有川浩《ひろ》（1972〜）というライトノベル出身の作家がいる。彼女（筆名は男名前のようだが、女性作家である）は、『塩の街』（二〇〇四年、メディアワークス）、『空の中』（二〇〇四年、メディアワークス）、『海の底』（二〇〇五年、メディアワークス）という〝自衛隊三部作〟でデビューし、『図書館戦争』シリーズで人気作家となったエンターティンメント系の小説家である。『塩の街』では陸上自衛隊、『空の中』では航空自衛隊、『海の底』では海上自衛隊と、律儀に〝陸海空の三軍〟、三自衛隊についてそれぞれに長篇小説を書き、それらの作品の後日譚やら前日譚、別バージョンといった短篇小説集『クジラの彼』（二〇〇七年、角川書店）も出しており、これも自衛隊員を主人公とする、あまり一般的とは思われない〈自衛隊小説〉の最も若い、新進気鋭の書き手として、注目せざるをえない。

だが、有川浩の〈自衛隊小説〉では、あまり自衛隊が〝活躍しない〟ことが、一つの特徴といえるかもしれない。たとえば、『空の中』は、高度二万メートルの空中に浮かぶ巨大生物［白鯨］の話なのだが、その［白鯨］を攻撃して、分裂させてしまったのは米軍であるし、細胞分裂するような［白鯨］の一片一片を〝食べ〟てしまって、全部を殲滅させようとするのが、［白鯨］の破片である［フェイク］という空の怪獣の片割れにほかならない。航空自衛隊は、最初に［白鯨］にぶつかって空中爆発したF15Jの戦闘機だけしか実質的に飛ぶことができず、後は民間人と女性パイロットが、［白鯨］と交信、交流するのを補佐するという役割しか果たすことができないのだ。［白鯨］と戦い、これを殲滅しようとするのは民間団体の［セーブ・ザ・セーフ］だ。自衛隊幹部は、むしろこうした〝敵対的攻撃〟を阻止しようとする。

ここには〝戦わない軍隊〟としての〝戦えない自衛隊〟という現状が、極端といえるほどカリチュアライズされた形で表現されている。『空の中』では、自衛隊は［白鯨］に対してほとんど無力なのだから仕方がないが、『海の底』では、自衛隊は十分にザリガニのような甲殻類が巨大化した［レガリス］を駆除、駆逐する戦闘能力があるのに、日本政府の馬鹿げた、杓子定規の憲法遵守、法律解釈から抜け出せず、マスメディアからの批判、国民の世論の動向を恐れて、自衛隊に防衛出動させるという命令が出せず、警察隊の後方支援といった、姑息で、愚劣な対応しかできない。

海上自衛隊の誇る潜水艦《きりしお》に閉じ込められた（逃げ込んだ）女子高校生の森生望をはじめとする中学生、小学生の子供たちと、それを保護する冬原三尉と夏木三尉の二人の自衛官は、こうした拙劣で、無責任な政府の対応に、当然のように批判の声をあげる（会話部分だけ摘出）。

「何で撃たねえんだよ!?　ザリガニなんか殺せばいいだろ!?　なんでザリガニ殺さずに救出のほうをやめるんだよ！」

「武器使えないんだよ、災害出動じゃ。法律でそうなっているんだ。自衛隊って出動命令の種類で武器使えるかどうか変わるんだよ。いま災害出動だから」

「じゃあ何のためお前らいるんだよ！」

「こういうときに俺たちを助けるためにお前らいるんじゃないのかよ！　こんなとき使えない武器なんて何の意味があるんだよ！」

「そんなこと俺たちに言われても知らないよ」

「俺たちは与えられた状況で最善の努力をするしかない人々なの。状況に異議を唱える権利は最初からないの。何でこんなとき武器使えないんだとかね、そんなことはそもそも考える権利もないの」

潜水艦に閉じ込められた中学生と自衛隊員との会話である。中学生の圭介の言い分はもっともで、海上自衛隊員の冬原三尉の答えの方が詭弁であり、言い逃れであり、無責任に聞こえることは確かだろう。武器を持っていても、いちいち愚劣な政治家（政治屋）どもの命令に従わなければ使うことができず、「防衛」という建て前の軍事行動すら、（憲法、自衛隊法、自衛隊海外派遣法などの）繁文縟礼によって雁字搦めにされている自衛隊の現状。変身し、変形した巨大な甲殻類の襲撃に対して、手も足もでない警察の警備行動に対して、自衛隊の「防衛出動」を決意できない優柔不断の、自衛隊の最高指揮官である日本国総理大臣（とその決断を決定する国会議員、行政府、防衛大臣、外務大臣など）は、批判され、嘲笑されてしかるべきだろう。そして、明らかに欠陥だらけのそうした防衛体制、制度を汲々として維持してきた日本の戦後の防衛に対する考え方は、根本的に改変する必要があるだろう（と誰しも考えてしまう）。

『海の底』という異生物襲撃ものというSF小説系のライトノベルが発信（主張というほど強くはない）しているのは、そうした自衛隊の現状批判である。ここで、日本を襲撃するのは、ゴジラ同様、巨大化した生物（怪獣）にほかならず、人間を捕食するザリガニ（レガリス）自体は荒唐無稽な設定であり、これを何か現実的なメタファー（暗喩）として考えることは意味を持たないだろう。

また、日本の怪獣映画のヒーローであるゴジラの発生が水爆実験に起因し、韓国映画の『グェムル―漢江《ハンガン》の怪物』（ポン・ジュノ監督、二〇〇六年）が、漢江に不当投棄された米軍由来の化学物質による汚染（公害）によって生まれてきたという設定（怪物と戦うのは、攫われた女子中学生の父と叔母と祖父という〝私兵〟である）などと較べ、ザリガニの巨大化には、そうした社会批判や問題提起という意味はまったくないといっていいだろう。

　そこで、特筆的に目立つのは、〝戦わない軍隊〟としての〝戦えない自衛隊〟に対する社会的批判の位相である。それはまさに中学生的レベルの批判にも耐え得ない現状の自衛隊の在り方に対する批判なのである。「こういうときに俺たちを助けるためにお前らいるんじゃないのかよ！　こんなとき使えない武器なんて何の意味があるんだよ！」と中学生の圭介は、自衛隊員に憤懣をぶつけるのだが、もちろんこれは個々の自衛隊員が答えるべき、あるいは答えられる問いではない。それは憲法九条の規定と、実質的な軍隊としての自衛隊の存在とが根本的に矛盾するという、戦後の日本の最大の「社会的矛盾」に淵源するものであり、中学生レベルの〝正論〟で解決されるような問題ではない。

　すると、この『海の中』で目だって浮上してくるのは、馬鹿げた政治的思惑や政治論争によって、〝戦わない軍隊〟としての〝戦えない自衛隊〟に対する政治的拘束を解除しようという「世論」ということになるだろう。異生物襲来というほとんど（絶対に？）ありえない小説の設定によって、そこから浮かび上がってくる「世論」は、〝戦える軍隊〟としての自衛隊の正規の軍隊化という主張であり、防衛活動、武力行使に対する枠組みと制限の限りない緩和化、すなわち〝使える軍隊〟としての実践（実戦）的自衛隊の新生という主張なのだ。

『海の底』という小説が予見したような事態が、現実の社会において生起したことを、現在の私たちはすでに知っている。ソマリア沖での海賊行為に関する海上自衛隊艦隊の出動である。海上における海賊行為に対する警備活動は、基本的に海上保安庁の管掌するところのものであり、海上保安庁の巡視船が行うことが法令的には決められている。しかし、重火器まで備えているといわれている（これはリークされた情報かもしれない）、高速の海賊船に対し、対応できるのは自衛隊艦しかない。銃撃を受けた時に、それらの被害を受けつつある一般の運輸船や商船、タンカーなどを警護し、護衛するには、それなりの武装した軍艦でなければならないのだ。日本政府が出したのは、奇妙で愚劣な折衷案、彌縫策だった。海上保安庁の業務として、自衛隊艦を巡視船の代わりに派遣するというものであって、武力行為については、その適用の範囲やレベルを当事者に委ねるという、何とも無責任で、責任放棄とも、判断（思考）中止ともいえるような馬鹿げたものだった。

二十一世紀に入ってからの、アフガニスタンやイラクやソマリア沖への自衛隊の海外派遣には、〝空っぽ〟の軍隊としての自衛隊の「本質」が露呈している。警察（海上保安庁）と自衛隊の権限や管轄についての曖昧で模糊とした境界線の引き方。命令系統の不首尾と現場判断での融通性のなさ。責任逃れと、責任の擦り付け合いと、責任感情の乏しさ。そして、最終的には「現場」の人間にすべての損害と責任とを押し付けるという卑怯な傲慢さだけが、日本の政治・立法・司法・軍事の最上層に蔓延している。『海の底』で、前線の警察の機動隊の壊走と犠牲者の甚大さによって、ようやく自衛隊の前線への出動が決まったように。

ソマリアの海賊と、巨大化した甲殻類「レガリス」は、この際、ほとんど同類として考えることができるだろう。海上保安庁では手に負えないが、本格的な軍隊が出動すればひとたまりもない、所詮は〝海賊〟にしかすぎない。しかし、本格的に軍隊が前面に出てゆくためには、保安隊（警察）の手に負えない相手であるという認識が必要なのであり、つまりそこから「犠牲者」が出ることが、軍隊投入のもっとも容易で安易な条件なのだ。

別に、有川浩の小説が、自衛隊の武器使用を容認しろというキャンペーンのアドバルーンになっているということをいいたいのではない。ただ、自衛隊の存在に百パーセント疑問を持たない有川浩の〈自衛隊小説〉からは自衛隊を、きちんとした軍隊として使おうという思考しか生まれてこないことは理の当然のことであり、「じゃあ何のためお前らいるんだよ！」「こういうときに俺たちを助けるためにお前らいるんじゃないのかよ！　こんなとき使えない武器なんて何の意味があるんだよ！」という〝国民の声〟しか、いざという時にあがってこないことは当たり前なのだ。

つまり、それは〝さまよえる軍隊〟としての自衛隊を、しっかりとした、ちゃんとした、正規の、当然の「軍隊」として立て直すことを〝国民の声〟が望んでいるという憲法改正派の改憲キャンペーン、自衛隊キャンペーンと、それほど違わない領域にあるものといえる。しかもそれは、憲法論や安保論をまったく度外視した、政治的にきわめてナイーブな立場から語られている。

## みじめで、弱い自衛隊

もう一つ、〝政治性〟を抜きにした、イデオロギー的に無色に脱色されたと思われる〈自衛隊小説〉をあげておこう。福田和代（1967〜）の一連の自衛隊員を主人公とし、自衛隊を舞台とした小説群である。そのうちの一つ『迎撃せよ』（角川書店、二〇一一年）は、航空自衛隊岐阜基地から、空対艦ミサイル四発を搭載したF-2戦闘機がテロリストに奪取され、テロリストたちの犯行声明によれば、日本の主要都市にミサイルを発射するという。総理大臣をはじめとした、日本の中枢部が驚愕したのも無理はない。かれらは「北」のミサイルも奪取し、日本政府に挑戦状をたたき付けてきたのだ。

テロリスト集団は、元自衛官の加賀山一郎、その息子で自殺した加賀山司郎の恋人だった菊谷和美（彼女が、F-2戦闘機を奪取した女性パイロットだ）、それと「北」という国家への忠誠心を翻したイ・ソンミョクなどの「北」のテロリスト（スパイ）たちだった。彼らテロリストたちの思惑は同床異夢だった。イ・ソンミョクは、「北」の故国からの脱出が主要目的であり、加賀山と和美は、自殺した司郎（息子、恋人）の死に対しての日本政府（自衛隊）への復讐だった。

加賀山一郎は、アジア太平洋戦争（大東亜戦争）が、アジア各国の独立を促したという肯定的な面を強調した論文を書き、それが政府の方針に反するものとして自衛隊を辞職させられた。それに抗議しようと司郎は、戦闘機を奪取し、ミサイルを日本に撃ち込むことで、父親の雪冤《せつえん》を果たそうとしたのである。彼は未遂のまま自衛隊に拘束され、自殺した。父の一郎と、恋人の和美とは、そうした司郎の志を継ごうとして、イ・ソンミョクたちと手を結んで、テロリストの仲間となったのである。

加賀山一郎のモデルとして、現実に、物議を醸した論文を書き、自衛隊統合幕僚長を実質的にクビになった田母神《たもがみ》某のことが想定されるが、大がかりで、国際的なテロ行動が、息子（恋人）の死に対しての、八つ当たりとも思えるような〝復讐〟から始まっているということに、リアリティーは愚か、容易に読者を納得させない動機によっているとしか感じられない。こんなプライベートな感情から、大それたミサイル攻撃という、日本への「同時多発テロ」が敢行されるとは到底思われない。

こうしたテロリズムのモチベーションの薄弱さは、この〈自衛隊小説〉の作者が、ほとんど自衛隊についてのこれまでの存在基盤などを考えてきていなかったことを意味しているだろう。大体、一編の主人公の安濃一尉自身が、日本のミサイル防衛の中心的な責任者としているのに、心身の不調子から退官を考えているような、およそ士気のない自衛官であり、何のために自衛官となったかと自問自答し、はかばかしい答えを見いだせないような男なのだ。つまり、この作品は〈自衛隊小説〉としてその問題性にはまったくといっていいほど切り込んでいない。

それは、『迎撃せよ』の続編ともいえる『潜行せよ』（二〇一三年、KADOKAWA）においても同様である。そもそも主人公が前作と同じ安濃一尉であり、彼は対馬の基地に　赴任する途中に誘拐され、韓国の釜山に監禁され、劉という化け物じみた中国人に兄の仇として執念深くつきまとわれるという、もっぱら被害者側に回る役回りの人物なのだ。彼は自衛官として活躍するでもなく、国際的なスパイの謀略的な事件に受動的に巻き込まれた人物であり、さまざまな日本人、韓国人の一般人に救われて日本に戻ることができたのだ。

この小説の主要なストーリーは、中国の原子力潜水艦の内部での艦長と副長とが、本国の政府側とクーデター側との主導権争いのサスペンスであり、艦長が中国人の軍人とは思えないような優柔不断で、決断力のない人間として描かれているなど、あまりリアリティーのない設定となっている（艦長の息子が北京でクーデター派に人質のようになっていて、息子を救うために、ミサイルの発射の鍵を副長に渡すことなどは考えられない）。

この作品を読んでも、自衛隊が何のために日本に存在し、安濃一尉のような自衛官が、国際謀略戦に有能な人材だとはまったく思えない。自分の命をつけ狙う敵の命乞いをするなど、「国防」の精神とはまったく背馳した、個人的な感情に衝動的につき動かされる人物としか考えられない（軍人としての資質に欠けているのだ）。結局、この小説は、最後のエピローグで示されるように、安倍晋三自民党内閣が推し進めようとしている日本版NSC（国家安全保障会議）を内閣情報局として創設するための現実的政策の応援団を買って出ていることにしか意味がない。

しかし、こうした、有川浩や福田和代のような、自衛隊の存在にまったくの疑問を持たない世代の登場は、ゴジラやレガリスやバルタン星人のような異生物や宇宙生物のような〝突然変異〟などによる唐突で、突然なものではない。それは戦後の歴代の保守政権（とそれを補完してきた革新政党）と右翼的メディアと自衛隊との、地道な、血の滲むような努力と宣伝と教育的実践とがあった。自衛隊はすでに市民権を得た。次の目標は自衛隊を「軍隊」として認知してもらうことである。目標、目的を持った時に、その目標を達成しようという達成能力は、軍隊という組織があらゆる人間の組織や集団において群を抜いているだろう。有川浩の〝自衛隊三部作〟や、福田和代の〝自衛隊二部作〟ように、徹底してダメな軍隊としての自衛隊を描くことによって、自衛隊は、自分たちの存在の存立の目標を、〝戦える軍隊〟としての自衛隊の自己改造、自己革新という近い将来の目標を設定することができたのである。そのために、自衛隊は〝今のままでいい〟という現状を固定化させるのではなく、〝変わるべき自衛隊〟というビジョンを、仮想敵の前に手も足も出ないという現状の分析の下に描き出してみせた。

おそらく有川浩や福田和代のような、自衛隊シンパのライトノベル的な小説の作家の登場は、〈自衛隊小説〉の画期をなすものであり、日本の社会に自衛隊が、公然と定着するという状況を象徴するものといわざるをえない。それは、自衛隊が変容したというより、日本やアジアあるいは世界をめぐる軍事的、政治的な状況が激変し、戦争というものの状況が一変したからといわざるをえないのだ。本来は、自衛隊に関してもっと真剣で、深刻な論議や検討がなされなければならない時期に、むしろ現状をそのまま肯定的にとらえる〝無思想〟的な〈自衛隊小説〉が量産されるということは時代に逆行する、反動的な動きにほかならない。しかし、そうした反動的な自衛隊に対する言及こそが、戦後日本の長い間の防衛政策や戦略の無さ、自衛隊に対する無関心、無視、不可触の精神的怠惰の表れにほかならない。

## 〝架空戦記〟としての〈自衛隊小説〉

〝架空戦記〟としての新しい〈自衛隊小説〉が生み出されている。それらは、ほとんどがテーマも設定も杜撰で、展開もご都合主義の範囲を出ていない愚作群にほかならないが、明治期に多く書かれたという、いわゆる〝日米、もし戦かわば〟式の、未来の戦争のシンをなすような風潮を示しているものといえるかもしれない。

周辺国と日本との戦争が勃発するという意味でのシミュレーション小説としては、生田直親の『ソ連侵略 一九八X年』（一九七〇年、徳間ノベルス・上下二冊）は、その嚆矢といえるかもしれない。日本国内の過激派の要請により、北海道へソ連軍が侵攻してきて、日ソ戦争が勃発するという架空の戦争小説である。これは冷戦時代を通じて、日本およびアメリカにとって、最大の仮想敵国がソ連であり、サハリン、北方領土の基地から北海道への上陸作戦が容易であるということから、自衛隊の基地が北海道に多く集中的に配備されたというような現実の日本の防衛政策が立てられていたという歴史的経緯もある。宗谷海峡、北方領土、石狩湾、津軽海峡から北海道上陸作戦を展開するソ連軍に対し、北海道に駐屯する陸上自衛隊、基地を持つ海上自衛隊、航空自衛隊が反撃するというもので、釧路はソ連軍の占領下に入り、反ソ、反共人士が粛清されるという事態も起きる。空襲、空爆、海上からの砲撃によって、札幌や小樽などの主要都市は潰滅し、本州・四国・九州からの航空自衛隊の援助が得られないという展開になるのである。

過激派の手引きによる間接侵略ということで、それなりのリアリティーを保っていたが、冷戦崩壊以前の〝仮想敵国〟としてのソ連の侵略という思考パターンから抜け出してはいない。もともと、北海道への自衛隊基地の集中は、ソ連の上陸作戦に対応するものだったといわれているが、そうしたソ連（今は、ソ連自体が消滅した）の侵攻という仮定が雲散霧消した以上は、自衛隊そのものが変化しなければならなかったのだが、この小説は、〝仮想敵国〟の想定と、その侵攻・侵略という想定自体が、自衛隊を存続させるための陰謀にほかならないのではないのかという自省を促すものである。もちろん、旧ソ連が、中国や北朝鮮に変わったとしても、自衛隊が自分たちの存在を〝自衛〟するために〝仮想敵国〟による攻撃というシミュレーションを繰り返し主張するという現実は、〝一九八X年〟以来、少しも変わってはいないのだ。この小説は、北海道を戦場とした陸海空の自衛隊の本格的な戦闘シーンが描かれているということで、〈自衛隊小説〉のなかでも特筆すべきものかもしれない。

しかし、アメリカとの人工衛星による攻撃、防御、情報・偵察の、いわゆる〝スター・ウォーズ〟に敗北し、経済的混乱を引き起こし、東欧圏のソ連離れ、社会主義圏から脱出と、ゴルバチョフによる社会主義独裁政権の放棄、民主主義政体化（グラスノスチ）、そしてソ連邦の解体、ロシア共和国の成立ということがあり、旧ソ連は、もはやアメリカや日本の最大の〝仮想敵国〟であることを止めた。極東に配置されていた旧ソ連軍は、日本の防衛にとって脅威ではなくなり、ロシア軍の日本侵攻という悪夢的シナリオは、空想小説家でも、もはや設定することが不可能になった。生田直親の〝日ソ戦争〟は、空想戦記としても、シミュレーション小説としても成り立たなくなった（幸いなことに）。

その代わりに、書かれるようになったのは、北朝鮮や中国を仮想敵国とした、空想的〝日朝戦争〟〝日中戦争〟ものだ。その代表的な例が森詠（1941～）の『日本朝鮮戦争』（決定版・上中下、二〇〇三年、徳間書店）であり、北朝鮮コマンド兵士が福岡のドームを占拠するという、村上龍の『半島を出よ！』（講談社）である（これは、主たるストーリーは、北朝鮮コマンドと自衛隊の戦いではなく、私兵集団との戦闘だ）。北朝鮮のテロリストたちが活動する、前述の福井晴敏の『沈黙のイージス』も、一種の〝日朝戦争〟ものといえるかもしれないが、架空戦記というには少し無理があるようだ。

シミュレーション戦記としての森詠の『日本朝鮮戦争』シリーズは、ベテラン小説家の筆になるもので、その設定や構想に無理はなく、現実の国際状況や日本との政治関係を見透した、リアリティーのあるものだ。北朝鮮を建国し、独裁的に支配してきた金日成《キムイルソン》の死は、その後継者である息子の正日《ジョンイル》に、朝鮮労働党の老幹部たちを粛清させ、韓国への侵攻を決意させた。ＤＭＺ（軍事境界線地帯）の地下のトンネルを潜って南侵する北の部隊。偽装したヘリコプターの来襲。そして、避難民たちの大群を先頭に立て、三十八度線の「自由の橋」を渡ってくる戦車部隊。南北の軍隊による再びの戦いが始まったのである。

『日本朝鮮戦争』は、日朝戦争の勃発から、その複雑な展開、結末に至るまで入念にシミュレートされた、近未来戦記小説なのだが、当然、そのテーマ自体による時代的限界性、制約性を免れることができない。たとえば、金日成《キムイルソン》―金正日《キムジョンイル》までの北朝鮮における金王朝の存続は予測できたしたとしても、金正雲《キムジョンウン》による三代目による金王朝の継承を予測できた者は、朝鮮問題研究の研究者にしても、コリアン・ウォッチャーにしても、いなかった（それがいつまで続くかも分からない）。ましてや、彼が義理の叔父にあたる張成沢《チャンソンテク》を粛清するような事態が起こるとは、専門の研究者や分析機関でも無理なものを、小説家に期待することは高望みといわざるをえないだろう。

もっとも、日米開戦の遙か以前に、『架空日米戦記』（長山靖生編、中公文庫）にまとめられたような、日米開戦を必至とするような、予言的な空想戦記、未来小説などが書かれていたという歴史の事実がある。石原莞爾の『世界最終戦争論』のような、日米最終決戦論のような〝日米戦争論〟も、決して歴史上少なくなかった。一九二〇年に刊行された樋口麗陽の『日米戦争未来記』（佐藤優が『超訳　小説日米戦争』〈二〇一三年、K&Kプレス〉としてリライトしている）などをその嚆矢とすれば、そうした〝未来記〟が書かれた二十年後に実際の日米戦争が現実化したといえるかもしれない。

しかし、一九七〇年の時点で『ソ連侵略　一九八X年』の作者、生田直親が、ベルリンの壁の崩壊と、それに続くソ連邦解体をまったく予見できなかったように、二〇年どころか、五年、十年の近未来の予想でさえ立てるのに困難だ。日朝戦争も、日中戦争も、近未来に勃発するとしても、これまでに書かれているようなシミュレーション戦記や、未来の架空戦記の想定とはまったく別の原因や要因、経緯や展開を示すに違いない。予想されるような戦争の要因や原因ならば、それを未然に防ぐということを、人類は長い歴史の間で学んできたからだ。想定や予想や予測、そうした空想や架空の未来を覆した形で戦争は勃発する。

だから、生田直親や森詠の〝日ソ戦争〟〝日朝戦争〟〝日中戦争〟の架空戦記は、そうした戦争をむしろ回避するために書かれているのであり、まさにありえてはならない〝架空・仮想の戦記〟なのだ。生田直親が『ソ連侵略　一九八X年』で書いたような〝日ソ戦争〟は、勃発しなかった。森詠の書いた〝日朝戦争〟は、起こりえる前提条件や状況判断が次々と覆っている。それはむしろ、彼らの小説の〝名誉〟であり、存在意義であるということができるのだ。

日ソ、日中、日朝の戦争の危機が語られるのは、そうした戦争の勃発を望む政治家や〝死の商人〟たちがいるからだ。近未来のシミュレーション戦記は、そうした彼らの意図をくじくために、実験室でさまざまな現象の再現や反応を試すように、虚構として再現させてみせる。そしてそれは結局は起こりえないプロセスであり、最終的には、狼少年のような政治的意図を持った〝戦争の危機〟の言説であることを暴露するものとなる。

もちろん、防衛大臣を務めたことのある自民党の政治家・石破茂と同じ程度の、単なる軍事オタクと思われる小説家による日朝、日中、日韓などの架空の戦争小説は、エンターティンメントとして数多く書かれているのだが、その大半はシミュレーションとしても、風刺やパロディーとしての意味もなく、きわめて杜撰で、愚劣な作品でしかない。

たとえば、大藪春彦の『俺に墓はいらない』（一九九六年、光文社）は、出だしこそ、航空自衛隊の戦闘機が、スクランブル発進し、国籍不明機に撃墜されるという緊張感のある描写によって始まるのだが、中味は〝不死身〟の秘密工作員（彼は何度も全裸で囚われ、死の危機を迎えるが、そのたびにご都合主義的に危機を脱する）が、超人的な体力と性力によって、「世界征服」（こんな言葉は、低俗な漫画のなか以外に見たことがなかった）を目指すナチスの残党たちを打ち破るという荒唐無稽な、劇画的なストーリーに終始している。

安生正の『ゼロの迎撃』（二〇一四年、宝島社）は、北朝鮮人民軍の軍人が、中国人民軍の幹部たちと共同で、日本国内に核兵器を持ち込み、自衛隊との間で壮絶な市街戦を繰り広げ、首都東京が壊滅的な危機を迎えるという設定の小説だが、北朝鮮はもとより中国の政治状況や社会状況の理解が浅薄で、荒唐無稽な設定とストーリー展開とで、到底シミュレーション戦記としても評価できるものではない。人物造形の拙劣さは致命的で、主人公の三等陸佐で情報分析官の真下俊彦なる人物は、どう考えても無能力で、無気力なダメ自衛官としてしか描かれていないのだ。同じ作者の出世作『生存者ゼロ』(二〇一三年、宝島社、原題は『下弦の刻印』)も、やはり人物造形の欠陥は露わであり、作者の文学的感性の乏しさを証明するものとしかなっていない。

池上司の『無音潜航』(二〇〇四年、角川書店)は、日本の潜水艦と、中国の原子力潜水艦が、黄海の海底で死力を尽くして戦い合う戦記小説だが、ただいたずらに、日中の潜水艦による戦闘の様子を微に入り細を穿って叙述しているが、そもそもの日中の潜水艦による〝戦争〟の必然性や前提が、きわめて薄弱だ。北朝鮮の一部の反体制勢力が、日本でプルトニウムによるテロを行うことや、それを原因として、中国軍と北朝鮮軍が合同で、日本の潜水艦を付け狙う必然性があまりも乏しいのだ。対潜水艦機と潜水艦、潜水艦同士の奇謀術数の〝戦闘〟のしつこいほどの描写に較べ、人間心理や国際問題の理解において、あまりにも幼稚といわざるをえない。

未須本有生『推定脅威』(二〇一四年、文藝春秋)も、その最新鋭の自衛隊戦闘機の性能や機能については兵器オタク的な知識を発揮しているが、人間心理の理解や、国際関係上の合理的な理解については、まったくといっていいほど欠落している。潜水艦や飛行機の理解がどんなに細密に、緻密になったとしても、「戦争」を文学として描くことは不可能だ。そんな当然なことを改めて知らされる〝兵器小説〟が続出している。

夏見正隆の『スクランブル　イーグルは泣いている』（徳間文庫）を第一作とする「スクランブル」シリーズは、日本への領空侵犯機に対して、緊急発進する航空自衛隊のスクランブル・チームのパイロットたちを主人公とするエンターティンメント小説だが、擬音語やカタカナ語を多用した卑俗な文体と、女性自衛官を登場させるという〝読者サービス〟はあるものの、思想性やテーマ性は皆無といってよく、文学的（小説的）価値はゼロに等しい。

馬場祥弘の『日本朝鮮戦争勃発！』（二〇〇三年、コスミック出版）、喜安幸夫の『日本中国開戦』（二〇〇六年、学習研究社）、数多久遠の『黎明の笛』（二〇一四年、祥伝社）などは、もはや〝架空戦記症候群《シンドローム》〟として、社会病理的なものとして扱うほかはないと思われる。彼らの作品は、一時的な読みものとしてだけの意味をしか持たないが（そうした消閑の娯楽小説としての意味すらもないが）、日朝、日中の戦争や攻撃を煽り立てることによって、危機感や不安感を醸成し、好戦的な軍国主義や、民族差別、ヘイトスピーチなどを社会のなかに増幅するスピーカーの役割を果たしている。もとより、文学的価値は皆無であり、社会、政治的現象に付随した風潮や風俗研究の材料として好事家的な研究者の収集対象となるかもしれない。

## 未来の戦争へ

近未来的な戦争を描く小説作品がある。これはいわゆるシミュレーション戦記とは違い、未来に展開が予想される戦争の形態を先取りするような形で書かれていることが特徴である。必ずしも、未来戦争の先取りともいえない〝サイバー戦争〟を描いているのが、福田和代の『CYBER COMMANDO サイバー・コマンドー』（二〇一三年、祥伝社）だ。主人公たちは、自衛官なのだが、その服装は自衛官らしくないものだ。主人公の二十七歳の明神海斗は、自衛隊指揮通信システム隊の捜査小隊に所属しているが、民間企業のオフィスのような執務室で、背広ネクタイ姿であり、同僚の出原しのぶは「自衛官の制服ではなく、スタイルのいい身体の線にぴったりと添うダークグレーのスーツを着ている。外資系企業で働く女性のよう」な恰好をしている。彼らが勤めているのは、いわゆる外国や国内のハッカーたちからの〝サイバーテロ〟や〝サイバー攻撃〟に対して、重要なコンピュータ・システムを防護する〝サイバー防衛隊〟なのだ。

れっきとした自衛隊の一小隊なのだが、彼らの武器は銃でも戦車でも潜水艦でも戦闘記でもない。ひたすらコンピュータに向かい合い、ネットの画面を縦横無尽に検索しながら、サイバー攻撃を見破り、反撃し、サイバー空間を回復することを目指す自衛官たちなのだ。だから、自衛官が登場し、彼らの活躍を描くという意味で〈自衛隊小説〉に違いはないのだが、福田和代の前作で、自衛隊の音楽隊員のことを取り上げた『蒼空のカノン』（後述）のように、自衛隊のなかでも、特殊に部隊に限定したものなのだ。

企業活動や政府や自治体の業務や作業がすべてコンピュータ化され、ネットワーク化された社会において、コンピュータ・システムへの〝サイバー攻撃〟は、それが成功すれば甚大な被害、影響を社会全体に及ぼす。一国の、あるいは国際的な防衛システムもそうであって（もともとコンピュータのインターネット・システムは軍事的目的からアメリカで発明された）、相手側のコンピュータ・システムを麻痺させ、ハッカーし、システム全体を破壊する〝サイバー攻撃〟による戦争は、現実を武器を取って行う戦争よりも、大きなダメージ、破壊力を相手側に与える。そうした攻撃に対して、防御するのが〃サイバー防衛隊〃ということなのだ。

　小説は、国際的なハッカー組織に対して、その正体を暴こうとする明神海斗と、〈ヤヌス〉という名前で、中国のサイバー軍、あるいは愛国的ハッカーたちに反撃せよと、日本で〃サイバー自警団〃を組織し、反撃を扇動するウルトラ・ナショナリストのハッカーを追う出原しのぶが、〃サイバー防衛隊〃の主要メンバーなのだ。

　米国と日本にサイバー攻撃が掛けられた。交通システムが混乱し、新幹線は追突事故を起こし、アメリカの原子力発電所の制御システムにウィルスが忍び込んで、水素爆発が起こる。発電所や送電システムが麻痺し、通信手段も断絶する。核攻撃と同等、あるいはそれ以上に国家、社会の大規模な混乱を引き起こすのが〃サイバー戦争〃なのだ。中国からの全面的な攻撃と受け止めたアメリカは、空母を中国近海に派遣し、一触即発の軍事衝突の危機が訪れる。それを必死で止めようとする海斗としのぶは、それぞれの方法によって、自衛隊員として〃国防〃活動に邁進する。

　自衛隊の誇る最新鋭のステルス戦闘機も、オスプレイも、イージス艦も、ミサイル迎撃システムなどの武器や兵器や装備は一切登場してこない。海斗は拉致され、あわやドブ河で溺死されようとするのだが、自衛官としてはまったく体力的に非力で、警察に助けてもらわなければ、いともあっさりと殺されるところだった。およそ自衛官らしからぬ自衛官が、この小説の主人公なのだ。

　しかし、逆説的にいえば、こうした自衛能力のない、コンピュータにしがみついているだけの自衛官こそが、未来の〃サイバー戦争〃の立役者であり、優秀な戦士、兵士としての資格を持っているといえる。

肉体的な訓練や、兵器や武器の操作、飛行機や戦艦や戦車の操縦の能力、そうしたものは、〝サイバー防衛隊〟にはまったく不用で無用なものだ。ひたすらコンピュータ操作のハッカー的能力だけが、彼らに唯一求められる、兵士としての資質であり、能力なのだ。

コンピュータのデスクトップや画面の前にしがみつくようにして、キーボードを打ち続けるだけの〝攻撃〟。アメリカ映画『ウォー・ゲーム』(ジョン・バダム監督、一九八三年)は、コンピュータのなかの「全面核戦争」のシミュレーション画面をゲームと思って侵入してみたら、それは実際の核ミサイルの発射につながるコンピュータ・システムだったという設定の映画だが、〝サイバー戦争〟では、そうしたシミュレーションの戦闘ゲームの攻撃と、現実の戦争とにはほとんど区別がない。サイバー空間を飛び交う電子的な信号や情報や交信が、いっきょに自分たち自身が作り上げてきた世界と社会を、一瞬のうちに崩壊させる。もちろん現実の社会の壊滅を伴って。

## 悪夢のアメリカ情報軍

こうした未来的な〈戦争〉を描き出した、もう一つの小説をあげておこう。夭折したともいえるSF作家の伊藤計劃が遺した『虐殺器官』(二〇〇七年、早川書房)である。ここでは自衛隊は出てこない。だから、〈自衛隊小説〉というジャンルに入れることは本来は不適当なのだが、私はどうしてもこれを〈自衛隊小説〉を論じる最後に言及したいと思うのだ(それはこの論を最後まで読むことによって納得していただけると思う)。

主人公のクラヴィス・シェパードは、アメリカ軍の情報軍・検索:i分遣隊の兵士で、それまでに数々の特殊作戦を遂行してきた。アメリカの軍隊は、九・一一以降の対テロリスト戦争によって、それまでの陸軍・海軍・空軍・海兵隊のほかに情報軍（インフォメーションズ）を作り、情報戦、特殊戦、諜報戦に当たらせていたのである（作中の言によれば、それはスパイ活動と諜報活動のハイブリッドな任務を負う）。陸空海と海兵隊がこれまでの古典的な戦争に対処するものであれば、情報軍はテロにも、サイバー戦争にも、諜報的工作にも当たる、新しい戦争の形態に即応するものなのだ。

サラエボが、イスラム原理主義者の手製核爆弾の爆発によって壊滅した。世界のあちこちで大量虐殺、大量殺戮が実行され、その背後に常にあやしげなアメリカ人男性の影があった。クラヴィス・シェパードは、その男、ジョン・ポールというＭＩＴ（マサチューセッツ工科大学）の言語学者の姿を追い求める。彼には、不倫相手と交際中に、サラエボの核爆発によって妻子を失ったという経歴を持っていた。国際的テロの黒幕と思われる彼を、アメリカ情報軍は何度も暗殺指令を出すが失敗し、シェパードがその任務を負うことになる。

この小説では、戦争の形態がこれまでのものとは大きく変容している。宣戦布告をし、専門的な軍隊同士が戦場に相対峙し、戦闘を行うといった古典的な戦争のイメージはすでに過去のものとなっている。敵は正規兵ではなく、〝見えない〟兵士としてのゲリラ、スパイ、テロリストであり、その見かけや内実を取ってみても、いわゆる民間人と兵士との区別はない。戦闘そのものは、民間の軍事請負会社によって行われ、戦闘員は金で雇われた傭兵である。作品のなかでは、ユージン＆クルップス社という大企業がそれである。

戦士たちの肉体も改造され、サイボーグ化されている。〝オルタナティブ・リアル〟、略称〝オルタナ〟

は、コンタクトレンズのように肉眼にはめ込み、現実の視界とは別な（オルタナティブな）映像を視界に繰り広げ、戦闘行動の効果を高める。彼らは人工筋肉を使い、筋肉の機能を驚愕的に高めることができる。また、〝痛覚マスキング〟をすれば、致死的な負傷しても、痛みをまったく感じることがない。つまり、手足が千切れた程度では、戦闘心は衰えないのだ。〝戦闘適応感情調整〟のように、メンタルな意味での戦闘力を増す技術も取り入れられ、戦士たちは心身ともに、コマンダー（攻撃要因）として、肉体の改造を受け入れ、身体的にも、心理的にも、優れた戦士となるための訓練を受けていたのである。

現代の、あるいは近未来の戦争と戦士の姿が、『虐殺器官』では形象化されている。近代的で、ある意味では古典的な戦争は、ここでは意味を持たない。核兵器は、少数のテロリストたちにも現実的に使われる兵器となり、核戦争の抑止力といった〝使うことのできない兵器〟といった考え方は、まったく放棄されている。相手は国家や国家の正規軍ではなく、どこで、どういう形で攻撃を仕掛けてくるか分からないゲリラ的な非正規兵たちなのだ。彼らは自爆テロのように、人間の身体そのものも武器の一部とする。旧日本軍が開発した特攻戦闘機や人間魚雷のように、人間そのものが武器、兵器の一部となって、戦争に投入されるのだ。その意味で、イスラム原理主義や皇国日本の〝人間爆弾〟は、近未来のロボット兵士（〝ターミネーター〟のような！）と同様の、きわめて非人間的な兵器の究極の形なのである。

また、それに立ち向かうのも、軍事請負会社に雇われた傭兵たちだ。彼らには、正規の国家の軍隊や、国連軍などに適応される国際法や国内法のルールや規則とは関係ない。会社と契約した業務を遂行することで、個人の利益を得ようとするだけである。あるいは、自分のなかにある止みがたい闘争本能を、企業活動を通じて発揮させようとするだけだ。つまり、彼らにとっては、戦争の勝利が目的なのではなく、戦争そのものが目的であって、〝戦争をするため戦争〟を戦っているにすぎない。

だから、先述したように、兵士もまた消耗する武器、兵器の一つなのだ。兵士の心身を改造するのは、武器の性能をより高めるために、それを更新してゆくことと何ら変わらない。戦争の当事者たちは、コンピュータの向こうのサイバー空間のなかに無傷でいて、無線LANや衛星回線によって指令や指命を末端のデバイスとしての兵士たちに送り込んでくるだけなのである。

近未来というより、すでに現実化されている戦争の姿がこの小説の世界では描かれている。無人探索機や無人哨戒機、そして無人の戦闘機すら現実の戦場では使われている。戦争ロボットの開発にアメリカは血道をあげているし、ロボット大国としての日本でも兵器・武器に転用可能（というより、もともと兵器として開発した？）なロボット（技術）は続々と生み出されている（それなのに、福島第一原発事故を収束させるための事故対応ロボットの開発は、遅々として進んでいない――阿波踊りを踊るロボットは開発されたが）。

アメリカのオバマ大統領やヒラリー・クリントン国務長官は、ホワイト・ハウスに居ながらにして、オサマ・ビンラディンを、アメリカ軍兵士が襲撃し、暗殺する場面をリアルタイムの衛星中継の映像で〝鑑賞〟していたという。アフガン戦争、湾岸戦争、イラク戦争を経て、戦闘の技術、戦争の大義や戦争の目的、目標すらも対戦相手同士が見失い、シミュレーションとリアルとが見分けがつかなくなっているのが、現代の戦争の本質なのである。

こうした戦争へと自衛隊を駆り立てようとしているのが、現在の自衛隊、日本の戦士たちを取り巻く政治状況であり、国民的な無意識の欲望であるといわざるをえない。自民党、民主党政権を問わず、「非核三原則」や「武器輸出三原則」を踏みにじろうとする政治権力は、日本が輸出した武器、兵器のテクノロジーによって、自衛隊員が〝戦死〟するという状態を生み出すことになる。すでに、核兵器にはもはや国籍は付されていず、それが旧ソ連製であるのか、米製品のセコハンのポンコツであるのか、北朝鮮、パキスタン、イランなどの手から手を経て、製造元のシリアル・ナンバーなど削り取られたものであるかが不明になっているものも多くあるだろう。それが、自衛隊員の身体を粉微塵にしたり、重い放射能障害に陥らせる可能性は決して小さくはないのである。

伊藤計劃が『虐殺器官』で描き出したのは、新しい国際社会のなかでの、新しい戦争の在り方であり、戦士、兵士たちのおぞましい心身的変容と、女子供を含めたむごたらしい虐殺された遺体であり、ばらばらとなった人間の身体の部分が散らばる戦場という近未来図である（それは、アフガニスタンやイラク、パレスチナ、シリア、ウクライナなどで現実化された現在の光景でもある）。

自衛隊をこうした新しい戦争に対応できるような〝兵士〟たちに作りかえてゆくことができるだろうか。日本が戦争を行える〝普通の国〟にするために、日夜、考え続けている戦争の商人たちは、自衛隊を〝虐殺器官〟とするために、ためらいを持つような人間的感情をすでに失っているのかもしれない。〝戦闘適応感情調整〟の装置を見つけることによって。

戦後から現在においてまで書かれてきた〈自衛隊小説〉のあらましを見てきたが、もちろん、これらの作品は、戦前・戦中・戦後の〈戦争文学〉とも、〈戦記小説〉とも異なっている。また、いわゆる純文学とエンターティンメント小説との区分などに従うものでもない。さらにその特徴は、日本の政治・社会において防衛問題がどのように取り扱われてきたかという時代的な変化や帰趨にかなりの程度拘束されているということだ。自衛隊の存在が違憲であり、日本社会において正統性を持たなかった時期。札幌の雪祭りの雪像作りや、青森のねぶた行列の参加など、地元の行事やイベントに溶け込むソフトな自衛隊のイメージが宣伝された時代。阪神・淡路大震災や東日本大震災の災害派遣に、国民が拍手を贈るようになった時期。その時々の自衛隊の在り方やイメージが、それらの時期の〈自衛隊小説〉に反映されていることは間違いない。

ただ、ひとつ一貫していることは、自衛隊を憲法との関係の上で、真剣に、真摯に考えてみようとしたことはこれまでに右翼、左翼の両陣営の知識人によってもなされたことはなく、また、日米安保条約との絡みのなかで、やはり整合的に考えてみようとしたことは、一度もなかったということだ。

その意味で、自衛隊はいまだもって、日本の戦後社会の〝継子〟であり、〝不在の軍隊〟以外ではありえないのである。無人機、兵士ロボットの内部を探ろうとしても、そのなかには、精巧な〝魂〟のないマイクロ・コンピュータが埋め込まれているだけだ。そして、コンピュータとは、突き詰めてゆくと、電気を通すことによって初めて起動する〝空っぽな箱〟にしかすぎないのだ。カルヴィーノの考えた、外側だけの鎧をまとった〝不在の騎士〟と、どこが、どう違うのだろうか?

自衛隊は変容した。日米安保条約の改定、沖縄返還、国連の平和活動への参加、海外派兵、集団的自衛権の問題が、日本のその時々の政治状況の正面に立ち現れてきた時も、自衛隊そのものを根源的に問い直すということは、ついぞなされないままに自衛隊は、二〇一四年に〝六〇歳〟となり、〝還暦〟を迎えたのである。その節目の年に、あらためて〈自衛隊文学〉を論じたこの小論は、筆者と同時代をすごした自衛隊に対する同世代的な自己嫌悪や自己批判の契機を孕んでいることを隠す必要もないだろう。野呂邦暢や三島由紀夫が、その文学的思考の中心としてきた自衛隊（戦争をするための軍隊）の問題を無視することによって、六〇年を経てしまったこの時代が、今でもまだ〝戦後〟と呼ばれることのアイロニーを、もう一度考え直すべきことと思われる。

# Ⅱ

# 変容する自衛隊

## 世界の変容

二十一世に入ると、自衛隊は変わった。いや、変わらざるをえなかった。それは、二十世紀末以降、自衛隊を取り巻く状況と、日本の国防状況が大きく変わったからだ。いや、世界の軍事的状況が一変したからといってもよい。もちろん、自衛隊の変容が誰の目にも明らかになったのは、二〇〇七年一月九日、すなわち、前年の十二月の国会で成立した「防衛庁設置法」と「自衛隊法」が改正され、平成十九年のこの日をもってして、防衛庁が防衛省へと移行したことをメルクマールとする。防衛庁長官は防衛大臣となり、英語表記も、Defense Agency から Ministry Of Defense となった。

もちろん、この変容は名称の変更、看板の掛け替えだけではない。すでに一九九〇年代のカンボジアへのPKO（PeaceKeeping Operation 国連平和維持活動）への陸上自衛隊の参加を皮切りに、周辺事態法、武力攻撃事態法、テロ特措法、イラク特措法などを連発して「安保再定義」や「日米新ガイドライン（防衛協力の指針）」などによって方向付けられてきた、自衛隊の変貌、変容が明瞭に目に見えるものとなって表れてきたということだ（これらは、半村良が、『軍靴の響き』のなかで、近未来的な悪夢の実現として、すでに予言されていたことだ）。

これまでの自衛隊法は、先に引用したように、その任務として「わが国の平和と独立を守り、国の安全を保つため、直接侵略及び間接侵略に対しわが国を防衛することを主たる任務とし、必要に応じ、公共の秩序の維持に当るものとする」とある。改正された自衛隊法第三条「任務」には、さらに次の二項目が付加された。

① 我が国周辺の地域における我が国の平和及び安全に重要な影響を与える事態に対応して行う我が国の平和及び安全の確保に資する活動。
② 国際連合を中心とした国際平和のための取組への寄与その他の国際協力の推進を通じて我が国を含む国際社会の平和及び安全の維持に資する活動。

そして、これを推進するために、「陸上自衛隊は主として陸において、海上自衛隊は主として海において、航空自衛隊は主として空においてそれぞれ行動することを任務とする」として、三自衛隊の行動の場所は、日本の領土や領海、領空に限定されず、「陸」「海」「空」という、地球上のあらゆる場所における無限定の範囲として拡張されたのである。

これがアフガニスタン、イラク、アフリカなどへのなしくずし的な自衛隊の海外派兵をオーソライズする規定であることは明らかだ。つまり、自衛隊は専守防衛を旨としてあくまでも国内での活動に限定されてきていたのに、「我が国周辺地域」さらに「国際社会」全般に関わる「平和及び安全」のための活動の範囲を広げることが可能となった。

この自衛隊の変容には、もちろん世界的な政治・軍事・国際関係の状況の激変が影響している。まず、あげられるのは、米ソの二大軍事勢力による「冷戦」の完全なる終焉である。一九八九年十一月十日のベルリンの壁の破壊に象徴される、東と西、自由主義（資本主義）勢力と社会主義（共産主義）勢力との角逐、葛藤、対立、核兵器を中心とした軍拡競争は、いわゆる自由主義、資本主義勢力の勝利によって終わった。ソビエト連邦を盟主とする社会主義、共産主義勢力は完敗した。ソ連邦は地球上から姿を消し、革命以前の〝ロシア〟が復活した。東欧の諸国は、アルバニアを最後として社会主義のイデオロギーを放棄し、自由主義・資本主義の陣営になだれを打って加わった。経済共同体のEUや、軍事同盟としてのNATO（北西大西洋条約機構）に加盟する元・社会主義国家もある。

いまだ、イデオロギーとしての社会主義・共産主義を放棄していないのは、中華人民共和国、朝鮮民主主義人民共和国、ベトナム共和国、キューバなどの、ごくわずかな国家群に過ぎず、しかも、それらの国家群は、建前としての社会主義・共産主義すらかなぐり棄てて、高度な資本主義世界への変身を加速させた。もはや、それらの国家を指導しているのが、「共産党」「労働党」「人民党」という〝名前〟であること以外に、社会主義・共産主義の国家であることを表明しているものは皆無といってよい。

しかし、「冷戦」の体制・構造の終結は、決して世界に平和と安定をもたらすものではなかった。最初に、ソ連邦の〝社会帝国主義〟の軛《くびき》の下にあった連邦の共和国や自治地域が独立や半独立を目指し、ソ連邦の崩壊以前に独立していたバルト三国、ウクライナ、ベラルーシの完全な自立、また、中央アジアに新たにいくつもの民族自治を標榜した国家が誕生した。カザフスタン、キルギスタン、タジキスタンなどである。東欧圏も、次々と民主化、ロシア離れを実現したが、複雑な民族構成を社会主義イデオロギーによって強固に抑圧していたユーゴスラビアは、四分五裂し、民族・宗教の対立が激甚化し、悪夢のような〝バルカン戦争〟を引き起こした。

長い間、欧米の帝国主義に植民地支配されてきた中近東やアフリカなどの、イスラム圏と重なる地域においては、欧米的な価値観や文明論に反撥するように、イスラムの原理主義的な運動が盛んになり、イラン、イラク、リビア、シリア、パキスタン、アフガニスタンなど、過激なイスラム原理主義の政権や勢力が伸長し、〝世界の火薬庫〟としての世界の平和と安定を脅かしている。

世界第二位の経済大国にのしあがった中国と、第一位のアメリカ合衆国との間で、経済的、軍事的ポテンシャルをめぐっての角逐や対立はあったとしても、そこに「冷戦」は存在しない。それはすでに過去のものとなった。しかし、それは朝鮮戦争として、米国と中国とが直接的に衝突した対立を根源的に解消するものではなかった。北朝鮮の存在は、米中、日中間に突き刺さった棘であり（もちろん、韓国にとっては敵そのものだ）、東アジアの緊張感は、むしろ「冷戦」の時代よりも高まっているといえるかもしれない。

二〇〇四年の九・一一のアメリカ合衆国のニューヨークにあった貿易センタービル二棟を崩壊させた、アルカイダというテロ組織による同時多発テロは、「冷戦」終了後の〝戦争〟を象徴する出来事として、現代史の画期的な事件となった。アメリカ合衆国のブッシュ政権による、九・一一テロの報復としてのアフガニスタン攻撃は、〝テロに対する戦争〟として、軍事攻撃の正当性を主張すると同時に、現代の戦争の変質を物語るものとして、やはり画期的なメルクマールとなった。

大量破壊兵器の所有を理由としての多国籍軍によるイラク攻撃、イスラエルによるパレスチナ支配地域への攻撃、それへの報復としてのテロ攻撃。イラン、北朝鮮の核兵器開発をめぐる戦争一歩手前の状況。リビア、シリアの政変に伴う軍事的攻撃の可能性。正規の国家軍による「戦争」というより、テロ攻撃とそれへの報復、応酬としての軍事行動（＝戦争）は、世界中に拡散され、これまでの古典的な戦争とおなじほどの、いや、あるいはそれ以上の犠牲者、受難者を生み出しているのである。

テロの横行と多様化が、戦争の有様を変容させた。東と西のイデオロギーの対立という、見やすい対決点は見失われた。アルカイダやタリバンとアメリカ軍。パレスチナ・ゲリラとイスラエル軍。イスラム原理主義者とキリスト教的西欧世界。先軍思想と核武装国家を目指す北朝鮮と、周囲の五カ国（中国、ロシア、日本、アメリカ、韓国）の政治的、軍事的戦略と政略。ラテンアメリカの犯罪者集団と政府軍。イデオロギーといえば、「東＝社会主義」対「西＝自由主義」のそれではなく、文明の衝突といわれる、古くからの宗教的対立の現代版であり、非正規な軍隊と正規的な軍隊との政権をめぐっての闘争である。

テロを行うゲリラ側は、己れの存亡、生存をかけての戦いであるだけに、降伏や停戦や講和はありえない。全滅か、闘争の継続か、勝利か、があるだけだ。テロリストと国家軍との〝戦争〟の特徴は、圧倒的な非対称性だ。そこでは、軍事力、兵力、兵器力に優っているものが、必ず勝者となるとは限らない。そもそもテロリストの側には、完全な〝勝利〟はありえない。自分の主張の一部を認めさせることや、敵対する国家的体制や社会体制に恐怖を覚えさせ、不安や絶望感を醸成し、厭戦気分を社会的に漲《みなぎ》らせれば、それで十分に〝勝利〟したといえるのだ。

こうしたテロリズムの蔓延が〝戦闘〟のスタイルを著しく変えた。日本が日米戦争の末期に実行した〝自殺攻撃〟、カミカゼ・アタックが、テロリスト側の常套手段となり始めた。都市ゲリラによるテロ攻撃。サイバー攻撃や、ネット・テロといわれるものも登場してきた。それに対して、無人機による攻撃、巡航ミサイル、劣化ウラン弾、化学兵器・生物兵器、ウサマ・ビンラディンの暗殺に示されたようなコマンドによるターゲットを絞っての執拗な暗殺攻撃（これは、アフガン、イラン、イラク、パレスチナ過激派に対する暗殺攻撃として、〝成果〟を上げている）は、そうしたテロの連鎖を現代の国際社会は、防ぐことができないでいる。いや、それはバルカン半島の内戦、チュニジアからエジプト、リビア、シリアの内戦的混乱を経て、ますます拡大、拡散しているように思える。二十世紀が、革命と戦争の時代だとしたら、二十一世紀は、テロと内戦の時代として、歴史に刻印されるかもしれない。

## 日本におけるテロ攻撃

日本も例外ではない。テロリズムに対する〝戦い〟という意味では、一九九五年三月二十日の、いわゆるオウム真理教団による連続的、かつ大規模・広範囲のテロ活動があった。それは、日本の社会における〝テロとの戦争〟の最初の表れである地下鉄サリン事件で、顕在化したのだが、日本の社会においてテロリズムがなかったわけではない。戦ったといえる。もちろん、それ以前にも、日本社会においてテロリズムがなかったわけではない。戦中期の要人暗殺や政治的クーデターは別としても、共産同赤軍派による銀行襲撃、武器奪取などの赤色テロ、反日武装戦線各グループによる爆弾テロなど、暴力革命を呼号する過激派集団によるテロは、一九七〇、八〇年代を通じて頻繁に起こっていた。

しかし、それはテロリストたちとの対決のために、軍隊が出動するような〝テロとの戦争〟というべきほどの大規模なものでもなければ、計画的なものでもなかった。それは軍隊（日本の場合は自衛隊）が治安出動しなければならないほどに大がかりでも、連続的でもなく、警察による鎮圧や防御や検束が可能な範囲のものでしかなかったのである。

もちろん、一九九五年のオウム真理教団による一連のテロ活動も、警察力によって鎮圧された。しかし、この新興の宗教教団によるテロリズムが、それまでの新左翼の過激派集団のものと質的に異なっていたのは、彼らが銃器の製造や毒ガス・サリンの精製といった「武器」「兵器」の製造に手を染め、小規模ながら「軍隊」の創設を企図し、そしてそれを実現させたということである（そのため、地下鉄サリン事件などには、地下鉄内のサリン除染のために、自衛隊化学兵器に対処する部隊が動員されたが、それはあくまでも警察を補助するためだった）。過激派の赤軍派が、その名称にも関わらず、何ら軍隊的な組織や軍備の構築といったことに心を砕かず、名前倒れに終わったことと対照的である。赤軍派から分派したアラブ赤軍派が、パレスチナ解放を目指すPFLP（パレスチナ解放人民戦線）との連携によって、ゲリラ部隊の組織を構築していたことと、やはり本質的に異なっていた。

オウム真理教団にも、先行する赤軍派や反日武装戦線にある程度倣った点は見受けられるが、「兵士」の養成、「兵器」や「武器」の調達、「兵站」の確保、命令組織と実行部隊との組織的分担など、より具体的で、実戦的な組織構造を目指していた。彼らは、教祖・麻原彰晃を首領とする〝オウム帝国〟といった疑似国家を建国し、そこに〝国軍〟として〝防衛庁〟なるものを組織し、軍事面での体制を構築しようとした。銃砲工場、化学兵器工場を持ち、軍の創成を考えていた彼らの構想を幼稚なものとして笑うことはできない。三島由紀夫の私兵集団「楯の会」は、単なる軍隊の縮小模型、パロディーにしかすぎなかったが、オウム真理教団の〝軍隊〟は、自衛という目的に手足を縛られない、戦うこと、攻撃を目的とした〝戦闘集団〟の創成を戦後の日本社会で図ろうとした初めての試みだった。

だから、そのテロ組織としての本質は、アルカイダやタリバン、ハマスやパレスチナ解放人民戦線の一部の過激な武装勢力と異なったところはない。こうしたテロ組織の特徴は、軍隊というにはあまりにもお粗末な装備、未熟練の兵士（少年兵、女性兵が多い）、戦略・作戦作製能力の貧弱さ、軍資金の不足、銃後の支援の薄さといった面が指摘でき、これは敵側の高度な兵器体系や作戦展開能力とは、まったく非対称的に存立している。

つまり、真っ当な正規戦においては、テロリスト集団の敗北は必至であり、軍事能力からすれば、世界に冠たるアメリカ合衆国軍が、アルカイダなどの戦闘集団を全滅、潰滅に追い込むことはいともたやすいことなのだ。しかし、テロリスト集団が、万に一つも勝ち目がない正規戦を圧倒的な帝国主義国家の軍隊に挑むはずがない。政府中枢へのテロ攻撃、不安と混乱と恐怖とを一般の市民社会にまき散らす都市のゲリラ攻撃など、時には犠牲死も厭わない戦法を採るのである。

もちろん、こうしたテロリスト集団が狙うのは、軍事的な勝利ではない。オウム真理教団が、都心の地下鉄の千代田線、日比谷線、丸の内線の各線においてサリンを撒布したのは、日本の政治権力の中枢である霞ヶ関駅での混乱を狙ったもので、政府機能、警察機能の麻痺や機能停止を図ったものだった。それは一部的、部分的な攻撃の成功であり、もとより全面的な勝利でもなければ、攻撃日的を完遂することもまれなのだ。

良識的（常識的）な判断によれば、自滅的な攻撃によって、彼らの得るものは何か。その目標が勝利でない以上、そうした騒擾状態、社会的パニックを引き起こすこと自体が目的なのであり、そうであれば、彼らの目的は半ば達成されたと見るべきなのだ。

そういう意味では、通常の戦闘行為でテロ攻撃を根絶することはできない。国家や国際的な軍事団によって、テロリスト集団が完全に潰滅させることは、きわめて困難だ。それは、その軍事力の非対称性に由来している。国家間の戦争における常識や国際条約、人道的な配慮や戦場の倫理に縛られるのは、正規の国家の軍隊であって（それはしばしば破られるが）、ゲリラ側ではない。交戦権もなければ、講和や停戦、休戦の約束もない。世界は、そうした〝戦争状態〟に突入している。

## 自衛隊の治安出動はあるか？

しかし、こうしたテロリズムとの戦いのために、自衛隊が変容せざるをえなかったと考えることはできない。国内のテロリストであれ、国外のテロ集団であれ、自衛隊にはほとんど出番がないのが実情だろう。自衛隊の訓練項目に、治安出動に関連するものは少ないし、テロ防止や撲滅のための特殊部隊も公然とは存在しない。自衛隊法において「間接侵略」に対する「防衛」や、「公共の秩序の維持」が謳われており、必ずしも自衛隊の治安出動が不可能とされているわけではない。だが、間接侵略と考えられるスパイ戦やゲリラ戦に対しても、最初に対処するのは、警察や海上保安庁の組織であって、自衛隊が真っ先に投入されるということはない。「公共の秩序の維持」についても、具体的には災害時の人命救済や復興の活動などを想定していると考えられ、デモやスト、騒乱や騒擾の現場にただちに自衛隊が派遣されるということはありえないと思われる。

たびたび引き合いに出すが、三島由紀夫が防衛省市ヶ谷駐屯地に切り込んだのは、自衛隊を蹶起させるためだったが、その前提として、一九六八年十月の、いわゆる新宿騒乱事件がある。全共闘系の学生を中心とした学生・労働者・市民が十・二一の国際反戦デーの催しとして、新宿駅周辺に集まり、警備する機動隊と衝突、火炎瓶、石礫などが投擲され、新宿駅や周辺の建物を炎上させたり、破壊させたということがあった。三島由紀夫は、そうした騒乱の現場に立会い、戦後はじめて自衛隊が治安出動するチャンスと考えたが、結局それは警察、機動隊（一部は自警団）によって鎮圧された（一時は、神田カルチェラタンと呼ばれた地域と同様に〝解放区〟となったが）。

三島由紀夫は、そこにおいて、自衛隊がその存在意義を示すための治安出動ということがありえず、〝警察予備隊〟でもありえない現実に、深く失望したといい、市ヶ谷駐屯地への突撃の肚を決めたとされる。

テロリスト対正規兵の戦いにおいて、完全な殲滅的な勝利が望めないことは、アフガニスタン、イラク、パレスチナの例を見ても、明らかとなっている。軍事的、武力的に圧倒的な力を持っているアメリカ軍においても、タリバンやイラクの原理主義的なスンニ派ムスリムのテロ活動を完璧には制圧できないのである。日本の自衛隊に、そうした対テロリストの戦いにおける彼らを絶滅させるだけの能力が備わっているとは到底思えない。そもそも、治安出動であれ、防衛出動であれ、災害出動であっても、自衛隊はそうした出動に対して、はかばかしい効果をあげることができるのだろうか？

六・七〇年代の安保反対運動にも、オウム真理教事件においても、治安出動の出番がなかった自衛隊が、それだけの実践力を持ち得ているのかどうかははなはだ疑問である。災害活動においても、東日本大震災においては、想定外の大自然の急襲、すなわち大地震と大津波によって、高価な戦闘機、練習機を二十数機も航空自衛隊松島基地から非常避難させることができずに流出させ、全滅させたという事態が発生した。全国民の一心の期待を受け、緊急出動した自衛隊ヘリコプターによる福島第一原発の原子炉への放水活動も、結果的には霧吹き程度のパフォーマンスで終わってしまった。原子力事故、核爆発危機、放射能拡散の事態に、自衛隊は何の力も発揮できないことが全国民の目に明らかになった。震災救助活動にしても、警察や消防、そして民間ボランティア以上の、とりわけ目覚ましい活躍を行ったわけでもなかった（後述するが、その自己宣伝や自画自賛のプロパガンダは目覚《めざ》ましいものだったが）。

治安出動にも、災害出動にも、本来の実力を発揮できない自衛隊は、何のためにあるのか？　こうした疑問が、自衛隊の全費用を税金として負担している国民から沸き上がってくるのは必定である。それに対する答えは、「我が国の平和と安全」を脅かす外敵の侵略や侵攻、侵入に対する抑止的なパワーの誇示だろう。つまり、「抑止力」としての武力、戦力の保持と攻撃能力の周知とが、外敵のそうした侵略や攻撃の欲望を封殺するという考え方だ。つまり、敵に攻撃の隙を見せず、攻撃に対しては十二分以上に敵にダメージを与えることのできる報復能力を持っていることを常に誇示していることが必要なのだ。

しかし、そうした抑止力という思想で、本当に「我が国の平和と安全」を保証することができるだろうか。そういう「抑止力」を主題とした、一人の自衛隊員を主人公とする、〈自衛隊小説〉を見てみよう。

## 「戦争をしないための軍隊」

山崎豊子（1924～2013）の『約束の海』（二〇一四年、新潮社）は、作者の死去により未完となった長篇小説だが、海上自衛隊の潜水艦乗りを主人公とした、〈自衛隊小説〉である。刊行されたのは、主人公の花巻朔太郎が乗船していた潜水艦「くにしお」が、東京湾内において、釣り船と衝突し、沈没させてしまったという、現実に起こった海難事故（潜水艦なだしお事件）をモデルとして設定した第一部（「潜水艦くにしお編」）だけであって、少なくとも第三部以降まで構想されていたこの作品が、第一部以降、どのように展開されるかは、残されたシノプシスでうかがってみるしかない。

それによると、この長篇小説の本当の主人公は、花巻朔太郎というより、その父親である旧海軍少尉・花巻和成であり、彼は特殊潜航艇で真珠湾攻撃を行った、いわゆる「九軍神」のいわば番外の突撃攻撃の担い手であり、艇の故障によって攻撃目標を果たせず、日米戦争の「捕虜第一号」となった人物だったのだ。

日本の海軍軍人として「捕虜第一号」という汚名を被った父親は、捕虜生活をどのように送り、そして戦後の日本においてどのように身を処したか。そのような父親を来歴を知ることによって、釣り船との衝突事故を起こし、民間人を多数死なせた潜水艦に乗務していた仕官として、自衛隊員であることに深甚な疑問を抱いた朔太郎が、どのように立ち直り、自衛官としての使命を自覚し、その誇りを取り戻すことができたのかが、この大長篇を貫く大きなテーマとなるはずのようだった。

もちろん、書かれなかった小説の展開を憶測してその作品を語ることは、死児の年齢を数えることにも等しい、無意味で、空虚なことかもしれない。しかし、こうした予測されるストーリー展開や、すでに発表されている第一部だけからも、これが自衛隊の存在を、いかに肯定的にとらえるかを模索した作品であると考えることは諾われるべきであると思う。山崎豊子は、この小説を『週刊新潮』に連載するにあたり、「執筆にあたって」という文章を書いているが、そこにこう書いている。

テーマが〝戦争と平和〟で、なお現在の日本にも通じるものとなると……、はたと行き詰まり、長い間、悩み続けました。そんな時、真珠湾攻撃で、捕虜になった彼が乗っていた特殊潜航艇について、いつものように話をして下さっていた専門家が、ふと、余談ですが……と、現在の日本周辺海域を巡る状況について語られました。今でこそ、日本の周辺海域に関する報道は、しばしばなされていますが、僅か二年前は、誰もが知る状況ではなかったのです。その現在の日本の海に関するお話を聞いていて、私が探しているテーマはこれで成立する、と、心の底にどんと響くものがありました。

この「心の底にどんと響く」テーマが、「戦争をしないための軍隊」ということであることは、これに続く文章で明かだろう、「戦争は絶対に反対ですが、だからといって、守るだけの力も持ってはいけない、という考えには同調できません」として、「いろいろ勉強していくうちに、『戦争をしないための軍隊』、という存在を追究してみたくなりました」と書いている。

もちろん、この「戦争をしないための軍隊」というのは、『約束の海』の未完の部分を含めての全体のテーマであり、残された第一部「潜水艦くにしお編」だけで十全に明らかにされているものではない。

海難事故のあと、花巻朔太郎二尉は、先輩の原田正一尉にこんな鬱屈した感情をぶつけている。

「われわれ潜水艦乗りにしても長い間、海に潜って、警戒監視活動をすることで国防に貢献している、とは云え、そんなことなど国民は知っちゃいない」。さらに彼は続ける。

「要は日本は戦争をしないと憲法に謳っている――、戦争もしないのに、自衛隊員は二十数万人とか、装備は最先端の技術を搭載とか云っている、一体、何のためですか……、張り子の虎みたいな自衛隊に留まること自体、虚しくなって来ました」。

「戦争をする自衛隊なら、存在意義があると思っているのか」と、原田。

「そうは云っていません。ただ、国防の仕事に就いている人たちは、どこの国でも、国民に敬愛されこそすれ、こんなに嫌悪されているのは日本だけでしょう」と、花巻は憤懣をぶつけるのである。

こうした議論から、「戦争をしないための軍隊」という結論が導き出されるためには、あと数冊の続巻が必要だと思われるが、こうしたテーマの基本的な構造ははっきりしている。海上自衛隊の潜水艦が、日本の周辺海域を周到に警戒、警備することによって、侵入、侵略を目論む外国艦、外国艇の潜入を〝抑止〟している。航空自衛隊の戦闘機が、外国機の領空侵入を、スクランブル発進によって、抑制、警戒、排除しているのと同じ論理である。つまり、自衛隊の「二十数万人」の兵力と、「最先端の技術」による装備は、「外国」による攻撃、侵略、侵犯を予め防止するための「抑止力」として働いているのであり、基本的にはそれが「戦争をしないための軍隊」という、〝自衛隊の現状〟を肯定する論理にすり替わっているると、私には思われる。

もちろん、小説の展開によっては、単なる抑止力としての「軍隊」としての自衛隊ではない、もっと説得性のある論理が示されるのかもしれなかったのだが、それは作者の死とともに烏有《うゆう》に帰した。私たちが、『約束の海』から読み取れるものは、狭く、息苦しい潜水艦の中で、花巻二尉のような若い自衛官たちが、苦難に満ちた哨戒活動を続けているからこそ、日本の海は守られているという、自衛隊の宣伝（広報）ポスターのキャッチフレーズのような論理でしかない。

## 原子力潜水艦の誘惑

こうした結論は、山崎豊子の『約束の海』を、不当に低く評価するための中傷となるだろうか。未完の小説にあれこれと難癖をつけているようにも思われるかもしれない。しかし、「戦争をしないための軍隊」という理想を実現するためには、きわめて厳密な条件が必要であると思う。

現在の日本の自衛隊は、〝戦争をしないための軍隊〟ではなく、〝戦争のできない軍隊〟であるということは、これまで重ね重ね論述してきたとおりだ。それを〝戦争のできる軍隊〟にしようとする底意を持ったものが、保守派、右翼の改憲論者たちであり、再軍備を主張し、自衛隊の国軍化を意図する者たちの主張の本質にほかならない。つまり、〝戦争のできる軍隊〟として自衛隊を改変したい（それはもはや自衛隊ではなく、ネオ日本軍だ）勢力にとって、〝戦争の放棄〟を謳った日本国憲法第九条（第一項）が最大の足枷であり、彼らにとって、これを破壊しなければ〝戦争のできる軍隊〟を日本に出現させることは不可能であり、最大の仮想敵である。もちろん、この〝戦争の放棄〟の理念を支えているのが、九条第二項の戦力と交戦権の不所持の項目である。だが、陸海空軍の戦力の不所持という内実が、陸海空の自衛隊の存在によって空文化されていることは、誰しも認めざるをえないことだ。

空文化した条文を現実に合わせて改正するか、条文に現実を合わせるかの二者択一において、巨大化し、その存在感を増しているどころか、日本という国の不可欠の組織となっているような自衛隊を、空文に合わせて解体・解散し、完璧に〝消滅〟させることはきわめて困難であり、むしろ、まったく現実的ではない（自衛隊の存続を図ってのクーデターの可能性すら否定できない）。とすると、自民党の発表している改正憲法案のように、憲法に「自衛権」を書き込み（この場合、個別的自衛権と集団的自衛権の問題が生じる）、自衛隊を合憲化することしか方法はないように思える。

しかし、合憲化され、その存在を正当化された自衛隊が、未来永劫にそのまま自衛隊として留まっていると考えることは困難だ。〝戦争のできる軍隊〟の創出を目指す勢力は、自己拡張、自己拡大を始める軍隊としての自衛隊の〝自己増殖〟をむろん歓迎するだろうし、それに反対する側は、正嫡性を獲得した自衛隊に対して、有効な制約や制限を科すことは難しいからだ。

さらに、「戦争をしないための軍隊」という理念は、軍備、装備の無限大の拡大を推し進める危険性を内在している。外国軍の侵入、侵略、侵犯に対する抑止力を持つということは、潜水艦にしろ、ステルス戦闘機にしろ、高性能のレーダー装置にしろ、まさに最先端の装備を持ち続けることによってはじめて達成できるものであり、ミサイル攻撃に対してはミサイル迎撃機やイージス艦などによる、日本列島をすっぽりと覆うようなミサイル防空圏の設定を前提としなければならないものなのだ。

つまり、〝転ばぬ先の杖〟としての「抑止力」は、個別の攻撃や侵略に対する自衛力よりも、もっと強力な軍事力、軍備を前提しなければならない。常に外敵に対して抑止力を保持するということは、新しい攻撃兵器の開発、進歩は、それに対する迎撃兵器や防撃装備の革新を促すものなのであり、針ネズミの針のように、日本全土（周辺海域を含めて）を巨大な防衛上の装置で覆いつくすということなのだ。

『約束の海』の第一部は、花巻二尉に、アメリカ太平洋艦隊の新鋭原子力潜水艦への乗艦のための派遣命令が下されるというところで終わっている。仮想敵国（以前ならソ連、現在ならロシア、中国、北朝鮮）の潜水艦の日本の周辺海域への侵入、侵犯を許さないという抑止力を持つならば、相手国の潜水艦よりも、より高度な性能、技術、装備の潜水艦が必要とされることはいうまでもない。原子力潜水艦が主力の兵器としての潜水艦の世界において、日本の海上自衛隊が、ディーゼル・エンジンを推進力とする通常動力の潜水艦しか保持していないということは、相撲を取る以前に、最初から土俵を割っているのと同様だ。

『約束の海』第一部以降には、日本の自衛隊が原子力潜水艦を持つということに関して、肯定的な言説が提出されるのではなかったのか、という私の疑念は、かなりの程度確信性を持つと思う(原子力潜水艦が、日本が核兵器を持たないとする国是に触れる、核兵器に当たるかどうかという論議が展開されることだろう——動力源を原子力とするだけで、原子力潜水艦(あるいは原子力船)は、核兵器に非ず、という〝解釈〟が採られる可能性は十分にある——原子力船むつが製造されたという過去の事例もある)。

戦争や攻撃のための「抑止力」は、相手側より優れているか、より上回るかの軍備を持つことが必要とされる。それは、論理的には、日本の「戦争をしないための軍隊」である自衛隊が、自前の原子力潜水艦を持ち、核兵器を装備するところまでエスカレーションするところまで止むことがない。虚勢を張るカエルが、自分の体を大きく見せるために腹を膨らませ、そのあげく、ぱちんと腹が破裂してしまったように、それはとめどなく、膨張し続けることが必定とされる(軍需費によって国家経済が破綻するまで)。

そもそも、自衛隊が潜水艦による海中偵察を行っているのは、冷戦時代に、ソ連の潜水艦の動きを補足するためであったと考えられる。そしてその主要目的は日本に対する攻撃を抑止するというより、アメリカの対ソ戦略上の必要性から来るものだった。ソ連の原子力潜水艦は、自国の基地から太平洋へ出るためには、対馬海峡、津軽海峡を通らなければならない。日本がその狭い海峡をわざわざ十キロの幅で公海としているのは、ソ連の潜水艦を潜水したまま通過させるためであり、そのことによってソ連の潜水艦の情報を収集するためだ。そして、それは米軍に提供される。

核ミサイルを搭載したソ連の原子力潜水艦と、日本の潜水艦とでは戦闘能力が段違いに違うし、そもそも日本の潜水艦には攻撃能力はほとんどない(能力があっても、憲法に縛られ、相手の攻撃を受けてからでしか反撃はできないのだから、戦闘となれば必敗である)。

防衛庁の元キャリアの太田述正は、その著書『実名告発防衛省』(二〇〇八年十月、金曜日)のなかの「旧ソ連の軍事的脅威など存在しなかった!」という章で、冷戦時代にはアメリカ軍は「西側が軍事的に劣勢な中東や西欧に旧ソ連が攻撃してきた場合、これらの地域では遅滞作戦で時間を稼ぎつつ、軍事的に優勢な極東で反攻する、という、いわゆる水平エスカレーション戦略」を採用していたが、自衛隊の役割としては「ソ連の攻撃型潜水艦を撃破し、米軍の日本列島への海上兵站線を守」り、「米海軍と連携してソ連の戦略核搭載潜水艦を撃破し、極東海域の第二撃戦略核戦力を壊滅させる」ことを期待していたという。つまり、日本の海上自衛隊は、日本(の領海、領土、国民)を防衛するのではなく、あくまでも日本にある米軍を防衛し、その先兵として戦うことを〝期待〟されていたのである(有事の場合、在日米軍が自衛隊を含めて指揮を執ることが、日米防衛指針(いわゆる日米ガイドライン)で〝密約〟されているし、在日米軍基地を守ることは自衛隊の役割であると「地位協定」によって決められている)。

現在は、ソ連ではなく、ロシア、中国の潜水艦に対する警戒監視活動ということになるだろうが、ソ連時代と同じく、彼らの目的は日本領海の海峡を潜って太平洋へ出て、アメリカの出方を窺うことであり、日本への侵略、侵入を目的としているとは考えられない(考えられるのは北朝鮮だけだが、潜水艦の能力はきわめて低い――韓国近海で座礁した事件があった)。

つまり、日本の潜水艦(や対潜防衛体制)はアメリカのために、ロシア、中国の原潜を監視することであって、山崎豊子がいうような、日本に対する攻撃を〝抑止〟するためではありえない。海上自衛隊の潜水艦部隊やP3C対潜哨戒機を百機も保持するなど、対潜水艦の哨戒能力が高いということは、米海軍の要請によってそうした方面に特化した兵器、戦術を保持しているからであり（空母や原潜を持たない日本の「海軍力」は、総じて決して強くない）、日本の潜水艦部隊は米海軍の要請に見合った役割、任務を果たしているにしかすぎない――だから、現実的に日本のちっぽけな漁船などを見張っている暇（も意志も）などないのであり、なだしお と遊漁船の第一富士丸との衝突事故は、そうした日本の潜水艦部隊が持つ必然性（日本の国民を守ることが第一義ではない）から出来《しゅったい》するものだったのである。

## 「抑止力」としての軍備

「戦争をしないための軍隊」を追究しようという山崎豊子の『約束の海』という〈自衛隊小説〉は、結局のところ、現状の自衛隊を追認する以上の視点を持ちえないと思われる。それは誰しもが戦争を嫌っている、自衛隊は国と国民を守るために存在している、という〝俗情〟や〝建て前〟から一歩も離れていないからだ。

私たちは、ここで「戦争をしないための軍隊」という考えをきっぱりと棄てるべきだろう。それは「軍隊」というものの本質に悖《もと》っているだけでなく、軍備・装備を際限なく拡張させるということにつながり、軍需産業を喜ばせるだけでなく、ますます「戦争」の可能性を手許に引き寄せる結果となるからだ。「戦争をしないための軍隊」がもたらす軍備拡張の皮肉ないたちごっこ。軍事軍需産業、兵器産業にとって、「抑止力」というのは、際限なく、兵器や軍備を拡張、拡散させる打ち出の小槌を手に入れたようなものなのだ。核ミサイルに対しての迎撃ミサイル。さらにその迎撃ミサイル網を破る高度なミサイル。盾と矛の永遠に繰り返す矛盾の循環は、軍需産業、兵器産業の〝死の商人〟を喜ばせるだけのものであって、現実的な平和戦略や安全保障の考え方とは無縁のものである。

戦争をするために軍需産業があるのか、軍需産業があるから戦争が起こるか。私たちの世界は、そうした疑問に簡単に答えられないような複雑なものとなっている。社会主義、共産主義の理想が崩壊し、資本主義、自由主義がわが世の春を謳歌する。だが、それは産業、経済の拡大的発展のために、あらゆる物資（とエネルギー）が、消費と消耗と消尽にさらされる世界なのだ。戦争もその例外ではない。いや、戦争こそ、最大の消費活動であり、物資とエネルギーを消尽させ、その再生産、拡大再生産へと駆り立てる。そして、それ以外には、高度な資本主義を前に進める、前輪駆動の装置は見当たらない。

「抑止力」の最大のものと考えられるのは核兵器である。「戦争をしないための軍隊」という考え方は、最終的に核兵器の保有論に帰結する。相手に核兵器攻撃を思い止めさせるのは、それを上回る核兵器の存在であり、攻撃能力である。つまり、核兵器を使わないための核兵器だ。

しかし、〝使わない〟ことを標榜する兵器や戦力の存在価値はない。いざという時（有事）には、ためらわずに〝使う〟のが戦力なのである。戦争をしないための戦争。戦争をしないための軍隊。それらはいずれも、矛盾語法であり、トートロジーであり、誤った循環論法である。

国家対国家という「古典的な戦争」は、ほとんど不可能といってよいほどにグローバリズム化現象は世界を蔽っている。ましてや「冷戦」のように世界が二つの巨大な陣営に分かれ、地球の破滅するような〝世界戦争〟を繰り広げるといったことは、すでに過ぎ去った歴史的事件でしかないと思われる。イスラム世界対キリスト教世界といった〝文明の衝突〟を言挙げする言説もあるが、これも圧倒的な経済力、軍事力の非対称的な世界情勢のなかにあって、地域的で、間歇的な、テロのような限定的である武力衝突、軍事衝突にしかならない。アフガニスタン戦争、イラク戦争、ソマリアやチェチェン、ウクライナの戦闘にしても、それはゲリラ的な戦闘部隊に対し、多国籍軍や同盟軍といった、その規模や勢力において圧倒的な軍事的優位性を持つ機械化され、情報化された正規軍が、一方的に勝利することは目に見えている(もちろん、これは全面的で、正面衝突としての古典的な戦闘の場合であって、ゲリラ戦、テロ攻撃がそうした圧倒的な彼我の正面衝突を回避して行われるのは、理の当然である)。

アメリカ軍と北朝鮮軍の全面戦争があるとすれば、核爆弾においても、かたや米軍の数万発の所有に対して、数十発(数百発はないだろう)しか持たない(しかも、その性能は月とスッポンだ)北朝鮮軍側の戦力は、比べものにもならない。だから、現在の国際社会でもっとも好戦的で危険な国として見られている北朝鮮としても、正式な宣戦布告による戦争を他の国に仕掛けてくるということは考えられない。

あるとすれば、それはゲリラ戦、奇襲戦、テロ攻撃以外ではありえない。全面戦、長期戦になれば勝ち目のない北朝鮮が、アメリカはもとより、韓国、日本にも全面戦争を仕掛けてくることなどありえない。それは北朝鮮の自殺行為だからである。だが、奇襲、テロ、ゲリラ戦はもとよりこの範囲内ではない。韓国の大統領公邸である青瓦台《チョンファデ》へのゲリラによるテロ襲撃、延坪島《ヨンピョンド》への奇襲砲撃、韓国海軍のコルベット艦・天安《チョナン》への偽装的な魚雷攻撃(これには異論もある)など、北朝鮮は全面戦争以外のあらゆるオプションを使って、他国攻撃を行ってきた。

こうした相手に対して、山崎豊子が考えていたような「戦争をしないための軍隊」という自衛隊のあり方が、こうした攻撃防止(抑止)として有効だろうか。彼我の軍事勢力がもともと非対称的であり、その格差が大きいからといって、攻撃(戦闘)を断念するというより、だからこそ、ゲリラ戦、テロ攻撃こそが唯一、可能なものであるとして、それを国家対国家との戦争に変わりうるものとして、備えておかなければならない（だから、自衛隊の現在の主要の防衛体制は、ゲリラ・コマンドゥ＝ゲリコ、すなわちゲリラ攻撃に対する防御態勢にシフトしているといわれる）。

そうした場合、もし、日本がミサイル防御のための防空圏を全面的に日本に配備したら、私が北朝鮮の軍事指導者としたら、長距離ミサイルを、日本列島を飛び越えて太平洋へ向け打ち込む誘惑に駆られずにはいられないだろう。万一、撃ち落とされれば日本のミサイル防備の能力の高さを知ることができるし、撃ち落とされなければ、日本の迎撃能力の低さを証明したこととなり、いずれにしても、対日本に対する戦闘にそなえての、きわめて有利で有益な情報であるからだ。軍備の増強、潜在戦力の増大につながる「戦争をしないための軍隊」という考え方には、こうした欠陥があることは明らかだ。山崎豊子には、こうした点をもっと深く考え、『約束の海』を完結させてほしかったと悔やまれるばかりである。

## 自衛隊広報部隊

だが、こうした自衛隊の大きな変容、変貌や変化に対して、〈自衛隊小説〉は、まったくその現実の変化に追いついていない。というより、そうした自衛隊の変化を隠蔽するかのような〈自衛隊小説〉が書かれていると思われる。海外派兵や集団的自衛権の容認など、自衛隊員の生死にも関わるような問題が、自衛隊─防衛省とほとんど関係のないところで議論されているのに、自衛隊、とりわけ自衛隊の広報〝部隊〟は、脳天気とも思われるような平穏で、平和な自衛隊のストーリーを量産しようとしているようだ。

『塩の街』『空の中』『海の底』という、陸上、航空、海上のそれぞれの自衛隊をテーマに〈自衛隊小説〉三部作を完結させた有川浩は、二〇一二年に『空飛ぶ広報室』（幻冬舎）という〈自衛隊小説〉の新作を発表した。防衛省の市ヶ谷本部にある航空自衛隊幕僚監部広報室を舞台とした作品である。自衛隊といっても、広報室を主要な舞台とするこの作品が、それまで自衛隊の本来の仕事である、外敵や侵略者、侵害物に対しての〝戦い〟を挑むSF的エイリアン小説とはずいぶん異なった感触の作品だ。

交通事故によって、ブルーインパルスのパイロットになりたいという夢を絶ち切られた空井二尉は、広報室という新しい職場で働くことになる。戦闘機パイロットから広報室員への転身は、彼に大きな転機をもたらすことになる。一癖も二癖もありそうな室長以下、先輩の広報室員たち。出入りするテレビ局のディレクターやマスコミ関係者。それまでの自衛隊生活では出会ったことのなかった人物たちと彼は、職場で、あるいは私生活上でつきあわなければならなくなったのである。

広報室という部署だから、自衛官という国家公務員であるという身分を別にすれば、広告代理店や広告プロダクションといった、いわゆるアドマン（Adobertising man）たちとさほど違ったことをするわけではない。テレビ局や新聞社への広告企画の持ち込みやCM映像の製作など、広告業界の新入社員の職場小説、ビジネス小説として読んでも、それほど違和感がない。ただし、彼らが宣伝し、広告するのは、一般的な商品やサービス・金融商品ではなく、自衛隊という〝特殊な商品〟であるということだ。自衛隊を宣伝し、それを認知させ、日本の社会に必要不可欠なものとして存在を認識してもらい、慢性的に定数に満たない隊員を新規に募集すること。これが自衛隊広報室の役割であり、また、常に社会の自衛隊関連の報道に目を光らせ、評判や評価、風評や噂にも気を使い、自衛隊の存在を社会にアッピールすることが、彼らに課せられた任務である。

もちろん、世間の目は自衛隊という存在に対して、そんなに好意的ではない、ということは、広報室員が持っていなければならない職務の前提である。「だって戦闘機って人殺しのための機械でしょう?」と、〝自衛隊嫌い〟らしいマスコミ人の言葉は、空井二尉を逆上させる。「人殺しのための機械でしょう?——人殺しの機械に乗りたい人なんでしょう?」と、世間一般の人は、戦闘機《ファイター》パイロットのことを、そう思っているのだ。初対面の時に、こんな質問を発した、テレビ局ディレクターの稲葉リカは、空井二尉や広報室の面々とつきあうことによって、そうした〝自衛隊嫌い〟の感情を払拭させてゆくのだが、実は、この小説を読んでも、自衛隊という組織、存在に対する本質的な疑問といえる、こうした問いの答えは、最終的に提出されてはいない。

曲芸飛行で有名なブルーインパルスに憧れて、ファイター・パイロットになろうとした空井。小学校四年の時に病死した父親——航空自衛官で、C–1輸送機のパイロットだった——の乗っていた飛行機を整備するために航空自衛隊に入った藤川秋恵士長。しかし、これは個人の自衛隊入隊の志望動機を語るものであっても、自衛隊という組織、〝軍隊〟の社会における存在意義や組織の正当性を保証するものではありえない。

人はなぜ自衛官となり、自衛隊はいったい何のためにあるのか? 自衛隊の広報活動をテーマとしたこの小説において、こうした本質的な問題は、問われてもいなければ、むろん、その解答が示されるわけでもない。彼らは、ただ自衛隊という商品の広告・宣伝に血道をあげる。しかし、その商品がいったい何の役に立ち、どんな価値を持っているかには触れようともしない。彼らは自衛隊のイメージを明るいもの、肯定的なもの、積極的なものとして、日本国民に浸透させるための戦略を練っているのであり、そのマイナス・イメージを打ち消すために宣伝、宣撫の部隊として、プロパガンダ活動を行っている。

## 「守りたい、この〝空軍〟を」

作中に、空井二尉たちの作った自衛隊PRのCM映像を批判する言葉がある。自衛隊嫌いのコラムニストが書いた新聞のコラムである。前出の藤川秋恵士長をクローズアップしたCMを「亡父と同じ進路を選んで自衛隊に入隊した女性が主人公である。まるで美談であるかのように女性の入隊の経緯が紹介されており、戦争賛美としか思われない内容だ」というのだ。

航空自衛隊の輸送機のパイロットだった父の跡を襲い、自衛官となった娘という物語が、即、戦争賛美につながるというのは、少々無理なこじつけとも思われるが、ただ病死した父親の仕事を引き継ぐというだけでは、単に美談で終わってしまうというのはその通りで、自衛官という〝仕事の中味〟を故意に視野からはずしたものといわざるをえない。

最後に「守りたい、この空を。――航空自衛隊」というテロップが流れるというのだから、このCMが「国防」をテーマとしたものであり、父親の後を継いで〝防人《さきもり》〟となるけなげな日本女子（国防女子！）、という語られぬ物語が背後にあることは明白だ。この父子継承の国防意識の涵養、国防精神の称揚という、プロパガンダの〝意図〟を見抜くことは簡単だ。こうした自衛隊による一方的な自らの側に一方的に有利な意見広告、政治宣伝が、国民（自衛隊に反対の立場の人もいる）の税金によって賄われていることの問題（批判的意識）を、まったく視野の外に置いていることは、有川浩のこの小説自体が、自衛隊のプロパガンダを買って出ているものとしか思えない。

『空飛ぶ広報室』の「あとがき」で、有川浩は、この小説は、本当は二〇一一年の夏に出るはずだったと書いている。それを一年ほど遅らせたのは、二〇一一年三月十一日の東日本大震災による航空自衛隊松島基地の被災について触れずにはいられなかったからだという。航空自衛隊のいわば宣伝飛行隊であるブルーインパルスの母基地が松島基地であり、そこを襲った未曾有の大津波によって基地は水没し、多くの飛行機が水に流され、破壊されたという被災があり、そのことを触れずに、『空飛ぶ広報室』という小説を完結させることはできなかったという。

しかし、単行本化に当たって書き加えられた最終章「あの日の松島」を読むと、地震、津波に無防備で、貴重で高価な国有財産のF−2戦闘機十八機、T−4練習機四機、U−25A救難捜索機二機、UH60J救難ヘリ四機の二十八機を、全滅させてしまったことについての自衛隊側の弁護、あるいは擁護の文章にしかなっていないと思われる。津波の到達まで一時間ほどの時間的余裕があったのに、一機すら飛び立たせて救うことのできなかった自衛隊松島基地の司令官の対応の不手際を批判する声が、自衛隊OBやジャーナリズムの世界であがった。有川浩のこの文章は、未曾有の混乱のなかで、それが不可能だったという自衛隊側の弁明を代弁しているだけで、そもそも有事や非常時における不測のどんな想定外の事態においても対処しなければならないという〝軍隊〟の絶対的で、きわめてシビアな存立基盤を忘れているといわざるをえない。

当時の松島基地司令の杉山政樹空将補は、後のインタビューで「津波が押し寄せてきた時、航空機の退避はできなかったのかということは、航空自衛隊OBを含む多くの方々から尋ねられましたが、私の判断は揺らぐものではありませんでした」と断言し、「あの時は、GOかNOかのどちらかしかなく、今までの実際に行った訓練で、地上の航空機を離陸させるにはすべての機能が正常であったとしても四〇分以上かかることが分かっていました」「二〇〜三〇分後に津波が到達すると予測されると、この『離陸のオプション』は実行できないと何の躊躇もなく判断できました。事前に準備ができていても、それは不可能であったと考えられます。もし離陸させる判断をした場合、地上にあった何機かは救えるかもしれませんが、飛ばそうと努力していた隊員数十人の命が失われていたかもしれないと考えられます」と語っている（大場一石『証言　自衛隊員たちの東日本大震災』並木書房、二〇一四年）。

総額で二三〇〇億円という飛行機の損害であっても、もちろん人命と引き替えにはできないのだが、本来被災の救援に当たるべき救難捜索機や救難ヘリなどを活用させずに、「GOかNOかのどちらかしかなく」というのは、不可解だ。二〇〜三〇分後の津波の襲来が分かっていたなら（実際には一時間後）、すぐに緊急離陸できるはずの救難ヘリだけでも飛ばすことができなかったのだろうか？　退避の意味ではなく、救難準備、あるいは津波の観測という意味でも、ヘリの離陸は可能だし、必要だったのではないか？

そもそも、津波によって基地の全電力を失い、通信系が途絶したというのは「軍隊」としてきわめてお粗末な話だ。絶対に冠水しない場所に予備のバッテリーを置いておくとか、戦場の無線通信のような手段が講じられていなかったということでは、むしろそのことが驚愕的だ。司令官の「私の判断は揺らぎがない、とか、「何の躊躇もなく」とか、強気で、自信たっぷりの言辞がむしろ「揺らぎ」や「躊躇」のあったことを黙示しているように考えるのは、邪推だろうか？

これを津波ではなく、敵軍による空襲などの攻撃として考えてみよう。不意を襲われ、地上や格納庫を狙って空爆されたとすれば、地上員の被害を怖れて戦闘機や軍用ヘリなどを離陸させないという選択肢はない。なぜなら、漫然と地上の飛行機を全滅させられ、その時点では地上員の戦死を免れたとしても、抵抗、反撃の手段としての飛行機（空軍力）をまったくもぎ取られた軍隊は、いずれ全滅させられてしまうことは必定だからだ。一時の犠牲者を免れたとしても、もっと多数の犠牲者（戦死者）が出るのは明白だからだ。この場合、地上の飛行機を離陸させなかった指揮者は、暗愚か怯懦といった謗《そし》りを免れないだろう。

津波と空爆攻撃とは、もちろん同列には語れないが、もっとも被災地に近く、土地勘もあったはずの松島基地の救援ヘリ部隊を、その後の救援活動に活用できたならば、震災被災による死者をもう少し多く救うことができたのではないかという自省の余地はまったくないのだろうか（真珠湾攻撃において、地上にあった米軍機が離陸して全滅を免れたことが、その後の日米戦争の展開に大きな意味を持ったということもある）。

航空自衛隊の創設期に、自衛隊調達実施本部から航空自衛隊の装備部に転属した「平田靖夫」は、ノンフィクション的な文章（『自衛隊これでいいのか　日本没落のシナリオ』二〇〇三年、元就出版社）のなかに、こんなことを書いている。

> 航空機は武装して上空にあれば極めて強力な武器であるが、地上にある時はきわめて壊れ易い金属の一塊に過ぎない。日本は専守防衛を採用しているので、こちらから先制の奇襲攻撃をかけることは

できない。しかし奇襲は古来からの戦の常道だから、こんな状態で敵に先制の奇襲攻撃を受ければ、日本の航空戦力は一時にして壊滅するのは必定なので、地下格納が必要である。しかし、このような配慮は航空自衛隊ではまったく取られていない。

平田は在職中はこのことを常に叫び続けてきたが、ついに在職中にはまったくその意見は採用されず、予算は常に新機種の導入に宛てられてきた。

つまり、航空自衛隊の航空機は、まさにブルーインパルスのように、展示用、宣伝用としてあるのであり、実戦的なことなど少しも考えていなかったのだ。掩蔽壕も地下格納庫についてもまったくそうした発想がなかったということはあるまいが、おそらく予算の都合で、そんな提案は無視され続けてきたのだ（新機種の導入らは、政治家や防衛官僚、輸入商社による莫大な利益供与が考えられるが、格納庫建設などにはそんな旨みはない）。軍事アナリストと称する後藤一信は『自衛隊裏物語』（バジリコ）のなかで、ある外国人武官が航空自衛隊の基地を見学して、「これほど見事に隠蔽された掩蔽壕は見たことがない。次は是非、掩蔽壕の中を見学させて頂きたい」と言ったので、案内役の自衛隊幹部は苦し紛れに「軍事機密です」と答えたというエピソードを紹介している。掩蔽壕のない飛行機基地など、外国では常識外なのである。

津波も、先制の奇襲攻撃も想定外のことであり、まったく何の対策も立てられていなかった。松島基地では、津波の前に一部の飛行機を格納庫に入れたが、扉が地震で歪み、閉まらなかったという。耐震性も、耐水性もなかった。それで、あたら何千億円の虎の子の飛行機を、無防備のままに露天に晒し、ブリキのおもちゃのように津波によって壊されてしまったのであり、それは航空自衛隊の創設期からの宿痾の病根だった（そもそも松島基地は、作られた時から、滑走路の位置が変則的な欠陥飛行場だという意見があった――反対闘争に〝対処〟するため、成田空港が欠陥空港となってしまったことと同様だ）。

少なくとも『空飛ぶ広報室』の航空自衛隊松島基地広報室の比嘉一曹は、松島基地の対応を弁護、弁明することに終始してはならないのであり、判断・対応の妥当性や反省点をむしろ公開すべきであり、自衛隊シンパの作家のフィクションの中で、自らの行動の正当性を主張していると思わせる点は、かえって自衛隊への信頼性を失わせるだろう。

三・一一以降に出た〈自衛隊本〉は、内部の人間（自衛隊OBやシンパ的な著作家）か、外部の人間が書いたかを問わず、自衛隊の震災対応について〝自画自賛〟や苦労話、自慢話に満ちていて、将来に向けての率直な反省や、失敗への考察を欠いたものが多すぎるのだ。

松島基地の〝失態〟は、単に想定外の地震、大津波による被害ということだけではなく、日本の自衛隊が抱え込んでいた積年の不備や欠陥や弊害が露わになったものではないのか。それは掩蔽壕も地下格納庫もないまま、最新鋭の戦闘機やヘリコプターを露天のままに晒しておくという常識外の事態をそのまま放置しておいたことである。

予算の分捕りには血道をあげても、本当に日本の国防、防衛ということを考えることをしない、自衛隊という不完全な軍隊。毎年、莫大な防衛費が自衛隊に注ぎ込まれているのだが、税金の無駄遣いという言葉が、これほどぴったりしている実例も少ないと思われる。

## 自衛隊応援音楽隊

二〇一三年二月に刊行された福田和代の『碧空《あおぞら》のカノン』（光文社）は、副題の「航空自衛隊航空中央音楽隊ノート」に示されているように、航空自衛隊の航空中央音楽隊に所属する女性のアルトサックス奏者の鳴瀬佳音《なるせかのん》を主人公とする短篇連作の作品集である。音楽大学を出て、航空中央音楽隊に入隊した彼女は、航空自衛隊の二等空士、一階級あがって三等空曹になれなければ、継続任用されない、ぎりぎりの線にいる自衛官なのだ（最終章で無事昇進し、継続任用される）。

物語は、音楽隊の女子用隊舎、男子用の内務班（宿舎）などを部隊として、音楽家、あるいは若い男女がひき起こす演奏上の悩みや問題、恋愛、女性同士の友情や、音楽隊内部での上司と部下の関係やらで、自衛隊の音楽隊という設定を除けば、オーケストラの演奏員、音楽大学の仲間たち、バンドのミュージシャンたちの内部の話といっても別段通用するような内容ばかりである。逆にいうと、自衛隊の音楽隊の物語である必然性がきわめて乏しいのである。主人公の佳音をはじめ、同室の安西夫人や美樹や真弓クンなどの登場人物も、自衛隊音楽隊の制服を脱げば、一般的なフルート奏者、サックス奏者の音楽家とほとんど異なった点はない。演奏家を目指した音大出の音楽エリートたちのラッキーな就職先こそ、自衛隊の音楽隊である。

もちろん、自衛隊の音楽隊は、自衛隊を宣伝し、広報するために、ある。自治体やさまざまな組織から招請された演奏会を催し、儀典や儀式に参列して吹奏、演奏を行う。パレードや行列の花形となり、CDを吹き込んだり、ビデオ映像になったりする。プロのミュージシャンと同じようでありながら違っているのは、一切の演奏料を受けとらず、国民の税金から給料を貰っているところか。自衛隊のなかでも、もっとも「自衛」にも「戦闘」にも「国防」にも無縁な部隊なのである（〝自衛隊の歌姫〟なる存在も最近クローズアップされた）。

短篇の中心となるストーリー展開も、自衛隊に関するものはきわめて少ない。楽譜庫から消えた楽譜が何十年ぶりかに戻された話や、中学校の音楽クラブに演奏指導に出かけ、そこで楽器の一部が紛失する事件に巻き込まれる話。と思えば、出身の音楽大学での校舎であった不思議な窓の点滅事件。有名なカメラマンによる音楽隊撮影の裏にあった恋愛物語。別段、自衛隊音楽隊員であることがどうしても必要な物語の展開であるとは思われない。

ここには、『空飛ぶ広報室』にあったような、自衛隊の存在意義を、少しでも読者に知らしめようという目的意識は、一切ないようだ。「インビジブル・メッセージ」の章に、イラクへ行った戦場カメラマンのために、ひょっとしたらイラク派遣があるかも知れないと思って自衛隊音楽隊に入ったという、純情な入隊動機を語る女性隊員がいるだけで、それも自衛隊の海外派兵の賛否や意義、問題などとはまったく無関係な個人的動機にしかすぎない（航空自衛隊の音楽隊がイラクに派遣されることなど、どう考えても普通ではありえない。この女性自衛官は、いったい自衛隊を何だと思っていたのだろうか？）。

もう一つは、佳音と同室になった理彩が、女子禁制の男子寮である内務班の建物に侵入するという事件で、父母が離婚して、父方の祖父に会えなくなった彼女が、五十年前の航空自衛隊音楽隊の草創期に在籍していた祖父の痕跡を隊舎のなかに見出そうとした行動であることが明らかとなる事件だ。トランペット奏者だった祖父を慕い、同じ航空中央音楽隊に入隊した理彩。多くの〈自衛隊小説〉で主題となっている、祖父あるいは父の後を追って自衛官になるという物語が、ここで繰り返されている。

しかし、『亡国のイージス』や『迎撃せよ』で書かれているように、祖父や父の無念や不遇を晴らすという発想はここにはない。何しろ、理彩の祖父は健在であり、彼女の出る演奏会にも招待されて、彼女とも久しぶりだが、出会っているのであり、祖父と孫娘の感動的な物語としては、感情の盛り上がりに欠ける。一般のオーケストラでも、ジャズ・バンドでも、音楽家の血を引く主人公が、祖父母や両親の後を襲って、立派な音楽家になるというストーリーは、普遍的で、常套的だ。特に自衛隊音楽隊である必要性はまったくない。つまり、これは〈自衛隊小説〉では、〈音楽小説〉であり、祖父―孫という〈家系〉に関わる小説なのだ。

では、なぜ、こうした作品が〈自衛隊小説〉として書かれたのか。それは、実もふたもなくいってしまえば、〃要請された〃から書いたということだろう。作者の福田和代は、小説のあとがきとしての「航空自衛隊の音楽隊は、こんなところです！」という文章のなかで、「航空幕僚監部広報室の室長さんから、『音楽隊というのがあるんだけど、小説のネタになりませんか？』とお誘いをいただいたのが、二〇一〇年頃のこと」と種明かしをしている。年代からしても、有川浩の『空飛ぶ航空室』に登場する、やり手の広報室長と重なる人物であると思われるが、航空自衛隊の広報室と音楽隊を舞台とした二つの〈自衛隊小説〉（『空飛ぶ広報室』と『碧空のカノン』）は、執筆動機からして、最初から自衛隊を〃広報〃するために、お膳立てされたプロパガンダ用の小説作品だったのである。

私はここで二つの作品が、航空自衛隊広報室から〃要請〃され、ネタを提供してもらい、取材に対してきわめて懇切に応対してもらって書き上げた作品であるということの是非を、論《あげつら》っているわけではない。ただ、二十一世紀以降、その存在、本質的なあり方を急激に変貌させてきた自衛隊を、広報室や音楽隊という周縁的な部分だけしか切り取って描いていない〈自衛隊小説〉について、あえて自衛隊が変わってきたことを、故意に隠蔽し、視野から逸らそうとしているように思えるのだ。災害救援のプロパガンダや、音楽隊の演奏による復興シーンの宣伝によって、自衛隊が現在、抱えているもっとも重大な問題、海外派兵と、集団的自衛権なるものによる戦争への積極的参加ということだ。

これまで〝不在の騎士〟であり続けてきた自衛隊が、身体を持った本物の〝騎士（兵士）〟であろうとしている。こんな大きな変容をむしろ見せまいとして、もっとも「戦争」から遠い部隊である広報室や音楽隊が選ばれて、〈自衛隊小説〉としてプロパガンダされているということではないのか。自衛隊広報室のプロパガンダの目的はここにあるのではないか。すなわち、自衛隊は変わっていないのであり、国を守るという「国防」こそもっとも重要な任務であり、それは少しも変わっていないのだと、国民に思い込ませること。それが彼らのアドマンとして、〝自衛隊という商品〟の顧客層に訴えるべきことだったのである。

## 三・一一以降

『空飛ぶ広報室』や『碧空のカノン』は、三・一一以降、自衛隊の存在を肯定的にとらえる人々が世論調査で八、九割を占めるようになったという、かつての〝継子扱い〟から、百八十度転回した現在における〈自衛隊小説〉であり（初代の内閣安全保障室長だった佐々淳行は、それを「自衛隊は嫡出子となった」と表現している）、自衛隊の宣伝小説、プロパガンダ作品にほかならない。問題は、この作品と作者とが

〝そんなこと〟をまったく意識していないことだ。

自衛隊に対する国民の考え方、感じ方が大きく変わったと思われる契機として、国際的にはアメリカの九・一一の同時多発テロがあり、国内的には、阪神淡路大震災の体験があったと考えられる。九・一一は、自衛隊の海外派遣に道を開いた出来事であったし、阪神大震災の際の自衛隊の救助活動の〝遅れ〟が、逆に自衛隊の存在感を国民の意識のなかに植え付けたのであり、自衛隊に対する否定的な感情は払拭され、自衛隊の活動に対する理解が深まり、肯定的な受け止め方が急速に広がったといえる。そう考える時、阪神淡路大震災の時に、社会党の村山富市首相や、兵庫県や神戸市などの首長による自衛隊の災害出動への要請の〝遅れ〟は、逆に、その後の自衛隊にとっては有利に働いたといってよかった。なぜなら、革新的首長などにあった自衛隊への救援要請をなるべく忌避しようといった反自衛隊的な態度には、国民や市民から厳しい批判的な眼が向けられるようになったからだ。それが明白に自衛隊への期待、信頼、依存として現れたのが、二〇一一年の三・一一の東日本大震災においてにほかならなかった。

民主党政権の菅直人内閣はすばやく自衛隊員十万人の出動を決めたし、初めての予備自衛官の招集も行った。福島第一原発の事故現場にも、自衛隊を出動させ、ヘリコプターによる放水作業も実施した。震災による行方不明者の捜索や、遺体の回収、瓦礫の撤去、道路の修復、そして避難民に対する救護、支援活動も行った。それは阪神淡路大震災の際の初動の活動の遅れというトラウマを跳ね返すような活躍ぶりだったといえる。

自衛隊員が、東日本大震災の際に、自らのことを顧みず、被災者たちの救援、復興、復元に当たったことを多くのメディアは称揚しているが、それはあえていえば彼らの職分であり、自衛隊の本然の任務にほかならない（本当は違うが）。国土や国富を外敵や災害から守ることは、自衛隊としての当然の義務だからだ。また、警察、消防、役所、民間ボランティア、外国人ボランティアの人々が、自衛隊と同じように、いや、自衛隊以上に使命感を持ち、なかには命を落とした役人、消防団員がいたことを無視してはならない。あえて過酷なことをいえば、自衛隊は東日本大震災を機に、自分たちの存在を誇大に〝広報〟し、〝宣伝〟にこれ務めた。そこには、松島基地の全滅の責任などは隠蔽され、原子力事故の〝有事〟において、自衛隊がまったくの対応能力を持っていないことを露呈したことなどのマイナスの面は極力伏せられた。

国対国の国家間の「戦争」の可能性がほとんど消滅し、対テロの治安出動の可能性も日本では考えられない現状において、自衛隊の担う役割はどこに残されているのか。海外への派兵、海外への出動を抜きにして、自衛隊を今の形で存続、維持、拡大させてゆく意味はない。いわば、海外への〝出稼ぎ〟である。自衛隊という組織が存続すること、その存在を〝守る〟ためにこそ、自衛隊は存在し続けるといわざるをえない。自衛隊の変容とは、一義的にそうした状況を示す言葉である。

福島原発事故において、真水の必要性を熟知している米軍から、大きなプールのような艀《はしけ》（米軍が貸してくれた）を曳くタグボート部隊（海上自衛隊）の縁の下の力持ち的な活動（いわゆる〝オペレーション・アクア〟）が称揚されているが、自衛隊にはほとんど放射能とその遮蔽や障壁に対する装備どころか知識もなく、放射能防護服の準備も、対応もまったくないといってよい程度のものでしかなかったというのは、お粗末の一語に尽きるだろう。核攻撃、核戦争の可能性をブレイン・ストーミングの段階でも想定していなかったということは、現代的な軍隊としての自衛隊の根本的な欠陥である。

しかし、さらに問題なのは、三・一一以降も、こうした核災害、核攻撃、核事故に関する何らかの対応策が、自衛隊＝防衛省の内部で検討されているということがないことだ。核兵器を〝持たない・使わない・持ち込ませない〟という非核三原則を定めている日本だから、核爆発、放射能汚染に対して、何の予防措置や対策を考えなくてもよいということにはならない。原発推進のための安全神話に、国防意識すら惑わされてしまったといわざるをえない。

こうした三・一一の際の自衛隊の活動を、リアルタイムのドキュメンタリーとして書いたのか、麻生幾の『前へ！　東日本大震災と戦った無名戦士たちの記録』（二〇一一年、新潮社）である。とりわけその第一章「福島第1原発を冷やせ！　兵士たちの知られざる戦争」は、福島第一原発の事故の現場に派遣され、高度な放射線濃度のなか、原子炉を冷却するために放水した陸上自衛隊の兵士、原子炉建屋の上にホバリングして、海水を散水したヘリコプター部隊などの兵士たちの活躍を、インタビューなどを通じて、生き生きと描き出している。

しかし、これらの自衛隊員たちの活躍も、実際の事故収束にはほとんど実効果をもたらしたとは思えない。消防隊、警察隊、そして自衛隊が次々と交替して、それぞれの放水活動を行ったのだが、安定的な効果をもたらしたものはあまりなかった。結局は、民間から借りた、キリンとかゾウとかシマウマと愛称で呼ばれたコンクリート・ポンプ車が、原子炉や燃料プールへの注水に一番役立ったというのは、すでに知られていることだ。国民注視のなかで実行された自衛隊のヘリコプターによる散水も、素人目から見ても、霧吹きの霧となって、原子炉にはほとんどかからず、風に吹き流されていったように見えた。それは実際の効果よりは、日本政府、自衛隊のパフォーマンスとしての意味のほうがはるかに大きかった。

福島第一原発の吉田昌郎所長は、自衛隊によるヘリコプターによる放水など「セミの小便みたいですね」といい、「ヘリコプターも効いていないし、自衛隊さんも申し訳ないけど、量的には効いていないし、消防庁も効いていないし、機動隊はもともと全く効いていなかったと思います」と、彼らの活動が何の役にも立たなかったと、国会の事故調査報告書で語っている。自衛隊のプロパガンダには、こうした〝事実〟に基づいた検証が全くなされていない。彼ら自身も、ヘリコプターによる放水が〝象徴〟的なものにすぎなかったこと（実効性がなかったこと）を認めている。しかし、そのことは〝自衛隊礼賛〟のなかでは、隠蔽されているとしか思えない。

そもそも、自衛隊には、核戦争にそなえた放射能防御に特化した部隊は存在しない。自衛隊の消防部隊があるが、これは自衛隊の施設やその周辺の火事に対してそなえるもので、原子力発電所の原子炉冷却のために放水するなど、訓練どころか想定したことすらなかった作業だ。

福島第一原発事故を含めた東日本大震災において、自衛隊でもっとも活躍したのが「施設部隊」、すなわち世界中の軍隊で工兵と呼ばれる兵士たちで、彼らは道路を作ったり、橋を架けたりするのが専門で、土木、建設の重機や道具を備えている。地震、津波による道路の破壊を修復し、流された橋を架け直すことが彼らの得意な分野なのだ。もう一つは、「需品科（補給）」だという。燃料や素材や食料や水や医薬品など、何でも必要なものが買い集め、補給するのが彼らの役目で、そうした物資の被災地への供給、輸送は彼らのお手の物だった。

これらは本来の自衛隊の任務である防衛（国防）とは直接的には関わらないものだ（もちろん、軍隊には絶対に必要な兵站部門なのだが）。つまり、東日本大震災という未曾有の災害について、自衛隊の本来任務を遂行するための本隊はほとんど日頃の防衛訓練の成果を活かすことはできなかったのだ。

## 自衛隊のプロパガンダ作戦

こうした自衛隊の不備や欠陥が歴然となっているのに、自衛隊への国民的評価が高まっているのは、『空飛ぶ広報室』の執筆過程で分かるように、自衛隊の広報活動が着実に成果をあげているからといえるだろう。それは長らく「非武装中立」論を掲げ、反・自衛隊の先鋒となっていた日本社会党などの〝左翼〟政党の消滅と、戦後民主主義的言論の著しい凋落などが〝敵失〟となって自衛隊側に味方したともいえるのだが、〝戦争のできる〟〝普通の国の普通の軍隊〟を目指してきた保守（右翼）政権と、自衛隊自身のたゆみのないプロパガンダの工作が実を結んだ結果ともいえる。

三・一一以降に、自衛隊による広報活動が目立っている。もっとも、これらのプロパガンダ工作は直接的ではなく、あくまでも民間人の自発的な活動という形をとっている。東日本大震災の災害救助活動に自衛隊が、その予備自衛官までも初動員して当たったことはテレビや新聞や週刊誌などを通じて大々的に報道されたが（そのクライマックスは、前述したように、自衛隊ヘリコプターによる、空中からの原子炉への注水作業だった）。

著作物としては、桜林美佐『日本に自衛隊がいてよかった　自衛隊の東日本大震災』（二〇一一年九月、産経新聞出版）、井上和彦『東日本大震災　自衛隊かく闘えり』（二〇一二年二月、双葉社）、大場一石『証言　自衛隊員たちの東日本大震災』（二〇一四年二月、並木書房）などがあり、一般的なマスコミやジャーナリズムには、幹部や隊員へのインタビューなどを拒否している自衛隊が、これらの著者のインタビューには積極的に応じていることや、著者がいずれも親・自衛隊の御用（お抱え）ライター（ジャーナリストと称している）たちであり、内容的にも〝自衛隊礼賛〟記事が満載のことから、『空飛ぶ広報室』と同様に、自衛隊広報室の積極的な関与が推測される（自衛隊お抱えの御用ライターの井上和彦は、その著書のなかで自衛隊ヘリコプターに搭乗させてもらったことを得々と書いている）。

また、自衛隊内部からの証言として、当時の海上自衛隊の横須賀地方総監の高嶋博視が「東日本大震災における海上自衛隊の活動記録」という長い副題を持つ『武人の本懐　FROM THE SEA』（二〇一四年二月、講談社）がある。船越の自衛艦隊司令部から、東日本大震災および原発事故への海上自衛隊の救援活動を指揮した彼が、日録風にメモした記録をまとめたものだが、そのなかで「戦略的広報とは」という一節があり、「今日広報は、軍事作戦において極めて重要な役割を占めている、というのが私の認識である。米軍は戦略的広報（Strategic Communcations）と称して、広報を作戦そのものと捉えている」と書いている。著者のその著書自体が「戦略的広報」の一翼を担ったものであることを、自ら語ったものということだろう。もちろん、陸上自衛隊の救援活動に比して、あまり目立つところのなかった海上自衛隊の活躍ぶりを紹介したかったのだろうが、あまり成果があったとは思われない、前述の〝オペレーション・アクア（真水作戦）〟を記者会見で強調したり、出番のほとんどなかった潜水艦部隊の支援活動への貢献を述べてみたり、まさにこれを機に〝戦略的広報〟の作戦を実行したといえる。

客観性を装ったものとして、毎日新聞社の編集委員の瀧野隆浩が書いた『ドキュメント自衛隊と東日本大震災』（二〇一二年五月、ポプラ社）がある。「新聞もテレビもよぉ、自衛隊の本当の姿を伝えてないぞ、まったく！」という、防衛大学時代の友人（現役の自衛官）に叱咤されたような形で取材を開始したとい、

ADACHI VIDEO

リバプール株式会社

フジテレビジョン

防大出身者の新聞記者の文章も、自衛隊側からの視点で一貫されており、事実の検証、オペレーションへの反省や結果の分析や評価の欠落ということに関しては〝礼賛本〟と大同小異である。

グラフィックなものでは、『自衛隊員が撮った東日本大震災』（二〇一二年三月、マガジンハウス）が、「防衛省協力」と謳われ、「戦った！ 守った！ 救った！」とまさに自画自賛のコピーが付けられている。『3・11東日本大震災ドキュメント 自衛隊もう1つの最前線』（二〇一一年七月）が、毎日ムック（毎日新聞社）として出されているが、これには自衛隊の機関紙といえる朝雲新聞社が全面的に編集協力している。いずれも、自衛隊丸抱えの企画ものだ。

映像面でもそうだ。『自衛隊だけが撮った0311 そこにある命を救いたい』は、企画・製作はフジテレビジョンとなっているが、もちろん自衛隊の全面的な協力がなければそもそも撮れないDVD作品である。『3・11東日本大震災派遣自衛隊災害派遣 絆～キズナノキオク～』は、防衛省・統合幕僚本部、陸上自衛隊、海上自衛隊、航空自衛隊の三軍の〝協力〟によって作られ、「文部科学省選定作品」にまで指定されている（二〇一二年、リバプール株式会社）。『東日本大震災 自衛隊災害派遣活動の記録 心ひとつに』は、ADACHI・VIDEOという民間会社が製作したものだが、会社の所在地が千葉県船橋市習志野市台という、自衛隊習志野駐屯地の近傍であり、製作が「ＪＴＦ-ＴＨ災統合任務部隊・原子力災害派遣部隊」ということであれば、自衛隊の子会社か関連会社ということに間違いないだろう。

一般的なマスコミやジャーナリズムには、幹部や隊員へのインタビューなどを拒否している自衛隊が、インタビューに積極的に応じさせているのは、それが自衛隊の一方的な広報活動に資する、というより、実質的に自衛隊の広報活動の一環として、それらの自衛隊応援本やＤＶＤがあるからだ。

これらの書籍やＤＶＤを見て分かることは、自衛隊が東日本大震災に際して災害救助活動をしたことを最大限に自画自賛しているのだが、そこに一貫して共通に主張している事柄がある。それは、自衛隊が決して〝災害救助隊〟ではなく、あくまでも国防を主眼とする〝軍隊〟であることを手離さない組織であるということだ。たとえば、井上和彦はその著書のなかで、こういう。

識者の中には、自衛隊をいっそのこと〝災害派遣隊〟にすべきなどという荒唐無稽の思いつきを披露する輩がいる。／とんでもない話である。／日頃、自衛隊は、外敵を迎え撃ちながら国民を守る軍隊組織だからこそ、東日本大震災でもあのような人命救助や被災者に対する救援活動ができたのだ。つまり、自衛隊は、敵と抗戦しながら国民を保護する厳しい訓練を積んでいるからこそ、災害派遣時にはとてつもない力を発揮できるのである。活動現場に弾が飛んで来ないのだから災害派遣は、その持てる力を救援活動に注力できるわけだ」と。

この論理がおかしいことは自明だろう。災害救助に特化し、専門化した訓練をした〝災害派遣隊〟を組織したほうが、防衛訓練の傍ら、銃をスコップに替えた災害救助訓練を時折するぐらいの現状の自衛隊（そうした訓練をやっているとも聞かないが）よりも、災害救助活動の精度が上がるだろうということは、誰にでも思いつくものだ。そもそも、三・一一の際には、自衛隊がその最新装備を誇るイージス艦や戦闘機などはまるっきり出番はなかった。偵察や輸送のヘリコプターやタグボートや、トラック、消防車が活躍しただけで、それは日頃自衛隊のなかでも到底主役とはいえない裏方役だった。自衛隊自慢の輸送機、輸送艦でさえ、被災地の物資運搬に役立ったとはいえない（被災地の空港や港湾が使えなかったからである）。

自衛隊の災害救助への貢献をめいっぱいに宣伝、広報しながら、〝災害派遣〟に組織（の一部さえ）も、専門化しようとはしない自衛隊。これが自衛隊の本音であるといわざるをえない。前出の井上和彦の著書のなかで、地下鉄サリン事件で災害派遣の部隊を指揮したという福山元陸将は、インタビューのなかで、こう答えている。

〝百年兵を養うは、この一日のためなり〟です。私が、地下鉄サリン事件の時に隊員を前に訓示した言葉です。普段から防衛力をしっかり整備しておけば、災害派遣に大いに力を発揮できるのです。ところが逆は無理です。いくら災害派遣の訓練をしても国の守りはできません。したがって、大規模な災害に万全の備えを敷くということは、防衛力をしっかりとしておくことなのです。

防災救助を大々的に宣伝してみたものの、それならば国防に回す予算や装備を、もっと災害救助に回すべきではないかという、当然の意見を、自衛隊は躍起となって否定する。自衛隊が自画自賛している災害派遣隊の活動は、遺体捜索であり、瓦礫撤去であり、被災者への炊き出し、入浴サービスであり、日頃の国防訓練とはあまり縁の無い項目と言わざるをえない。それは、自衛隊の任務の主要なものではない。

前述したように、自衛隊の任務は、「(自衛隊は)わが国の平和と独立を守り、国の安全を保つため、直接侵略及び間接侵略に対しわが国を防衛することを主たる任務とし、必要に応じ、公共の秩序の維持に当るものとする」という自衛隊法三条にある通りであり、大規模災害に対する出動は、その三条から遙か後の第八三条に付帯的に記された、その他の任務にほかならない。「都道府県知事その他政令で定める者は、天災地変その他の災害に際して、人命又は財産の保護のため必要があると認める場合には、部隊等の派遣を防衛大臣又はその指定する者に要請することができる」とある。この第八十三条三項には「庁舎、営舎その他の施設又はこれらの近傍に火災その他の災害が発生した場合においては、部隊等の長は、部隊等を派遣することができる」ということで、自衛隊は、近所の火事の消火や救助の活動をする以外には、ややこしい手続きが必要なのだ。

自衛隊が、自分たちは災害救助隊ではなく、そうした「災害派遣」は、主要な任務外の、ある意味ではボランティア活動なのであって、総理大臣や防衛大臣、都道府県知事の命令や要請がなければ、決して自分たちから進んで救助活動を行うような組織でないことは、自衛隊法第八十三条を見ても明らかである。

つまり、炊き出しも入浴サービスも、本来は隊員の訓練の自己完結性の装備を暗黙の認可の下に、民間人の便宜に供しているのであって、もとより、天災地変の災害被災者のために準備されたものでは、毛頭なかった。

にもかかわらず、多くの国民には、今、「自衛隊＝災害派遣」のイメージが強くある。このままでは、今後、自衛隊の予算や装備が災害対処だけを考慮したものになる可能性が懸念されます。／災害に備えることは必要ですが、それ以外のもの、たとえば火砲などは「要らないのでは？」という風潮になりかねません。これは国防上、大きな問題です。／今回のような大規模災害派遣が長期にわたって続けられるのは、彼らが自衛官だからこそです。自衛官は国を守るために戦う人たちです。だからこそ、普段から高いレベルの訓練をしています。／高いレベルとは、「災害派遣」ではなく、「防衛出動」です。防衛出動の際は、糧食だけでなく銃も弾も持つ必要があり、戦車も火砲も必須の装備です。

これも、自衛隊の応援団（というより、自衛隊の代弁人）桜林美佐の『日本に自衛隊がいてよかった』のなかの文章である。自衛隊（と、その代弁人たち）は、災害救助隊（国土防衛隊でも、災害派遣隊でも、なんでもいいが）への自衛隊の再編成は、〃とんでもない話〃で、最新鋭の米国製の軍備よりも、スコップやブルドーザーや、土木用の重機のほうを充実させよ、といった主張は、自衛隊がもっともタブーとしなければならないものであることがよく分かる。演習場での匍匐前進や、迷彩服での射撃訓練が、高空からの降下訓練などが、どうして災害救助の役に立つというのだろうか（自衛隊員の、体力や克己心の増強には役立つだろうが)。

三・一一の災害救助活動の派遣をあまりに自画自賛しすぎることによって、国民から〝災害救助隊〟として再編成せよ、という意見を徹底的に潰し、あわよくば防衛予算(災害救助予算として)を、火事場泥棒的に増大させようという自衛隊＝防衛省の魂胆が透けて見える広報活動なのだ(このほかに、自衛隊員の募集活動、自衛隊の社会的認知度の高まりなど、一石何鳥かの効果を目論んでいるのだろう)。

こうした自衛隊の「自画自賛」に対して、批判的(批評的)なのは、かねてから日本の自衛隊の装備や、防衛省の国防方針に異を唱えていた清谷信一の『国防の死角　わが国は「有事」を想定しているか』(二〇一二年三月、PHP研究所)ぐらいなものである。しかし、『防衛破綻　「ガラパゴス化」する自衛隊装備』(二〇一〇年一月、中公新書ラクレ)などで自衛隊の装備が「高い、古い、遅い」兵器の調達に国民の税金が湯水のように蕩尽されていることを指摘している彼も、三・一一対策の自衛隊に対して批判を向けているのは、すでに開発済みの偵察用の無人ヘリコプターの導入がなかったこと、無線機が前時代的なもので、使える周波数の範囲が狭く、特殊で、隊員一人一人に行き渡っていなかったこと(松島基地が一時、通信杜絶となったのは、こうした無線機の体制の欠陥によるものか)、従来の自説の繰り返しにすぎず、三・一一の事態を踏まえての本質的な批判となっていない憾《うら》みが残る。それでも、「今回の『有事』と言える災害派遣において、自衛隊は、装備の不足、実戦を想定していないがゆえの観念的で実用に耐えない装備、人的な問題点など、多くの深刻な弱点や欠点を露呈しました」というような〝健全な〟批判精神を持っているだけでも、自衛隊＝防衛省お抱えの〝御用ライター〟よりは、少しはまともな判断力はあるというべきだろう。

清谷信一がそこで指摘している問題点、「自衛隊の『兵隊』は定員の四割強しかいない」「何百億円もかけて開発・調達された偵察用無人ヘリが一度も飛ばなかった」「無線機の数および能力が不足していたために通信がままならなかった」そして「燃料の不足」を上げている。これらは自衛隊の災害派遣プロパガンダの記録においても、丁寧に辿っていけば分かってしまうことだが、自衛隊が極力隠蔽しようとした「弱点や欠点」である。問題は、もっと大きな〝問題点〟が隠蔽され、〝見えなくされている〟ということがあるかもしれないということだ。自衛隊＝防衛省には、今回の〝有事〟の際の〝失敗の本質〟を直視し、それを反省や自省のよすがとしようとしていない。ただ、自画自賛のプロパガンダとしての〝大本営発表〟を、国民の税金を使って垂れ流しているだけだ。

繰り返していえば、自衛隊は三・一一の東日本大震災の災害出動を奇貨として、国民の間に自分たちの存在を宣伝・広告・自画自賛することに成功したが、その成功は、自衛隊を〝災害救助隊〟に編成し直せという世論を喚起しかねない両刃の刃としてあった。近年、行われた世論調査では、自衛隊に期待することとして、八割以上の人が「災害派遣」と答えた。自衛隊が大あわてで打ち消さなければならなかったというのは、そういう〝災害派遣〟に自衛隊を特化せよ、という一種の〝自衛隊解体論〟であった。

全自衛隊員二十数万人のうち、半数の十万人体制によって、今回の災害救助活動を行ったと自衛隊は自己宣伝するが(初めての予備自衛官の招集もあった)、では後の半分の自衛官たちは何をやっていたのか？

もちろん、通常の国防のための防衛体制を担っていたのだ。すると、戦闘機のスクランブル発進や哨戒機の哨戒活動、イージス艦の巡航、遊弋《ゆうよく》活動などを含めた、通常の防衛体制は、現在の自衛隊の半数の隊員で間に合うということなのか？（もちろん、交替要員の必要はあろうが）。また、日本が大震災と原発事故におおわらわになっている時に、それを奇貨として日本への侵略や侵攻を企てた〝仮想敵国〟などいたか、という判断も当然しなければならない（領空、領海などの侵犯、接近は通常よりも多かったとはいえない。某国の偵察機がやって来たのは、原発事故の対応や状況を〝視察〟するためであったようだ）。

自衛隊は、こうした自衛隊の再編成、縮小化に繋がる事態を躍起となって否定しようとする。自衛隊の御用文化人（文化人とは到底いえないような輩《やから》だが）をフル稼働させて、自分たちの都合のよいように世論を誘導しようとすることに、主権者であり、自衛隊費用を賄う納税者である日本国民は、もっと警戒しなければならない（繰り返すが、自衛隊の自画自賛の宣伝・広報も、すべて国民の税金で賄われていることを忘れてはならない）。

せめて、自衛隊法の第八十三条という末尾に置かれている「災害派遣」の活動を、第三条の「自衛隊の任務」のところに、すなわち「直接侵略及び間接侵略に対し我が国を防衛すること」と、次の「公共の秩序の維持」の後ぐらいに「災害派遣」出動を入れておいてもいいのではないか。そうした自衛隊法の改正は、時代に即応したものといえるのではないか。しかし、そうした自衛隊の〝改善案〟すら、自衛隊や防衛省からはもちろんのこと、シビリアン・コントロールすべき政治家や国民の側からも提出されるということはありえなかった。

## 被災者としての自衛隊

三・一一の際の自衛隊の活躍を、自衛隊の広報・宣伝のためではなく、徹底して一般兵士の立場から描いたのが、杉山隆男の『兵士は起つ　自衛隊史上最大の作戦』（二〇一三年、新潮社）である。それまでに、『兵士に聞け』、『兵士を見よ』、『兵士を追え』のいわゆる「兵士」シリーズ三部作を書き終え、陸上・航空・海上の三自衛隊の「兵士」たちに取材したドキュメンタリー作品を発表してきた著者は、『「兵士」にはなれなかった三島由紀夫』を、その「兵士」シリーズの番外編のように出して、もう「兵士」シリーズから〝卒業〟した感があった。

しかし、二〇一一年三月十一日の東日本大震災では、災害出動して被災民を救う側の立場にある自衛隊（員）そのものが、被災者になってしまうという、まさに日本近代史における〝史上最大〟の災害となってしまった。陸上自衛隊多賀城駐屯地、航空自衛隊松島基地は、大地震と大津波の両方の被害を受けて、ほとんど潰滅状態となった。多賀城駐屯地を所用で離れていた隊員たちは、災害が起き、別命がなければすぐさま所属する隊に駆けつけなければならない。車で、オートバイで、そして徒歩で駐屯地への帰隊を目指す彼らを余震と、想像もつかない大津波が襲う。濁流に飲まれ、泥水のような洪水に翻弄されながら、彼らは自分一人の生命を守るだけでなく、流され、漂流し、取り残された人々を救助するために、死力を尽くして〝戦った〟のである。地震、津波、そして悲惨な災害の後に残された瓦礫処理と遺体捜索の活動のために。

杉山隆男の「兵士」シリーズの特徴は、徹底して一般兵士、すなわち下級兵士の視点、立場から自衛隊を見ているということだ。定年の早い自衛隊の中で、五十代そうそうでリタイアとなり、〝第二の人生〟を踏み始めなければならない初老のベテラン兵士。と思えば、一、二年前にはまだ高校生だった、十代の未成年の兵士。『兵士は起つ』の主人公となっているのは、そうした中高年兵士と、少年兵士たちなのである。自分も津波に飲み込まれて、かろうじて命を取り留めた時でも、救いを求めている人がいる場合は、人助けを優先しなければならない。なぜなら、自分は「自衛隊員」なんだから、というのが彼らの役目であり、矜持であり、信念であるのだから。

被災した遺体を前にして、足が動かなかったと述懐する年少の兵士。しかし、彼らもいつまでも、そんな体《てい》たらくでいられるわけではない。合掌してから、手際よく遺体をその場から運び出さなければならない。なぜなら、自分は自衛隊員であることを選んだのであり、そして自衛隊はそうした人助けのための組織であり、それを仕事とする集団なのだから。

松島基地のある曹長は、こんな体験をした。携帯が鳴った。出てみると、自分の長男で、津波に取り囲まれた造船所のクレーンの操縦席に取り残されているという。松島基地の隊舎からそのクレーンが見える。しかし、父親としても、自衛隊員としても彼は無力で、なんとすることもできない。「こういうとき動かなくて、自衛隊はいつ動くんだよ」と、長男は呟きともとれる静かな声でいったという。「無理だよ。うちらも動けないんだ。飛行機もやられたと思う」と、父親の自衛官は、救助を求める息子の声に答えるより仕方がなかった。津波に敗北した空軍（飛行機）。まさに〝国防の死角〟をこの自衛官は身をもって示したのである。

杉山隆男は、一般の兵士に密着し、決して司令官だの、「将軍」だのといった上層部の自衛隊幹部を主人公とはしない（取材などは、もちろんするのだろうが）。士農工商の身分制度に倣っていえば、自衛隊は下から、士・曹・尉・佐・将となる。杉山隆男が対象とするのは、せいぜい士・曹のレベルであり、だから、松島基地司令だった杉山政樹空将補が、救援ヘリコプターも含め、〝漫然と〟津波に流されて潰滅させたことの判断の当否を論ったりはしない。「将」に聞くことなど、何もないのである。

日本の公式的な戦史（防衛省戦史室がまとめているような）が、常に参謀本部で地図を見ながら進められる参謀史観によって書かれているとは違い、「兵士」たちの側に寄り添い、戦場や災害現場の一メートル範囲でしか見えないような視野で描かれる「兵士」の戦史、戦記を著者は目指したと思われる。

だが、それは当然、視野狭窄の陥穽に陥ることも少なくない。航空自衛隊松島基地の飛行機やヘリコプターを津波襲来前に飛び立たせることの判断は、もちろん基地を預かる指令官に委ねられている。一介の曹長が容喙《ようかい》できるものではない。だが、「こういうとき動かなくて、自衛隊はいつ動くんだよ」という言葉は、個人的な思いは別として、〝その時の自衛隊〟に重く放たれた言葉であると思う。あえていえば、自衛隊は被災者であってもいけないし、被害者であってもいけない。津波だろうが、地震だろうが、敵襲であろうが、それらに備えていなければならないのが自衛隊＝軍隊であって、『兵士は起つ』に描かれた感動的な〝自衛隊の本分〟に忠実に動いた「兵士」たちは、当然のことを行ったのだ。それを過度に顕彰し、賞賛し、礼賛することは、〝戦争美談〟と同じように、国民を結果的に欺《あざむ》くこととなる。

「兵士」も人間であり、夫であり、父であり、息子であり、孫であり、家族の一員であることは論を俟たない。自分の中のそうした人情を殺して、職務に忠実であろうとする人間を描く時、「兵士」であることの人間的な矛盾が一気に噴き出す。災害時の美談として、自衛隊のプロパガンダに回収されるような物語を、決して手放しで語ってはいけないことを、これら三・一一以後の〈自衛隊物語〉は示している。

## 自衛隊の歴史

ここで、あらためて自衛隊の誕生から、現在に至るまでの自衛隊の歴史をひもといてみることは、『自衛隊文学論』として必須の課題といえるだろう。二〇一四年で、六〇周年を迎えるという日本の〝軍隊〟は、どのようにして生まれ、どのように育ってきたのか。日本国憲法の第九条に〝違反〟しながら、半世紀以上も〝無法状態〟を放置し、さらにその「戦争の放棄」「戦力の不保持」という金看板に泥に塗り続けてきた〝汚辱の戦後史〟は、どのようにとらえるべきなのか。

「戦争をしないための軍隊」と似たような表現として、吉田茂元首相がいったという「戦力無き軍隊」という言葉がある。これは、一九五二年に、それまでの警察予備隊を保安隊に改称、改編しようとした時に吉田首相がそう呼び、物議を醸したものだが、憲法第九条に「陸海空軍の戦力は持たない」と規定されている以上、それは軍隊であって軍隊ではなく、戦力にして戦力に非ず、という矛盾語法とならざるをえないものなのだ。

自衛隊の誕生のいきさつを振り返ってみれば、一九五〇年（～一九五二）に「警察予備隊」として発足した組織は、保安隊・警備隊（一九五二～一九五四）、自衛隊（一九五四～）と、出世魚のように名前を変え、一九五四年七月に陸上自衛隊・海上自衛隊・航空自衛隊に三つの自衛隊として落ち着いた（海上警備については、警察予備隊→海上警備隊→海上保安庁・海上自衛隊となった）。

自衛隊の施設・設備の調達部門を担当し、後に防衛庁と併合され、防衛省となった防衛施設庁は、特別調達庁（最初は、占領軍、在日米軍の調達を主要任務とした。一九四七〜一九五二）→調達庁（一九五二〜一九六二）を経て防衛施設庁（一九六二〜二〇〇七）となり、防衛庁の「省」への昇格に伴って吸収・合併された。防衛庁よりもむしろ古い官庁なのに、防衛省発足とともに消滅させられてしまったのは、汚職、瀆職の温床として詰め腹を切らされ、省庁削減のスケープゴートにされたともいわれている。

「戦争と戦力」の放棄を謳った憲法を掲げた戦後の日本国は、警察以外の実力組織を持たなかったが、これは無条件降伏とほぼ同時にアメリカ軍（厳密には連合軍、英軍・中華民国軍も参加していた）が日本を占領、日本全土は米軍の軍事占領下に置かれ、旧日本軍は解体され、解散したからである。

しかし、一九五〇年には朝鮮戦争が勃発、駐日米軍は、朝鮮の前線へと出動し、米軍による日本の軍事占領に空隙部分ができることとなり、その空隙を埋めるために急遽、「警察予備隊」という名称による日本の再軍備が、アメリカ占領軍の主導によって図られたのである。「日本の良好な社会秩序を維持し、不法者に乗じる隙を与えないため、七万五〇〇〇名からなる『National Police Reserve』（NPR）を設置するとともに、海上保安庁に八〇〇〇名の増員を承認する」という書簡が、マッカーサー連合軍総司令官から、吉田茂首相宛てに届いた。警察予備隊と海上保安庁に増員を承認するという文面だが、これは実質的に日本を占領していたマッカーサー将軍による〝命令〟だった。

つまり、米軍が朝鮮半島へ行ったことによってできた空白を、日本人による軍事組織によって埋めようとしたのだが、平和憲法との整合性や、日本国民の反軍的な感情を慮って「警察予備隊」なる曖昧な名称によってとりあえず発足させたというのが、GHQ、すなわち連合国司令部による日本再軍備計画だった。増田弘の『自衛隊の誕生　日本の再軍備とアメリカ』（中公新書）によれば、マッカーサー指令によって警察予備隊を創設することを求められた日本政府は、むしろ再軍備に消極的であり、米国政府・軍部の方が積極的に日本の再軍備の道を開いたという経緯があった。警察予備隊という名称であったが、単なる警察力の強化ということにその目的があったわけではない。アメリカ合衆国のワシントン政府と軍部と、GHQのマッカーサーとの考え方の相違はあったが、結局は日本の本格的な再軍備を図るというアメリカ側の意志は警察予備隊→保安隊・警備隊→自衛隊という変遷のなかにも貫かれたのだ。

「戦力無き軍隊」を作るにしても、最初に問題となったのは、旧日本軍の軍人たちの処遇だった。日本陸軍、日本海軍は解体され、主立った軍関係者は、公職追放の憂き目にあった。旧軍隊の復活と見られるような再軍備計画は、きわめて難しい課題だった。この点で、陸上自衛隊、海上自衛隊、航空自衛隊の三自衛隊は、それぞれ違った前史を持っている。

旧日本陸軍の関係者は、警察予備隊から排除され、とりわけ将校クラスの旧軍人が採用されることはなく、敗戦時に将校以下で退役した者と、軍人経験のない者たちが陸上自衛隊に集められた。海上自衛隊は、旧海軍関係者が、米軍の庇護の下に〝海軍〟としての再軍備を図っており、それが海上自衛隊として組織された（「復員庁」に温存されていたといわれる）。航空自衛隊は、旧日本軍に空軍がなかったことから、ゼロからの出発だった。もちろん、陸軍航空隊、海軍航空隊の出身者はいたのだが、航空機の発達、変化に伴い、すべて米軍空軍の指導によって設備の導入、訓練がスタートした。だから、陸上自衛隊と旧陸軍との継承性はほとんどなく、海上自衛隊と旧海軍との継承性は強いとされている。海上自衛隊の幹部が、ことあるごとに「帝国海軍の伝統」を強調するというのはそのためである。

朝鮮戦争の勃発による日本駐留の米軍が、朝鮮に出撃する間隙を突いて、共産主義側の間接侵略による日本国内の治安維持に不安を持った米軍司令部は、米軍の負担を軽減するために、警察予備隊の創設を日本政府に要求（命令といってよい）した。警察という名が入っていても、実質的には日本軍の再組織化であり、最初から米軍の作戦の掩護や、外敵や外患に対する治安出動を目的とする〝軍隊〟にほかならなかった。旧日本軍の関係者が多く入隊し、兵器や制服などの装備や設備は、米軍からの払い下げや贈与のものであり、訓練、演習ともに米軍の指揮や影響下にあったことは明らかである。

在日米軍側から、警察予備隊の創設に関わった、GHQ民事局副官のフランク・コワルスキーは、『日本再軍備　米軍事顧問団幕僚長の記録』（中公文庫）は、この間の経緯を詳細に証言しているが、アメリカ側（マッカーサー司令部）の意図は、最初から日本の再軍備であり、いずれ「陸軍」となる軍隊の芽を日本の国土に植え付けるための第一段階としての警察予備隊の創設だった。〝警察〟の名前を冠したのは、単に日本に押しつけた平和憲法上、「陸海空軍その他の戦力」を保持する「軍隊」とすることができなかったためである。

この警察予備隊の「戦力」が日本国憲法第九条に違反していることは、アメリカ側としては百も承知だった。「警察予備隊に関するマッカーサー元帥の構想は、将来四個師団の陸軍に増強できる疑似軍隊をつくることであった。しかしこれは秘密裡に実行する必要があるので、最初のうちは連合国の協定も犯さず、日本国憲法にも違反しないように予備隊を運営することが肝要であった」と、彼は述べている。

この警察予備隊（→保安隊→自衛隊）の軍事顧問団幕僚長が、「疑似軍隊」、「秘密裡」、「二枚舌」といった言葉によって語っているように、自衛隊はもともと明確な憲法違反の存在として誕生したのである。しかし、マッカーサーたちが見通しを誤ったのは、いずれGHQの占領支配が終わり、日本国家が独立すれば、憲法は改正され、〝疑似軍隊〟も晴れて正当な軍隊になるであろうという、当然の帰結についてだった。日本政府と国民は、「戦争の放棄」と「陸海空軍その他の戦力」の不保持を謳う憲法と、誰が見ても「陸海空軍その他の戦力」に発展した自衛隊とを、〝二枚舌〟を使い分けたまま、延々半世紀以上もの間、日本人の手による改正も改善も改訂もなしえないままに〝放置〟してきた。立憲主義、法治主義という、近代国家の根本原則に照らせば、ありえないことだった。

　警察予備隊から保安隊と変わり、自衛隊となったあとも、基本的には〝米軍の、米軍による、米軍のための〟傭兵的な立場には変わりはなかった。自衛隊が、旧日本軍の再組織化という一面を持っていることは確かだが、陸上自衛隊が旧陸軍の、海上自衛隊が旧海軍の、そのままの再来や再結集と見ることはできない。

　それは建前上で、戦車を特殊車輌、戦艦を自衛艦と言い換えただけではなく、組織や設備や規範やルールにおいて、旧軍組織から断絶している部分と、接続している部分があるということだ。たとえば、儀仗や敬礼の細部において「旧軍と米軍の影響を受けた自衛隊では、細かい動作がかなり違うので注意が必要である」と、テレビ・ドラマや映画で考証に携わっていた人は、その心得のなかで記している（大森洋平『考証要集』文春文庫）。「捧げ銃《つつ》」や、小銃の肩のかけ方など、細部ではあっても、軍隊にとっては肝要ともいえる部分が、旧日本軍のものを踏襲するのではなく、米軍の影響下にあるというのである。兵器や軍の装備がアメリカ製、あるいはライセンス製品であることを考えれば、それは当然のことといえる。

　しかし、擬似的な〝戦力無き軍隊〟であっても、警察予備隊の創設、すなわち日本の再軍備は、旧軍関係者にとっては朗報だった。元帥や将軍、参謀クラスならともかく、将校・士官クラスだった旧日本軍関係者は、失職し、ある者は無職のまま、ある者は日雇いの労務者などとして、髀肉の嘆をかこっていたのだが、警察予備隊の募集にこぞって応募してきたのである（ただ、田村泰次郎の短篇に、警察予備隊＝保安隊の米軍的な服装、装備を嫌って、あえて失業者のままでいた元日本軍兵士のことが書かれている）。最初は、烏合の集団ともいえる「警察予備隊→保安隊→自衛隊」のドタバタ喜劇に似た草創期の事情は、たとえば、カービン銃ギャング事件の主犯として知られる人物・K・O（大津健一）の書いたノンフィクション作品、『続・さらばわが友』（徳間書店）などによってうかがい知ることができる[3]。

旧日本軍の青年将校だった彼は、すぐさまこの軍事組織に入り、新兵訓練を担当することになる。北海道の部隊に派遣されるのだが、冬期間の訓練に手袋一つの装備もなく、彼が自前で全員の分を調達したことや、冬服の調達が間に合わずに夏服のまま寒さに耐えこと、米軍からのお下がりの銃器で訓練し、何か月もの間給料が出ず、彼本人が本部に掛け合いに行って、ようやく支給させたことなどを書いている（警察予備隊発足当時、三か月間、給料が支払われなかったことは事実である）。マッカーサー元帥による、日本政府（当時は吉田茂政権）の頭越しの警察予備隊の創設命令に対して、日本の大蔵省は隊員の給料や、当然の装備などの予算措置をしなかった（できなかった）のであり、軍備は米軍丸抱えの傭兵以下の存在だったといえる。

一審で死刑判決を受けたギャング事件の犯人（二審で無期懲役に減刑され、さらに減刑された）が、釈放後に自慢げに書いていることなので、すべてを真実として信じることはできないが、銃器の保管の杜撰さ（組織のいい加減さ）などは、後に彼が米軍お下がりのカービン銃で銀行ギャングを働いたことから分かるように、事実に近いものと考えてもよいと思われる。いずれにしても、警察予備隊が、朝鮮に派遣された米軍進駐軍の空席を日本国内において埋めるためのものであったことは明かだ。アメリカが、将来において、また旧日本軍のように自分たちに銃を持って立ち向かってくるような「日本軍」の復活を、わざわざ自分たちの手で拵え上げようとするはずがない。日本に再軍備を促したアメリカの狙いは、あくまでも朝鮮で戦争を行っている在日の米軍基地の〝銃後〟(後方支援活動)を守ることであり、日本社会に潜む在日朝鮮人や共産主義者の活動家やシンパによる、戦争遂行への妨害行動や〝利敵行動〟を阻むことにあったと思われる。

そもそも、アジア太平洋戦争の戦勝国アメリカは、敗戦国日本を完全に武装解除させ、軍隊を完全に解体させることが当初の方針だった。未来永劫に日本を〝戦争〟をできない国とするために、憲法によって〝戦争を放棄〟させ、〝戦力〟と〝交戦権〟を完全に否定させ、自前の防衛手段を持たせない代わりに、「日米安全保障条約」によって、日本全域を米軍の軍事保護下に置いたのである。

戦後の日本社会の不作為が、二つある。一つは、マッカーサーなどにも当然と思われていた、「警察予備隊」の自衛隊への変貌の途中で、憲法九条が改正され、少なくともその第二項、「陸海空軍その他の戦力」を保持しないという項目は、自衛権＝自衛隊の存在を認める文言に改正されるはずで、「国軍」の存在が憲法上に明記されることになるという見通しだった。それが六〇年以上もずるずると〝憲法違反〟の自衛隊の存続を許しただけでなく、二〇一四年の安倍晋三政権による「集団的自衛権」の行使や、国際的な「集団安保」への参加を〝合憲〟であると強弁するような末期的な事態まで生み出してしまった。

もう一つは、日本の軍隊＝自衛隊が、自立自存の道を歩み始めれば、日本駐留のアメリカ軍は、縮小、あるいは撤去することは当然のことであり、日本の防衛は、核兵器による攻撃などを例外として、日本軍がその防衛を肩代わりすべきものであった。実際に、北海道の千歳の米軍基地などはそのほとんどが日本側に返還された（そうした返還された基地は、自衛隊がそのまま継承した場合が多い）。

ところが、在日米軍は、日本における基地を集中化、機能化し、いくつかの基地に集約することにしただけであって、安保条約による米軍の日本国内、領海、領空での訓練などの活動はほとんど手放しの状態で現在も続いている。原子力空母や潜水艦の横須賀や佐世保などの母港化、横田、嘉手納、三沢などの飛行場やレーダー基地は、ますます拡充、拡大された。日本駐留の米軍が、日本の防衛のために存在するのではなく、古くは朝鮮戦争、ベトナム戦争、そして湾岸戦争やアフガン、イラク戦争のように、アメリカ軍の世界戦略のための攻撃基地となっていることは明らかである。在日米軍が、日本国内の基地を縮小、あるいは撤退したのは、米軍の世界戦略の変更によってであり、基地返還の日本側の声に応えたわけではない。不用の基地、移転のために空け渡しただけでなく、それによって沖縄の米軍基地はますます拡充され、永久化された。

防衛庁の事務次官を務めた守屋武昌の(2)『日本防衛秘録』（二〇一三年、新潮社）によれば、在日米軍に関しては、その機構や体制、役割などは日本側にまったく情報はなく、アメリカ側の報告書などで、ようやくその一端を知るという状態だったと告白している。在日米軍に対して、日本は〝思いやり予算〟などというふざけた名前の予算で、その駐留の費用を負担しているが、軍事的な機密事項はもとより、何人の米兵が、何の目的で、どこの基地にいるかという基本的なことすら教えて貰えていない（日本側が知ろうともしていないというのが真実のようだ)。

防衛庁(後、防衛省)の中枢にいた人間(守屋武昌は、防衛次官の時代には〝防衛庁の天皇〟とまでいわれた)が、在日米軍の専用空域である「横田空域」(日本の成田、羽田発の民間機は、この空域に侵入することを許されず、迂回しなければならない)のことを知らず、外務省や内閣府からの米軍に関する情報も一切入ってこない(外務省や内閣府にも、それほどの情報があるとは思われないが)、という防衛省=自衛隊の現場は、とても安全保障条約を交わした日米同盟の緊密な防衛体制、軍事同盟とはいえない実情だ。(4)

だから、そういう意味では、日本は二重の武装国家である。自衛隊という、最新鋭の装備と、二十数万人の兵力を持ち、その実力は世界三位といわれる(これは誇大である)〝軍隊〟を持ちながら、さらに米軍の第七艦隊、沖縄に駐留する海兵隊、アメリカの艦隊、航空隊も、その背後に控えているという有様だ。いや、背後ではありえない。アメリカ軍の主要部隊である太平洋軍の中枢は日本にあり、その司令部は横田のアメリカ空軍基地にあることは世界の常識である。つまり、日本は日本軍とアメリカ軍との二重の戦力によって、針ネズミのように針を逆立てたままの重装備の〝武装国家〟にほかならない。中国や北朝鮮、あるいはロシアも韓国という日本の周辺国家が、こうした武装国家・日本に対して、不安・不信・不審・警戒の念を持たないと考えることは、日本人だけの己れを顧みない自己欺瞞にほかならない。戦争の放棄と戦力の不保持を謳う日本の「平和憲法」を文字通り信じ込むようなお人好しの人間など、世界中のどこを探してもいないのは、当然なのだ。

それでも、理念としての「平和憲法」は、少なくとも、戦争や他国からの攻撃に対する抑止力として働いてきたことは確かだろう。違憲的な存在であっても、専守防衛を遵守し、「交戦権」を持たない軍隊としての自衛隊は、核兵器を持たない、先制攻撃のための長距離可能の戦闘機、爆撃機を持たない、原子力潜水艦を持たない、航空母艦を持たない、偵察機、偵察衛星を持たないなどのいくつかの軍事的制約の下で、実質的に〝戦争をしないための軍隊〟を保持していたからだ。

## 在日米軍と普天間問題

しかし、在日米軍は、もちろん違う。彼らは、戦争や戦闘の目的のために、日本に存在している。その本当の目的は、もちろん日本の防衛のためではない。アメリカ合衆国の国際的な軍事戦略のために存在し、そのために、きわめて安上がりで、重要な日本国内の軍事基地を維持し続けているのだ。冷戦時代には、対ソ連の監視・警戒・威嚇の拠点として、そしてポスト冷戦以後の世界においては、世界戦略において覇権を競う中国（中華人民共和国）を牽制し、〝ならず者国家〟の一つである北朝鮮（朝鮮民主主義人民共和国）を威嚇し、脅威を与え続けるために。

朝鮮戦争、ベトナム戦争、湾岸戦争、アフガン戦争、イラク戦争など、アメリカ軍は、沖縄をはじめとした、日本国内の米軍基地を、傍若無人に使用してきた。日米安全保障条約でガードされ、〝密約〟によって守られてきた在日米軍のフリーハンドの軍事的行動に、日本側が事前協議などで掣肘《せいちゅう》を加えることなどありえなかった。それどころか、アメリカ軍やアメリカ政府は、アメリカの軍需産業の繁栄のために、セコハンの武器（最新鋭ではなく、旧型の）を高値で売りつけられてきた自衛隊が、それなりの装備の充実と訓練の行き届きがあって、「戦力」を蓄えてきたのを見て、自分たちの戦争のための傭兵として使えることに思い至った。アーミテージ元国防長官などのアメリカの国防タカ派が、日本に「集団的自衛権」の行使を迫るようになったのは、アメリカの負担軽減と、自衛隊の傭兵化を一層進めるためのGHQによる占領下と同じような、敗戦国日本への身勝手な要求にほかならない。

しかし、日本の保守派、右翼とも称せられる安倍晋三政権は、それに屈服するというより、まさに迎合して、文字通りに〝戦争商人〟であるアメリカに自衛隊を売り渡すという文字通りの〝売国奴〟的な政策を進めようとしている。

安倍晋三政権に「集団的自衛権」の合法化を推進させようとしているのは、こうしたアメリカの思惑に迎合した、いわゆる「対米従属」派の外務省（その主流である北米課のエリート集団）だが、彼らは日米安全保障政策を主管する行政機関として、「第一国防省」と揶揄的に呼ばれているが（本来は、安全保障の政策を主管しなければならない防衛省は、「第二国防省」である）、戦後、一貫してアメリカに〝従属〟し、その意に沿うことで自分たちの権限の拡大と保身を実現してきた外務省主流派は、ひたすらアメリカの国益に裨益する外交を行うことで、自分たちの地位を守ろうとしてきた。もちろん、そこには、自衛隊―防衛省に対する優越意識と、日本国民の〝安全保障〟についての無視や黙殺があるばかりである。安倍晋三も、石破茂も、日本国民の平和と安全のために、なぜ、自衛隊が米軍の傭兵とならなければならないのか、という当然の疑問に答えることもなく（答えられない）。本来なら、日本はアメリカの世界戦略、軍事政策の変更、米軍再編成の機をとらえて、在日米軍の縮小、撤退を要求すべきであった。

だが、日本政府はそれを要求するどころか、都市部にあって危険きわまりない米軍の普天間基地の撤退要求の代わりに、代替の新しい基地を辺野古《へのこ》地区に日本側の負担で建設することを約束し、沖縄の人々の反対にあってにっちもさっちもいかない状態となってしまった。そうした自縄自縛の状態にあって、沖縄のことも、米軍のことも何も学習していなかった民主党の鳩山政権は、普天間基地移転は〝最低でも県外〟というまとのはずれた公約を口走り、その失敗によって自壊した。そもそも、普天間基地の移転などは論外である。目の前に迫っている危険を回避するために、基地の使用を緊急避難的に取りやめさせることが問題なのであって、代替の基地の問題など、沖縄県内だろうが、県外だろうが、認めてはならないのである。(5)

そもそも、在日米軍の縮小、移転、撤退（グァム移転はどうなったのか？）が問題なのに、沖縄の基地負担の軽減のために、県外に拡張された米軍基地を新設するという自民党政権の〝密約〟的な取り引きが疑問視されるべきなのに、それを問題としない普天間移転の取り上げ方は言語道断というべきだ。北海道、本州、四国、九州の米軍基地の基地運動の高まりによって、在日米軍基地の縮小、移転、撤退（それらの基地の多くの土地、施設は、自衛隊が引き継いだ）が行われたのが、沖縄への米軍基地の集中化、密集化の原因であって、それを元のように日本国内に散らばせようとすることは反動的であり、逆行である。全体としての米軍基地の縮小化が課題であり、〝沖縄の痛み〟を分かちあおうなどといった、タメにする美辞麗句は、米軍基地のあることによって利得を得る一部の人間による欺瞞と瞞着の言葉にほかならない。米軍基地縮小、撤退の第一歩が普天間基地であり、それ以外の選択肢はありえないというのが、この問題の最低限の前提とならなければならない。

## 「海外派兵」の小説

　おそらく、自衛隊は、その警察予備隊の時代も含めて、半世紀以上の歴史において、もっとも〝よい時代〟を迎えているといえる。職業を聞かれた時に、自衛隊員であることを隠し、公務員ですと答えなければならなかったという時代。税金泥棒といわれ、日教組や労働組合から眼の仇とされ、親が自衛隊であるということで子どもが学校でいじめられたという時代。そんな時代を振り返れば、おそらく国民の大多数からその存在の意義や意味を認められ、期待され、信頼され、愛されているという今の時代が、自衛隊にとって〝もっとも幸福な時代〟なのかもしれない。保守論壇（というより、極右論壇）が力を持ち、自衛隊シンパの知識人やジャーナリストがマスコミに登場し、若い女性作家やミステリー作家たちが、明るく楽しい〈自衛隊小説〉を書き、マンガやアニメや映像の世界でも〝自衛隊カルチャー〟は浸透している。（防衛庁から防衛省に昇格し、年間五兆円近く防衛予算も拡大している）。

　しかし、そうした〝絶頂〟ともいえる時期が、もっとも暗転する未来を待つ危機の時といえるかもしれない。つまり、自衛隊が「国防軍」として合憲化され、「集団的自衛権」の名の下に、米軍の傭兵として戦場に立たなければならない時期が、刻一刻と近づいているかもしれないからだ。初めての「戦死者」が出た時に、自衛隊は本当に変わる。その時に、自衛隊の変容は、ひとつの完結を見ることになる。いかなる完結かは、まだ語ることはできないのだが。

　海外派遣、海外の戦争への派兵の問題点は、すでに眼に見える危機となって現前している。戦争や戦場の〝実態〟を軍隊がそれをありのままに報じることなどありえない。それは敗北や失敗や撤退の局面だけではなく、戦争や戦局や戦場のあらゆる面においてそうなのだ。なぜならば、戦争の情報そのものが〝情報戦〟という戦争の一局面にほかならないからだ。アフガニスタンのＰＫＯ活動、イラク戦争における後方支援活動、東ティモールやソマリアでの国連活動への支援など、自衛隊はすでに〝海外派兵〟の実績を積み上げてきている。それに対する報告書や報道レポートの類も公開され始めている。

たとえば、イラク先遣隊長として派遣された陸上自衛隊の元一等陸佐の佐藤正久は、『イラク自衛隊「戦闘記」』（二〇〇七年三月、講談社）なる記録を書いているが、そこでもっとも強く主張しているのは、海外派兵を今後も行うならば、「集団的自衛権」を認め、自衛隊をせめて〝戦闘〟のできる軍隊としなければならないという、体験者であるからこそ切実な政治的な要請である。なぜなら、イラクの戦場では、すでに自衛官ではないが、外務省の奥克彦参事官（と井ノ上正盛三等書記官）が〝戦死〟しているからだ。非戦闘地域、後方支援などという言い逃れが、イラクという戦場で通用するわけはない。自分の身さえ守れない自衛隊が、その地域の平和維持や治安維持活動すら完遂できるはずがない。憲法の改正が許されないならば、超法規的に「集団的自衛権」を獲得して、自衛隊として〝自衛戦闘〟ができるようにしなければ、海外派兵は自衛隊内部によって否定されかねないのだ（誰もが、好きこのんで他国や他国人のために生命を投げ出すはずはない）。安倍晋三政権が、憲法の論議も法理論もなしに、無理矢理に集団的自衛権を合法化しようとしたのも、アメリカからの要請や、外務省から入れ知恵があったにしろ、自衛隊内部からのこうした〝現場からの集団的自衛権〟の要求（要請より強い）があり、それなしには自衛隊が海外派兵に対する拒絶をしかねないことへの予防措置ともいえる。海外派兵という現実（の危険）が先にあり、「集団的自衛権」は、その後から追認されなければならないことなのだ。それは自衛隊の海外派兵がある限り、必然的に問題としなければならないことなのだ。

## カンボジアという〝荒れ地〟

海外派兵は、すでに行われている。カンボジア、アフガニスタン、東ティモール、ソマリア、ハイチ、南スーダン。平和維持活動や後方支援、あるいは海賊行為への対処や他者災害救助など、その目的や企図は異なっているが、自衛隊は〝七つの海〟を越え、〝五つの大陸〟にその長靴の踏み跡を残すようになったのだ。船戸与一の『夢は荒れ地を』（二〇〇三年六月、文藝春秋）は、カンボジアのＰＫＯに派遣された陸上自衛隊の三等陸尉が、自衛隊の撤収時に現地除隊し、そのまま八年間、行方不明となっている越路を、元同僚だった現役の二等陸尉の楢本が、捜索して回るというストーリーである。

越路の残した妻子を、楢本が引き取ることにした。律儀な彼は、それを越路に伝え、認めてもらわずにはいられなかったのだ。しかし、捜索する彼の耳には、越路がカンボジアの少年少女たちの人身売買に携わっている悪い噂が聞こえてくる。カンボジア人を助手に雇って、プノンペン、トンレサップ、アンコール遺跡、タイを巡る彼らに、ポルポト政権崩壊後の、頽廃したカンボジア社会の暗黒面を支配する、暴力組織、腐敗政権の〝魔の手〟が伸びてくる。

海外派遣された自衛隊は、もちろん様々な制約に縛られて、理想的な〝平和維持活動〟や、弱者や貧困者の救済ができるわけではない。カンボジアの大地にばらまかれた地雷の除去の作業さえ、腐敗した政権の権益業務となり、売春街に売り払われる子どもたちの人身売買は、国際社会のカンボジアへの援助や支援が高まることによって逆に強化されるようだ。そのことに憤りを感じる、除隊した元自衛官の越路は、不法手段を使ってでも、そうした〝悪〟と対決しようとしている。それに共感した楢本や、日本人ボランティア（やカンボジア人）が、カンボジアの荒れ地を舞台に活劇を行うのだが、その原点には、日本の自衛隊の海外派兵が〝中途半端〟なものであり、理念や理想を実現するためには、あまりにも窮屈なものだという認識があるようだ。海外派兵の理念を追い詰めれば追い詰めるほど、そこに欲求不満や自縄自縛感が強まる。

それは、日本政府がポルポト政権をカンボジアの正式な政権として認め、肩入れしていたという過去の歴史を忘れ、ポルポト政権を、ベトナムの助力によってというより、ベトナム軍の傀儡《かいらい》として倒したヘン・サムリン政権を今度は支援するという、日本政府の身勝手なカンボジア支援政策に基づく海外派兵の正当性を疑わせるものである。しかし、越路や楢本は、そうした〝海外派兵〟を疑うのではなく、その制約や限界を一番の問題にしているのであって、それはあくまでも自衛隊の海外派兵を結果的には肯《うべな》う論理構造を示している。そして、それは現地のカンボジア人や、ベトナム人、タイ人、イスラム系のチャム族、華僑などの現地側の立場から見た正義や正当性とは大きく異なっているはずだ。つまり、日本人の勝手な正義感による〝公憤〟や〝人道の大義〟でしかない。

## 土漠に〝海賊〟はいない

ソマリア沖の海賊行為対処のために、〝アフリカの角〟と呼ばれるジブチに派遣された陸上自衛隊空挺団が、ソマリアの土漠のなかで、部族間の争いに巻き込まれた。十二名中、九名が命を落とし、ジブチの活動拠点にまで戻れたのがたった三名であったという悲劇的事件を描く、月村了衛の『土漠の花』

(二〇一四九月、幻冬舎)も、自衛隊の海外派兵の問題をテーマとしている。しかし、この作品も場合も、海外派兵自体の是非が論じられるわけではない。海外派兵は、当然のことであり、それに対する防衛省の官僚組織や内閣が、余計な武器使用の制約や制限を設けていることが、重大な問題とされるのだ。

有志連合海上部隊のヘリコプター墜落事故の捜索救助活動のために、自衛隊の空挺団に派遣要請が届いた。本来の業務から逸脱しているが、人道上の理由で吉松三尉以下の十二名が救助隊として出動した。現場に到着した彼らは、アスキラという女性を助けたことから、ワーズデーン小氏族とビヨマール・カダン小氏族の部族対立に巻き込まれてしまう。ワーズデーン小氏族が、民族浄化と称して、ビヨマール・カダン小氏族の絶滅を図り、自衛隊の十二名は、ワーズデーン小氏族とイスラム過激派の共闘の武装勢力から、執拗な追撃を受けることになった。ほとんど武器を持たず、攻撃されなければ自衛としての武器使用も許されていない自衛隊が、土漠のなかでいかに戦ったか。自衛のための戦闘から、最後には敵勢力の全滅を狙う〝戦争〟を戦わなければならなかった自衛隊員の〝戦争〟が描かれるのである。

しかし、これは厳密にいって法律違反といわなければならない。なぜなら、ソマリア沖の海賊行為に対処するために、自衛隊を派遣する根拠となっている「海賊行為の処罰及び海賊行為への対処に関する法律」(平成二十一年六月二十四日法律第五十五号)の第七条には「防衛大臣は、海賊行為に対処するため特別の必要がある場合には、内閣総理大臣の承認を得て、自衛隊の部隊に海上において海賊行為に対処するため必要な行動をとることを命ずることができる。この場合においては、自衛隊法第八十二条の規定は、適用しない」と定められている。つまり、自衛隊の空挺団は、「海上において海賊行為に対処するため必要な行動をとること」ができるだけであって、ソマリアの土漠に〝海賊〟がいない以上、そこで

〝戦争〟を行うことなど、そもそも想定されていない。そして、あらゆる「軍隊」において、命じられたこと以外の、とりわけ戦闘行為を行うことは固く禁じられている。軍隊（軍部）の独走は、絶対的に許されないのだ（それが破られたのが、旧日本軍の関東軍の〝満洲〟での暴走である）。

また、さらに、この小説の前提となる「戦争」について、次のことがいえる。つまり、自衛隊の隊員は、民族浄化のために殺されようとしたアスキラという女性を救い、彼女を守るためと、自己防衛のために、暴力的で無慈悲な敵軍を全滅させようとするのだが、それは彼らにとっての〝正義〟や〝倫理〟や〝人道主義〟であっても、決してアフリカ側の人間の立場に立ったものではないということだ。ルワンダのツチ族とフツ族の抗争のように、国際社会は、その双方の立場を一方的に〝善悪〟と決めつけることはできない（もちろん虐殺は防止されなければならないが）。

もちろん、直接的に生命の危険を脅かされているアスキラを保護することは、正当なことだが、二つの氏族間の抗争を一方の立場からの言葉によって、その善悪や行為の是非を判断することはできないし、また現場の自衛隊員に許されていることでもない。だから、自衛隊がソマリアの土漠で戦うことは、はなはだしく彼らの使命から逸脱したものであり、それは決して許容されてはいけないのだ（だから、小説の最後において、彼らの〝正義の戦い〟は、日本政府や防衛省幹部の判断によって、なかったこととされる）。

当然のことながら、戦争することを禁じられている自衛隊は、海外派兵されたとしても、戦争をすることはできない。殺すことも、殺されることも、彼らには許されていない。彼らが敵兵といえども殺した場合は、原則的に殺人罪が適用される（当該国において）。日本において、人を殺した人間が、その罪に問われないのは、正当防衛が認められる場合と、死刑執行人の場合だけだ。海外派兵をテーマとした小説が、こうも簡単に〝敵〟を攻撃し（大量殺戮し）、殺し合うということは、海外派兵や集団的自衛権の論議が深まらないうちに、見切り発車してしまうことにつながる。小説作品が、自衛隊による戦争への道を切り開くことになってはならない。

こうした小説が、リアルで、ヒューマニスティックな作品として受け入れられるところに、日本の文学世界の自衛隊に対する誤解や曲解や、暗黙の〝戦争翼賛〟のプロパガンダがある。「戦争」は、安倍晋三や石破茂のような〝好戦的〟な極右の政治家（そのくせ、彼らはいざとなったら腰を抜かし、腹痛を起こし、尻込みするだろう）や、それによって〝商売繁盛〟となる軍需産業や武器商人たちだけが渇望、願望しているのではない。ナショナリズムを煽り、他国から脅威を声高に言い募るマスメディアやジャーナリズムだけが威勢良く進軍ラッパを吹いているわけではない。ましてや、真っ先に戦死の危険を追う自衛隊が、本当の意味で「戦争」を望んでいるはずがない。むしろ、そうした〝戦争の空気〟に便乗する大衆的、国民的な漠然たるディスペレートな〝願望〟や〝希望〟にある。こうした〝戦前的な空気〟に抗うこと、逆らい続けることが現在一番大切なことであると思える。マイルドでソフトな有川浩や福田和代のような〈自衛隊小説〉であれ、『夢は荒れ地を』や『土漠の花』のような、ハードで、ヴァイオレンス的な〈自衛隊小説〉であれ、そうした戦争への渇望や願望（の空気）をはっきりと批判することから始めなければならないのだ。

## 自衛隊改造計画

〝不在の軍隊〟から、著しい変容を遂げてきた自衛隊は、これからどんな存在とならなければならないだろうか。最後に、私が考えるこれからの自衛隊のあるべき形（未来図）を示しておくことは、ここまで自衛隊や自衛隊員の表象をめぐって語ってきた本論としては、当然示さなければならないことであるだろう。

まず前提となるのは、日本国憲法の規定と自衛隊の存在との整合性についてである。いくどか繰り返してきたように、日本国憲法の第九条は、自衛隊の存在とは相容れない矛盾したものだ。とりわけ、第二項の「陸海空軍その他の戦力は、これを保持しない」という条文は、明白に、現実の〝自衛隊という名の武力（暴力）装置＝軍隊〟を否定している。現在の姿での自衛隊は違憲の存在であり、〝憲法九条を守る〟限り、自衛隊は解体、解散されなければならない。

しかし、世界有数の「陸海空軍その他の戦力」を持つ自衛隊を〝武装解除〟し、二十四万人もの兵士を抱えた軍隊組織を簡単に解体、解散できると考えるのは、空想というより、妄想といったほうがよい。現実的ではない、空虚な夢だ。また、現実の覇権主義や帝国主義がまかり通る国際社会のなかで、非武装中立、あるいは保田輿重郎が戦後に唱えた〝絶対平和論〟は、現実性からかけ離れた理念であり、理想であったからこそ、その存在意義があったのであり、それを現実社会のなかで実現させようとすれば、さまざまな面において、より複雑で、錯綜した問題を引き起こすだろう。日本と極東、そして世界をめぐる安全保障問題は、眼をつぶったまま避けられるものではない。

とすれば、次に考えられるのは、憲法を改定し、自衛隊の存在をそのなかに書き込むことだ。この場合、二つの方法が考えられる。一つは、現行の憲法九条の第二項を削除し、「(国連憲章にも明記された)自衛権に基づく自衛隊を置く」と明文化することだ。これはもちろん、自衛隊が軍隊であることを前提しており、自衛隊を〝自衛軍〟〝日本軍〟と改称してゆく道に連なる。しかし、「陸海空軍その他の戦力」を保持しないという第九条第二項を活かしながら、自衛隊を存続させるという選択肢は本当にないのだろうか。

私はありうると思う。すなわち、第二項をそのまま残して、第三項として〝非軍隊としての自衛隊を置く〟と明文化することだ。非軍隊としての自衛隊というのは、その規定は難しいが、「陸海空軍」の戦力である陸上自衛隊、海上自衛隊、航空自衛隊の三軍の分割を止め、新制の自衛隊として、警察、軍隊以外の〝第三の実力部隊〟を再編成するということだ。その新制自衛隊の任務は、①天災地変や大規模な事故に対応する防災自衛隊と、②最低限の国防を担当する専守防衛隊と、③国際貢献のための平和協力隊(海外での平和維持、災害救助・支援・復興)としての自衛隊の主要な三つの目的をはっきりと憲法のなかに記述することによって、自衛隊の活動の範囲を限定することで、〝非軍隊〟としての内実を明確に示すことだ。

これらの憲法改定は、必然的に憲法の他の条項や、自衛隊法、防衛省設置法のなど関連法の改変を伴わなければならない。そして、さらに何よりも、日本の安全保障政策の礎石となっている日米安全保障条約と、これに基づく在日米軍の地位協定の全面的な見直しを伴わなければならない。

自衛隊という〝実力部隊〟の存在を前提としていない日米安全保障条約は、日本による自前の「(他国からの）武力攻撃」に対処する方策を欠いており、アメリカ側の応対を宣言しているだけにとどまる。憲法第九条の第二項を削除し、自衛隊という「陸海空軍その他の戦力」の保持を認知し、自前の軍隊を持つ意志を明かにした場合（この場合でも、自衛隊をわざわざ〝自衛軍〟あるいは〝日本軍〟と呼び変える必要はない）は、安全保障に関わる全体図が描き直されることは必定であり、いわゆる日米同盟のあり方に変化をもたらすのは当然のことだ。もちろん、第三項を加えた場合も、これらの安全保障体制、防衛体制は修正しなければならない。

つまり、いずれの場合でも、日本は自らの主体的な安全保障政策を考えるべきであり、日米安保条約に基づく在日米軍基地は、縮小あるいは撤収・撤退という道を取らなければならない。これまで語ってきたように、在日米軍は、〝日本を守るため〟に駐留しているのではなく、アメリカの軍事的な世界戦略のために、〝アメリカの、アメリカによる、アメリカのための〟軍隊として日本に駐屯しているのにほかならない。自衛隊の限定的な「陸海空軍」の戦力は、そうしたアメリカ軍の補完勢力や、兵站基地、傭兵としての役割を担っているのであり、日本自身による、日本自身のための防衛政策、安保保障体制などはこれまで一度として持つことができなかったといって過言ではない。すなわち、「各締結国（日本とアメリカを指す――引用者註）は、日本国の施政の下にある領域における、いずれか一方に対する武力攻撃が、自国の平和及び安全を危うくするものであることを認め、自国の憲法上の規定及び手続に従って共通の危険に対処するように行動することを宣言する」（第五条）という文言が、これまでの日本の安全保障の政策、防衛体制のアルファでありオメガであり、日本は他国からの武力攻撃に対する対処は、全面的にアメリカに頼るということなのだ。

朝鮮戦争、ベトナム戦争、湾岸戦争、イラク戦争時において、日本の米軍基地から戦闘機、爆撃機、輸送機が飛び立っていったのだが、これが日本の「平和及び安全」を脅かすものへの対抗策でありえないことは火を見るよりも明らかだ。それはアメリカが自分たちの世界の支配戦略のために〝勝手に〟行った戦争にほかならない。それなのに、アメリカ軍は日米安保条約に違反する行動を、日本の領域内で行っている。それは沖縄での米軍の傍若無人な振舞い方を見れば明白だ。ベトナムや中東、湾岸への攻撃機は、日本の米軍基地から飛び立ったのであり、それは日本の防衛に資するどころか、日本への攻撃を誘発するものにほかならない。

日本が主体的な安全保障政策を考えるということは、在日米軍基地を沖縄をはじめとした日本国内から最終的には撤退させることを企図するものであり、それは在日米軍が日本を守っていると称している軍事的抑止力なるものをそのまま肩代わりするものではない。日本は最低限、最小限の国防能力を持てばよいのであって、在日米軍が自分たちの存在の意味をアピールするために誇張的に誘導してきた東アジアの緊張や脅威を真に受ける必要はない（それはアメリカ自身が醸成してきた危機だ）。北朝鮮の核ミサイル開発や核実験、中国の軍事大国化と覇権主義、勢力拡大は確かに日本周辺の安全保障に関わる懸念材料だが、今すぐ北朝鮮が日本を核攻撃することや、中国の日本領土への侵犯が実行される確率はきわめて低く、それは軍事的な対処ではなく、外交的な交渉や、国交交渉のなかでこそ、解決されなければならない。そうした平和交渉に努力することをネグレクトして（日本側が危機を高める工作して）、高度なミサイル防衛の体制やイージス艦の日本海の配置、ステルス機の飛来などの、専ら軍事的な対処を行うことは、むしろ日本の安全と東アジアの平和環境を損なうものであることを認識する必要があるのだ。

日本が中国の軍事的脅威に対抗するためには、軍事力の強化や拡大という方策では不可能である。核兵器を持ち、すでに経済的にも生産力においても日本を凌駕した中国に軍事的に太刀打ちできないことは明らかだ。一九四〇年に日本がアメリカに宣戦布告した時（真珠湾奇襲の方が時間的に先立ってしまったが）、冷静に日米の軍事力、生産力（国力）すなわち戦争遂行能力を比較すれば、アメリカに対して勝ち目がまったく無かったことは明白だった。その時と同じように、日中の全面戦争があれば、日本の敗北は必至である（日米連合軍といった、アジア・太平洋戦争時の独・伊との三国同盟のような迷夢は見るべきではない）。

とすれば、日本の選択肢は明らかで、憲法にある「国権の発動たる戦争と、武力による威嚇又は武力の行使は、国際紛争を解決する手段としては、永久にこれを放棄」するという文言通りに行動し、国連を中心とした平和的努力や二国間の交渉を通じて、日中間の問題の解決に当たるという方策しか日本には残されていない。ゆめゆめ、中国を挑発したり、侵攻の口実を与えるような行為をしてはならないのだ。しかし、それと逆のことを、官民そろって行おうとしているのは、戦前の軍部と国民の愚劣さを反復しようとしているとしか思えない。中国との平和条約を結んだり、東アジアの集団的安全保障を選択肢を日本があえて放棄していると見なさざるをえないのである。

アメリカ、中国、ロシア、北朝鮮との間で友好条約、平和条約、不可侵条約をそれぞれ結ぶことによって、日米同盟を除々に解消し、中国との間には領土・領海に関する恒久的な話し合いを継続することによって、少なくても軍事的緊張や衝突を緩和する相互の努力を働きかけるべきだ。経済的交流、文化・学術的交流の緊密化、拡大化が、その礎となることは論を俟たないのである。

## 自衛隊再編

　こうした日本の安全保障の充実のためには、旧日本陸軍、海軍の両軍の編成に由来する陸上自衛隊、海上自衛隊、航空自衛隊の「陸海空」の三軍は、目標・目的別に再編成されなければならない（それは「陸海空軍」の戦力を持たないという憲法の規定を文字通りに守ることでもある）。領空、領海、領土の統合的な防衛体制が必要であり、旧軍隊の構成に依拠する三軍体制は、むしろ防衛体制の足枷としか働いていないからだ。これは、防衛省のいわゆる文官と武官の二重構造にも通底し、またひいては外務省と防衛省に分断的に管轄されている、日本国の安全保障行政の統合的で機能的な再編成にもつながってゆかなければならない。

　まず、三・一一以降、自衛隊への国民認知の拡大（自衛隊の容認）の大きな要因となった自衛隊の災害救助活動、復興活動を強化し、その活動を防災に特化した部隊を再編成すべきである。つまり、地震や津波や台風などの天災や、大規模な事故などに対応する郷土防衛隊としての側面を強化させた防災を、自衛隊の「主たる任務」に格上げし、それに対応する重機や消防車、化学・放射能防災の特殊車両などの設備を充実させ、そうした防災計画、体制、訓練、装備を担う〝防災自衛隊〟の組織を立ち上げるべきだ。

　日本国民が、三・一一の際に自衛隊に期待し、そして感謝したのは、そうした〝防災自衛隊〟としての側面においてであり、象徴的にいえば、銃を置いて、シャベルを握った自衛隊員についてなのだ。前述したように、自衛隊＝防衛省は、三・一一の〝自衛隊の活躍〟を大きく自己宣伝し、自衛隊のプロパガンダには熱心に取り組んだのだが、それによって〝本来のあり方〟である、国防を担う軍隊として自衛隊の役割を強調することを忘れなかった。というより、自衛隊を〝国土防衛隊〟や〝災害救助隊〟に変えよ、というありうべき国民の声を必死に抑えようとしたのである。

自衛隊のレゾンデートルは、国防にあると考えた場合でも、三・一一の際には、二十四万人の自衛隊員のうち、ほぼ半分の十万人が震災の対策に出動し、半分は国防に従事していた。しかし、このことを強調することは自衛隊を自縄自縛する。それならば、本来の国防の任務のためなら、現在の人員の半分の十万人で賄えるのではないか、という反論にまともに答えることができるだろうか？

たとえば、現実的に〝仮想敵国〟としての中国やロシア、あるいは北朝鮮の武力攻撃があった場合には、現在の自衛隊の〝国防力〟では不十分だろう。いずれにしても、全面的な戦争や、核攻撃の場合は、今の日本の防衛能力ではなす術《すべ》はない。さらに国防力を数倍に上げたところで変わりはない。軍事力の拡大で、これらの〝敵国〟の攻撃から自国を防衛することはできない。できることは、国連中心の平和や緊張緩和の外交や交渉であり、集団的安全保障（これも国連中心とすべきだ）であり、限定的な攻撃に備えての専守防衛的な最低限（最小限）の国防力の装備ということになるだろう(6)。

自衛隊の定員数、装備の構成については、現在の自衛隊の現状やこれからの装備計画も含めて抜本的な見直しが必要であり、またその余地も十分にあると思われる。少なくとも、災害救助や復興活動には何の役にも立たない陸上自衛隊の自慢らしい国産の10式戦車や、航空自衛隊の高性能のF‐35攻撃用戦闘機などは必要なく、その代わりに対化学兵器や放射能を防御する装甲車のような特殊車両部隊や、救助ヘリコプター、輸送ヘリコプターの部隊などの充実を図るべきではないのか？

そうすれば、既得権益と癒着とによって歪められた、自衛隊と軍需産業、軍需ビジネスとの間にある〝黒い霧（闇）〟の関係は少し正されるのではないか？　何しろ、日本の兵器、軍備は、〝戦争を放棄〟しているのだから、実戦での有効性や有利性をまったく問われず、それを検証する術もないのだから、ブラック・マーケット化することは当然なのである。これは、防衛次官を務めて、自ら防衛省と防衛産業との〝黒い癒着〟の片棒を担いでいた守屋武昌や、自衛官だった大田述正などが、自らの経験として暴露（告白、告発）していることで、防衛省＝自衛隊は、解体的改革を断行しなければ、日本の防衛に携わってはいけないほどの国民に対する裏切りなのである。

三・一一の被災地出動の際には、自衛隊にはまともな長ゴム靴が装備されていなかったことが明らかになったという。シャベルやスコップも足りなかったといわれる。つまり、もっとも実践的であるべき自衛隊が、防災隊として実践的ではなく、装備、準備、訓練に欠けていたということだ。「天災地変その他の災害」に対して、「人命又は財産の保護のために必要がある場合」、自衛隊はその部隊を「派遣することができる」。これが自衛隊法第八十三条で規定された自衛隊の「災害派遣」の条項だが、これを「主たる任務」に格上げし、それに対応できる体制に再編すべきことはいくどか繰り返し主張してきた。これは、緊急的に、速やかに実現すべきことであり、国民の理解も得られやすいと考えられるから、早急に自衛隊法の改正案として提出すべきことである。

次に、狭義の国土防衛を目標とした、武力装置としての国防自衛隊である。この場合、専守防衛を旨として、専制攻撃や、領海・領空を越えての攻撃、侵略、制圧、占領などは許されないという現行の枠組みから軍備や装備を拡張・拡大させる必要はないだろう。あくまでも、国土の国民の防衛に限定しての武力の行使であって、そのために、核兵器や大陸間弾道ミサイル、原子力潜水艦、航空母艦などの保持は禁じられなければならない。

現在でも陸上自衛隊、海上自衛隊、航空自衛隊の兵器保有や軍備は偏っていて、長い間、米軍の軍備体制に倣い、それに日本に特有の事情が絡んだものとなっており、一国の軍備体制としてはかなり歪んだものとなっており、体系的で合理的な軍事力となってはいないと指摘されている。これは専守防衛という自衛隊の特殊性から来るものというより、現実的に米軍の世界戦略に、自衛隊ががっちりとはめ込まれているからといえるだろう。兵器やそのシステムが米国製であることももちろんだが、日本が日米安保条約の枠外での安全保障の方針も方策も持っておらず、米軍を補完するだけの能力しか考えられていなかったからだ。有事の際には、自衛隊は在日米軍の司令部の指揮下に入り、独自の作戦や、戦略や戦術を立てることは不可能であり、また米軍の指揮下から離脱することは許されていない。日本国内の自衛隊基地が、在日米軍の防御を担っている例は数多くあり（沖縄がそうだ）、自衛隊は在日米軍の傭兵であり、下請けであり、軍属以下の扱いを受けている場合も少なくない。

日米の共同演習、共同訓練の場も、自衛隊がいかに速やかに米軍の援護、支援、後方支援に回ることができるかが試されているのであり、対等なパートナーとして同盟軍、連合軍として戦うことは憲法上、条約上、協定上で不可能なのである。

自衛隊の海外派遣については、海外の大規模災害の救助、援助活動を「主たる任務」とした常設の国際協力隊を立ち上げるべきだ。国際連合の平和維持活動へ参加し、紛争地における治安活動、平和維持軍への参加も可とするべきだろう。アフガン戦争、湾岸戦争、イラク戦争のような、アメリカ主導の多国籍軍への参加などは、行うべきではなく、そのための集団的自衛権を認めることなどは決して行ってはならない。

「国際連合平和維持活動等に対する協力に関する法律」がすでに制定されているが、そこで定義されている国際平和協力業務を行う「国際平和協力隊」には、海上保安庁員や自衛官が想定されているが、これをミッションごとの編成ではなく、恒常的な「国際協力隊」として組織することがこの提案である。海上保安庁の一部と、海上自衛隊をそうした「国際協力隊」に再編成するという考え方も出てくるはずだ。また、そのような「国際協力隊」を国連軍に所属させ、国連事務総長の下、国連安全保障理事会の承認を前提としたＰＫＯ軍（国連平和維持部隊）への参加も考えられることだ。また、丸ごと自衛隊を国連軍に所属させることも考えられるが、国連主導の本当の意味での「国連軍」がまだ一度も組織されていないことを思えば（アメリカ主導の多国籍軍ではない）、これはあまりにも飛躍した、現実離れした構想にしか過ぎない。

もちろん、ＰＫＯ軍への参加についても、伊勢崎賢治が『自衛隊の国際貢献は憲法九条で』（二〇〇八年三月、かもがわ出版）や『日本人は人を殺しに行くのか』（二〇一四年十月、朝日新聞社）で主張しているように、日本国憲法九条を〝楯〟として〝非武装中立〟として行かなければならない（これは自己防衛としての武器携行を否定するものではない）。国連のＰＫＯ活動が変質している現在において、現地の非武装化（武装解除）、生活援助が「国際協力隊」の重要なミッションとならざるをえず、そこで〝非武装中立〟という日本の立場が戦略的に取られなければならないのだ。

日本の自衛隊は〝戦わない軍隊〟であり、〝戦えない軍隊〟である。むしろ、そうした特徴を活かすことによって、内戦や紛争の調停や武装解除に当たり、米英の多国籍軍のような〝戦闘集団〟ではなく、あくまでも平和維持や、混乱した治安の復興、インフラの整備などの国際貢献を果たすべきである。これも「国際平和協力隊」を、ミッションごとに組み立てるのではなく、文民統制を原則とした恒常的な機関を、防衛省、外務省という行政の壁を破って組織することが肝要であると考える。

小池清彦・竹岡勝美・箕輪登の〝防衛省元幹部3人〟が『我、自衛隊を愛す　故に、憲法9条を守る』（かもがわ出版、二〇〇三年三月）で、憲法九条と自衛隊とが半世紀にもわたって〝共存〟してきたことを語っている。もちろん、その〝共存共栄〟は、法論理的には整合性の取れないものであることは、本論の前提ともなっていた。しかし、あらためて考えてみると、この五十年以上の〝共生〟は意味のないことではないはずだ。小泉内閣や安倍内閣が歩み出した第一歩とは反対の側に一歩を歩み出すこと。憲法九条と自衛隊との〝共存〟とは、自衛隊が憲法九条の理念へと歩み出し、一歩でも近づくことによって、そのアポリアを超えてゆくことができるのである。

## 「安全保障基本法」と安全保障委員会

そうした三軍を統一した自衛隊の活動をオーソライズするものとして、憲法の序文の平和主義、国連主義と、九条の戦争放棄の思想を活かした「安全保障基本法」あるいは「平和基本法」といったものを与野党の国会議員政治家と民間人とが合同で制定し、それに基づいて自衛隊法などの関連法の整理・整備を行う必要がある。また、立法府の下に、強力な安全保障委員会あるいは安全保障会議を設け、文民統制の実質を担保するためにも、国民選挙で選ばれた国会議員が、安全保障問題についての全般的な政策、国防の方針に取り組むべきである（国際平和協力隊の統括もここで行われるべきだ）。

行政主導の防衛政策は、国民の総意には必ずしも基づかない内閣総理大臣が、自衛隊の「最高の指揮監督権を有する」（自衛隊法第七条）ことから、その防衛政策の権限が強すぎるようになる嫌いがあり、常に、直接的な選挙という洗礼を受ける立場の立法議員による、責任のある、専門的な安全保障委員会あるいは協議会といったものの存立が望まれる。国民的合意から遊離した安倍晋三内閣の〝軍事的〟リーダーシップを見れば、一行政担当者に防衛政策のすべてを委ねることが、いかに危ういものであるかが分かるはずだ。そうした意味で、安倍政権が設置した、総理大臣を議長として総務大臣や防衛大臣など内閣の主要メンバーと議員の重なる「安全保障会議」は認めがたい。そこには、何らのチェック機能が働かないからである。とりわけ、行政においては、現今の外務省の安全保障局のような、対米追従の遺伝子が強固に残っている外務省という官僚組織に一国の安全保障政策の立案や施政を委ねるべきではなく、また、防衛省の文官のような、自衛隊という武力組織に対する統制能力も、行政能力も低い官僚たちにそれを任せておくこともためらわれる。優秀で、見識があり、国際感覚を身に付けた防衛官僚の育成を図らなければならないのだが、これまでのように、憲法九条を前にしての判断中止や、自衛隊や在日米軍の駐屯の現状追認、定年後の再就職や天降り先を探すことだけに終始していた官僚たちを見れば、これが「言うは易く、行うは難し」の実例以外のものではないことが分かる。日本の軍需産業を潤すためだけの防衛予算の乱費、冗費が指摘されているのだが、三菱重工業や川崎重工、日立、東芝、ＩＨＩなどの軍需産業・仲介の商社と結託した武官・文官の防衛官僚、防衛族といわれる政治家、自衛隊お抱えの御用記者、御用学者、御用ジャーナリストなど、国民の関心や監視の眼がほとんど届かないところで、六十年間、抜本的な改革も革新もなく、ただ漫然と厖大な防衛予算だけが、費やされ続けてきたのである。

これには、安全保障問題、防衛問題に眼を閉じ、判断中止を行ってきたいわゆる戦後民主主義派、五十五年体制下で非武装中立、自衛隊違憲、平和憲法護持を唱えてきた社会党を中心とした革新勢力と呼ばれる人々にも応分の責任がある。それは原子力発電所のように、その新設・増設を漫然と見逃し、暗黙のうちに許容していたことの失当であり、罪責なのである（これは、私自身の自己批判を含むものでもある）。現実主義の立場に立ち、理念と原則を忘れず、柔軟に問題に対処してゆく能力が求められるのであり、そうした政治家や官僚、識者、学者を育ててこなかったことを、私たちは真剣に反省しなければならないのである。

## 核支配下の安全保障

日本の安全保障問題で一番厄介なのは、核兵器の問題だろう。日本の近隣諸国のうち、アメリカ、ロシア、中国と、北朝鮮は核兵器を有しているか、あるいは保有の意志を明確にしている国で、アメリカを除けば潜在的に日本の〝敵国〟となる危険性のある（韓国だけが、非核兵器保有国で、同盟国としての可能性がある）国だ。在日米軍の縮小、あるいは全面撤退を主張するということは、アメリカの〝核の傘〟から抜け出すことであり、それは日本への核攻撃を誘発するのではないか？ あるいは、日本を核武装への道へと導いてゆくことにはならないか？ こうした疑問が出されても、それは無理のないことではないだろう。

現実的に、世界中に、核兵器があり、潜在的な敵国からの核攻撃の危険性が皆無でない以上、日本は核兵器に依らない安全保障の体制をどう構築してゆけばよいのか？

日本はまさに核兵器を持たないことを宣言（非核三原則——核を持たない、作らない、持ち込ませない——ただし、三番目の原則は形骸化していると思われる）した国として、〃積極的平和主義〃のために、国際連合を通じて、安全保障委員会の常任理事国である五大核大国（アメリカ、ロシア、イギリス、フランス、中国）に対して、核兵器の先制攻撃は行わないという宣誓を求めることと、また、五大国以外の非核兵器保有国、核兵器を持たない国、地域が核攻撃（原子力発電所へのミサイル攻撃なども含む）を受けた場合、核五大国は、一致して、核報復することを宣誓することを、核兵器を保有する国の責任と義務として負うことを表明すべきことを要求する権利がある。

もちろん、日本は率先して、核兵器の永久的な放棄を宣言し（持たない、作らない、持ち込ませないという非核三原則の堅持を法制化する必要がある）、核兵器廃絶の運動の先頭に立ち、核兵器の独占を図る五大国に、そうした義務を課すべく、国連などの場を通じて強く運動しなければならないのだ（それなのに、国連の場でも、核強国アメリカの尻馬に乗って、理念としての核兵器反対の声も上げられないのが、被爆国日本の政府の情けないところだ）。

これが、現在において可能な、〃核の傘〃による核戦争の防止につながるものであると思う。日本だけでなく、すべての非核国、地域にあてはまるものだ。自分たちだけで勝手に〃核独占〃を図る核五大国の野望は、本来的に不公正で不公平なものだが（この点で北朝鮮やイランの核開発は、それなりの正当性を持つことになる）、もし、本当にオバマ米国大統領が世界からの核廃絶と核拡散の防止を考えるならば、核兵器による先制攻撃をしないこと、非核国に対する核攻撃には、断固たる報復の宣言による「核抑止力」を発揮することは、当然の義務（と責任）というべきものだ。ロシア、英仏、中国もそれに倣うべきで、インド、パキスタン、イスラエルなどの核兵器保有国も、少なくとも、核兵器による先制攻撃は行わないという国際的な誓約をすべきだ。つまり、アメリカだけの〝核の傘〟に依存するのではなく、核兵器を持つすべての国の〝核の傘〟に入るということだ。もちろん、最終的な目標は、核廃絶にあることはいうまでもない。広島、長崎、第五福竜丸、福島と、三度、四度の原子力（核）災害を被災した日本の国民が、核武装によって〝平和を実現できる〟と考えることはありえないと信じる。核支配下の安全保障など、どこにもありえず、核兵器のみならず、原子力発電や原子力動力の廃絶こそが、安全保障につながる大道なのである。

## 集団的自衛権と安保条約

安倍晋三政権が推し進めようとしている「集団的自衛権」は、日本国憲法と背反するだけではなく、日米安保条約とも整合性を取ることができない。なぜなら、「日本国とアメリカ合衆国との間の相互協力及び安全保障条約」において、「両国が国際連合憲章に定める個別的又は集団的自衛の固有の権利を有していることを確認し」「両国が極東における国際の平和及び安全の維持に共通の関心を有することを考慮し」とその前文に書いてあり、日本とアメリカとの安保条約は「個別的又は集団的自衛の固有の権利」を認めたうえで取り交わしたものであるのだから、今さら日本が集団的自衛権を持つことや行使することを内外に宣言することは、それまでの日米安保条約の前提条件が、満たされていなかったことを自ら暴露する結果となるからだ。

また、日本国内に在日米軍の基地がある根拠は、前掲のように、安保条約第六条に「日本国の安全に寄与し、並びに極東における国際の平和及び安全の維持に寄与するため、アメリカ合衆国は、その陸軍、空軍及び海軍が日本国において施設及び区域を使用することを許される」とあることに拠る。この条文と、前文との規定を考え合わせると、アメリカ合衆国は、日本の国内における米軍の施設や区域（基地）において個別的自衛権を持つのと同時に、同盟国である日本が第三国からの武力攻撃を受けた時に、集団的自衛権を発揮して日本を助けるというふうにしか読むことができない（それは、必ずしも武力行使を伴うことを規定してはいないが）。

アメリカが日本（と極東）の「平和と安全」を保障してくれる限りにおいて、アメリカ軍が日本に駐留するのであり、日本の持つ「個別的及び集団的自衛」の権利は、アメリカに対して発揮される規定はない。日本が集団的自衛権を持っていたとしても、それをアメリカに適用するには、アメリカとの間の集団的自衛に関する取り決めがなければ、それは絵に描いた餅ほどの意味も持ち得ない。

日米同盟という言い方は、不適当である。日米間には、「日米安全保障条約」が結ばれており、それの具体的な方策として「日米地位協定」があるが、日本とアメリカの間には「同盟条約（協約）」は結ばれていない。アメリカ軍が一方的に日本の「平和及び安全」（および極東の平和）を守るために武力行使が可能なのに対し、日本はアメリカの戦争に参戦したり、協力したり、同調するような同盟関係を持っているわけではないのだ。

つまり、〝日米同盟〟というのは、いわば比喩的な使い方であって、かつての日英同盟のような軍事同盟として締結されたものではないのだ（少しましなのは、日米の同盟関係という言い方だろう）。日英同盟は、明確な協約に基づき、軍事同盟として締結されたもので、三度にわたって「日英同盟協約」として成文化されている。

日米安保条約の第三条には「締約国は、個別的に及び相互に協力して、継続的かつ効果的な自助及び相互援助により、武力攻撃に抵抗するそれぞれの能力を、憲法上の規定に従うことを条件として、維持し発展させる」とある。日本国憲法の第九条には「陸海空軍その他の戦力は保持しない」とあるのだから、「憲法上の規定に従」い、日本は武力攻撃に対し、ほとんど無能力の「抵抗」しかできないことになる。「憲法上の規定に従」っていない自衛隊の自衛力（戦力）は、日米安保条約の規定によって、まったく発揮できないものとなる。これは、すでに主張したように、自衛隊の成立以前に、安保条約（安保体制）の骨格ができていたからであり、自衛隊と日米安保条約は、互いに相矛盾するものにほかならない。

こうした矛盾、不適合を日米は長い間、放置してきた。あまつさえ、「対米従属」派の巣窟と化している日本の外務省（このことは、孫崎亨の著作に詳しい）は、〝日米同盟〟が確固たる軍事同盟であるかのようにホームページやパンフレットに記載している。日本とアメリカが同盟関係にある法的な根拠は、日米安保条約しかない。しかも、それは軍事同盟の関係を明白したものでもなければ、他の国から武力攻撃を受けた時の集団的自衛権を双方で行使するという取り決めが交わされているわけでもない（憲法九条で、戦力の不保持を謳っている日本が、いずれの国とであろうとも〝軍事同盟〟を結べるはずがない）。こうした関係を、日米（軍事）同盟と呼ぶことには無理があり、矛盾がある。安倍晋三政権の集団的自衛権は〝合憲〟という歪曲された新（珍）解釈は、こうした無理や矛盾や不適正、非合理性をひとつも解決しないままに、非知的な無理筋の横車的な法的解釈にしかすぎない。無理が通れば、道理は引っ込む。

愚かで反知性的な安倍晋三（と石破茂）には、付ける薬がないのである（外務省の入れ知恵であることは明白だ）。

安倍晋三の底意は、もし日本と中国が、尖閣問題などでことを構えることがあったら、アメリカは日本を「集団的自衛権」によって守ってやると、約束して欲しい（広言して欲しい）ということであり、そのために双務的な集団的自衛権といったものを、にわかに持ち出してきた（ただし、アメリカ側は、自衛隊を米軍の、無料どころか自ら軍資金を持参する傭兵として使うために、日本側に強圧的に要請し続けていたという経緯がある）。もちろん、自前の「国軍」を持ち、アメリカの利益分捕りの帝国主義的戦争に、自分も一枚噛み、甘い汁を吸いたいという、それはそれで切実な彼らの願望や欲望があることも明白である。

しかし、尖閣列島の日中の武力衝突の危機を招いているのは、日本側であり（石原慎太郎の都有化発言、野田政権の拙劣な国有化政策）、極右政権である安倍晋三政権が、安保状況の危機を演出するために、衝突回避の外交的手段を執らず（〃打てる手〃も打たず）、自衛隊OBなどの代弁者を通じて『自衛隊は尖閣紛争をどう戦うか』（二〇一四年、祥伝社）などの〃架空戦記〃ものをジャーナリズムに散乱させ、ナショナリズムと排外主義、自衛隊の国軍化、日米安保体制（日米同盟）の強化を目論んでいるのである（もちろん、中国の東・南シナ海への勢力拡大の進出的意図があることも明白だが。なお、日本側の作為的な〃紛争〃の危機の醸成は、竹島でも北方領土においても同様である。日本側は〃打つべき手〃を打たず、それをこじらせる方向へと誘導していると思わざるをえない）。

日米両国は、二〇一四年末に、新規の「日米防衛指針（ガイドライン）」を設定して、日本が米国を守るという集団的自衛権をオーソライズしようとしている。しかし、これは、日本の自衛隊が、米軍の世界戦略の下位に位置させられ、自衛隊が〝アメリカン・コントロール〟の下に置かれるということだけを意味する。

なぜ、こうした米軍と自衛隊との対等なパートナーシップによる日米軍事同盟が条約化できずに、単に、ガイドラインといった曖昧な指針になっているかというと、日本に対応する「軍事組織」が憲法上存在せず、また日米安保条約を改正せずに、「合衆国軍隊」が自衛隊と共同で行動することなど、本来はできるはずがないからだ。憲法と安保条約という二つの枷が、日米の軍事同盟を阻んでいる。しかし、そうした曖昧で、ルーズな取りきめが、アメリカ側にも、日本側にも都合が良いといった局面があるからだ。つまり、憲法九条や「非核三原則」や「武器輸出三原則」などの戦後日本が積み上げてきた原理原則を蔑ろにし、それを無視して〝密約〟を取り交わし、〝不法な取引〟を行う闇の部分の余地を広大なまでに残すために、成文化しないことが日米双方の権力者にとって有利なことが多かったからだ。

## 「日米地位協定」という特権

日本が〝永続敗戦〟の下にあり、日本国憲法よりも、事実上、日米安保条約や、それに伴う日米間の軍事同盟的な「地位協定」が〝優越〟しているという、前泊博盛編著の『本当は憲法より大切な「日米地位協定入門」』（二〇一三年、創元社）や、矢部宏治『日本はなぜ、「基地」と「原発」を止められないのか』（二〇一四年九月、集英社インターナショナル）などの書物が主張する論点は、日本国憲法と日米安保条約、日米地位協定の規定がそれぞれに矛盾し、論理的な整合性を持っていないことが明らかだからだ。

日米安保条約において、「両国が国際連合憲章に定める個別的又は集団的自衛の固有の権利を有していることを確認し」ているが、日本が集団的自衛権を持っているどころか、個別的自衛権の保持さえ、憲法九条の規定上、あやしいといわざるをえない以上、「武力攻撃に抵抗するそれぞれの能力を、憲法上の規定に従うことを条件として、維持し発展させる」という条項は、日本は他国からの武力攻撃に対しては、武力（戦力）による反撃ではなく、それ以外の手段、平和的解決のための交渉や外交的駆け引きなどによって〝抵抗〟することが想定されているのであり、もう一つの手段としてアメリカ軍の武力による反攻、反撃が考えられるのである。

こうした安保条約の規定は、決して片務的で、日本だけが利益を得ているわけではない。そのために、アメリカは日本において、ほとんど無制限、無制約の条件でアメリカ軍を日本国内に駐留させているのであり、日米安保条約ほど、他国の軍隊に国内の基地の自由な使用と、便宜とをはかっている〝従属的〟な軍事関係を結んでいる例はないといわれているほどだ。「日本国とアメリカ合衆国との間の相互協力及び安全保障条約第六条に基づく施設及び区域並びに日本国における合衆国軍隊の地位に関する協定」という長たらしい協定は、一般的に「日米地位協定」、単に「地位協定」とされるが、その第三条は、「合衆国は、施設及び区域内において、それらの設定、運営、警護及び管理のための必要なすべての措置を執ることができる」という、ほぼフリーハンドの活動の自由を保証されたうえに、それに対して日本国政府は、米軍のそれらの活動に関する日本側への要請に対して「必要な措置を執るものとする」という規定さえ盛り込まれている。

これ以後、船舶や航空機の運航、交通管理や通信、出入国、税金、郵便、気象データーの提供など、米軍は日本において自由自在な活動の権利を有しており、米国軍人、軍属、そしてその家族に対しては〝治外法権〟といってよいほどの特権が与えられていることは、前述の二著に論述されている通りである。在日朝鮮人に対する、ありもしない〝特権〟を弾劾するよりも、米軍家族の家では光熱費や水道量もただで使い放題といった〝特権〟を追求する方がよほど理と現実に適っている。

もちろん、こうした在日米軍の〝特権〟は、日本が先の大戦で無条件降伏したという原点を持ち、安保条約で「日本国の安全に寄与し、並びに極東における国際の平和及び安全の維持に寄与するため」、「アメリカ合衆国」に、「その陸軍、空軍及び海軍が日本国において施設及び区域を使用することを許される」と、日本が米軍に基地を提供することを認めたからである。簡単にいうと、日本は「安全保障」のために、沖縄をはじめとした米軍に土地と便宜を提供しているのであり、アメリカ合衆国が、この安保条約の規定が片務的で、アメリカの国益に合わないと判断すれば、いつでも米軍は撤退することができる。しかも、基地に使った土地の原状への復帰や、返還に関する補償などは一切行う必要のないことは条約に明記されている。

つまり、アメリカは、冷戦時代の仮想敵国だったソ連、そして今後ますます脅威を増すと考えられる中国の前面に、日本列島という〝不沈空母〟を備えているのであり、そこに在外米軍としては最大規模で、最強の基地を持つという、戦略的に大きな利益を得ているのであり、アメリカが現在の日米安保条約に満足しており、それに伴う「日米地位協定」を抜本的に見直すという動機はありえないことになる。

さらに、日米安保条約の第二十四条によって、「日本国に合衆国軍隊を維持することに伴うすべての経費は、（中略）この協定の存続期間中日本国に負担をかけないで合衆国が負担することが合意される」とあって、アメリカが駐留費用をすべて負担すると決めているのに、自民党の黒幕でダーティーな政治家としてしられていた金丸信が、「おもいやり予算」などというふざけた予算で、在日米軍の経費を肩代わりし、それはいつの間にか雪だるまのように膨れあがっていったのである。

軍事戦略的な意味で非常に価値の高い基地を手にしているうえ、その費用まで負担してくれるという、条約にもない日本側の〝厚遇〟は、在日米軍基地の〝永続化〟〝永久化〟を日本が望んでいるという誤ったメッセージをアメリカ側に発し続けているといわざるをえない。

つまり、日本はアメリカ合衆国の「安全保障」のために、国内の基地と「おもいやり予算」、日本国内での米軍の活動に対する〝特権〟を提供しているのであり、これはまさに〝永続敗戦国〟としての日本の、戦勝国、占領国への屈辱的な〝従属〟にほかならないのである。

## アメリカ任せの軍備と戦略

さらに、アメリカが望んでいるのは、自分たちの軍事的な〝世界戦略〟、つまり、アメリカを唯一の軍事大国とする安全保障政策の戦略のなかに、自衛隊を組み込むことである。それは法制度的には、日本に「集団的自衛権」を発揮させ（足枷としての憲法九条の廃棄も視野に入れ）、アメリカの意のままに、その兵力、戦力、軍事的能力を働かせることである。在日米軍と自衛隊との密接な繋がりは、共同演習や人材派遣、そしてアメリカ製の兵器や防衛システム、戦略・訓練・装備の共同化という現実に示されている。

日本の防衛政策（国防システム）が、アメリカの官民一体の巨大な軍需産業の意図のままに左右されていることは明らかだ。過去のロッキード疑惑や、現在の弾道ミサイル防衛システム（ＢＭＤ）の導入に際して、軍事的、防衛政策的な現実的な検討は一切なされず、アメリカの軍需産業と、日本のその下請けの防衛産業（三菱重工業や三菱電機、三菱自動車などの三菱グループと、川崎重工、ＩＨＩ、日立製作所、東芝などが、日本では最大の軍需メーカーだ）と、政治家・防衛省の官僚・自衛隊との癒着的構造の下に、それらの利権構造の温存と発展のために推進させられたことは、火を見るよりも明らかなのである。

「武器輸出三原則」の実質的な廃棄と空洞化は（代わりに防衛装備輸出三原則が作られ、武器輸出推進が図られるようになった）、日本の軍需産業が、全面的にアメリカの軍需産業の下請けとなることであり、技術の開発と高性能の部品の製造を日本に任せるということであって、アメリカと競合するような軍需産業の発展は、絶対に許容しない。自衛隊の兵器開発、兵器購入は、日本の防衛体制に資するものではなく、アメリカ側の都合や戦略によって決定されているのである（対潜水艦体制や、オスプレイやＦ35戦闘機や水陸両用車輌などの米軍の戦略兵器が自衛隊にも導入されているように――水陸両用車輌は海兵隊用の装備であり、海兵隊のない自衛隊にはほとんど使い道がないはずだ）。

専守防衛のためには攻撃用兵器は必要ない。というより、本来、それを持つことはできない。国土を守り、国民を守るという美名の下に、北朝鮮からのミサイル飛来を防御するためと称して日米両国、両軍が導入と開発を進めているのが、先述した弾道ミサイル防衛システム（ＢＭＤ）だ。撃ち落とせるミサイルは、十発中二発とも六発ともいわれているが、いずれにしても、日本全土をミサイル攻撃からカバーすることは無理であって、沖縄や東京に配置されているのは、その目的が、在日米軍基地の守備であることは間違いない。次に日本の中枢部であり、撃ち洩らしたミサイルが、日本国民を何人殺そうともそれは許容される範囲である。決して自分たちを守ってくれない（それは不可能だから）ＢＭＤのため、日本国民は厖大な税金を支払わなければならないのだ。日本国民から搾取した多額の税金は、世界の（特にアメリカ、そして日本の）軍需産業を潤している。彼らは世界中（日米が主）のマスメディアやジャーナリズムを抱き込んで、北朝鮮の脅威や中国の軍国主義拡大をキャンペーンし、国民を恐怖させることによって、軍備拡大（彼らの利益増大）を目論む。税金を支払うことによってますます自分たちの安全を危険に晒し、北朝鮮や中国の脅威や恐怖を払いのけようとすれば、ますます恐怖の罠に陥ってしまう巧みな彼らの〝安全保障〟に対する〝戦略〟。こうした構図を最大限に転換させずに、われわれの「安全と平和」は、決してもたらされることはありえないのである。

イージス艦にしても、ステルス機にしても、オスプレイにしても、日本の領海、領空、領土を防衛するために導入されたわけではない。それは、第一義的に日本にある米軍基地の防衛を目的とするものであり、そのための機能は持っていても、日本国民を包括して防衛する機能などはもとより持っていない。イージス艦から発射される対ミサイルの破壊ミサイル弾は、在日米軍基地のような、数箇所の限られた地点を目標とした攻撃については有効であっても、日本のどこかの都市という、攻撃目標が広域の場合はお手上げであり、まったく無力である。

日本海や太平洋にイージス艦を配置し、ステルス機によって哨戒飛行をするよりも、日本に向けてミサイルを発射しないように、近隣諸国と平和的外交を取り結ぶことが、唯一で確実な安全保障政策なのだ。莫大な国富を費やして、アメリカ製の高価な兵器や設備を買う（売りつけられる）よりも、そちらのほうが、どれほど安価で、安全な「安全保障」になるのかは計り知れない。好戦的というより、戦争を継続していかなければ、一国の経済（軍需産業に支配された）が立ちゆかなくなってしまっているアメリカ合衆国のために、日本が軍事的に、政治的に、経済的に、社会的に、自ら進んで〝従属〟してゆくという現在の日本の状況は、一刻も早く解消しなければならないのである。

自衛隊はこれまで憲法第九条第一項と第二項の下において限定されてきた武力行使を抑制する法体系の積み重ねを放棄すべきではない。自衛隊はあくまでも「自衛のための必要な最小限度の実力組織」であって、その武力の行使、武器の使用については「自己と同僚などの身体・生命を防護する場合に限り認められる」のであって、しかも「（刑法三十六条［正当防衛］、刑法三十七条［緊急避難］の場合を除き）人に危害を与えてはならない」と定められている（自衛隊法、ＰＫＯ法、周辺事態法、テロ特措法、イラク特措法。文言そのものは法令によって若干異なる）。

さらに「武力行使」についてはその基本原則として「武力による威嚇・武力の行使に当たるものであってはならない」とし、「それは事態に応じ合理的に必要と判断される限度においてなされなければならない」（武力攻撃事態法）とされる。また、小泉純一郎首相の「自衛隊の行くところが非戦闘地域だ！」の〝迷言〟によって有名になったイラクでの「非戦闘地域」での自衛隊の活動について、「戦闘行為がなく、当面は起こらないと認められる地域に限られる」とし、「戦闘行使が接近した場合は活動を一時休止、あるいは避難して危険を回避し、次の指示を待つ」と明文化されているのである（梅田正己『「北朝鮮の脅威」と集団的自衛権』二〇〇七年、高文研）。

これらはぎりぎりのところで、自衛隊が〝軍隊〟でないことを示すものであり、自衛隊があくまでも〝自衛〟のための存在であることを担保したものである。「集団的自衛権」は、こうした武力行使の抑制、限定的な武器の使用といった自衛隊の行う「戦闘行為の歯止め」をまったく棄て去ってしまうことで、自国を守るといった〝普通の軍隊〟どころか、他国の戦争や他人の戦闘に、限定なしに飛び込んでゆく〝戦争請負集団〟と化してしまう危険性を孕んでいる。自衛のための自衛隊という本分を失うことは、自衛隊そのものの自己否定につながる。〝戦わない自衛隊〟は、その〝戦わない〟ことを第一義として、世界（と日本）の平和と安全に貢献する道をどこまでも模索し続けなければならないのである。

# III

# 自衛隊映画論

## ゴジラと自衛隊

水爆大怪獣ゴジラが日本に襲来したのは、一九五四（昭和二十九）年のことだった。ビキニ環礁におけるアメリカ合衆国の原水爆実験の繰り返しによって、古代からの眠りを覚まされたジュラ紀の肉食恐竜（ティラノザウルス類）の子孫であるゴジラは、日本の太平洋側にある離島の大戸島を経て、東京湾にその姿を現わし、港湾施設を踏みつぶし、送電線や山手線を横切って、首都東京の都心へと傍若無人に乗り込んできたのである。

この東宝特撮映画で、怪獣映画のハシリである、本多猪四郎監督（特撮は円谷英二監督）の映画『ゴジラ』が封切り上映されたのが一九五四年十一月三日、戦争が終わってちょうど九年目の冬のことである。このゴジラが、何を象徴しているかということについては、映画中の二つの劇中人物のセリフが、それを的確に物語っていると思われる。一つは、電車のなかでの通勤中の男女の会社員と思われる若い女性の言葉である。「いやねえ、原子マグロだの放射能雨だの、それに今度はゴジラなんて、いやなこった。せっかく長崎の原爆から命拾いしてきた大切な体なんだもの」というものであり、もう一つは、ゴジラが破壊する街中のビルの陰にうずくまっている母親と子どもたちのシーンで、母親が「おとうちゃまのそばにいくのよ、もうすぐ」というセリフだ。

最初のセリフは、ゴジラが原爆の暗喩であり、二番目は、戦死した「おとうちゃま」のところへ戦争未亡人とその子どもに降りかかる戦争（＝空襲）そのものを意味している。つまり、ゴジラの襲来に恐怖を感じている人々は、つい十年ほど前に戦争の恐怖を追体験しているのであり、それに原水爆、そしてその実験による第五福竜丸に代表される放射能被曝についての恐怖の権化として、放射能の炎を吐く、この水爆大怪獣を見ていたのだ。

都心を襲うこの怪獣に対して立ち向かって行くのは、警察、海上保安庁、そして〝防衛隊〟だ。注意すべきことは、この防衛隊は、自衛隊ではないことだ。警察予備隊として始まった日本の防衛組織は、保安隊（海上警備隊→警備隊）を経て、一九五四年に自衛隊（陸上・海上・航空）と改称し、新たに発足した。つまり、ゴジラと自衛隊とは同じ一九五四年生まれの同年齢ということになる（ついでにいうと、極右の政治家・安倍晋三も同じ一九五四年が誕生年である）。ゴジラのみならず、日本の怪獣映画や戦争映画が、自衛隊の協力を仰いで、その戦闘シーンなどを撮影することは、その誕生の時からの親和性によるものといえるかもしれない（自衛隊以前の「保安隊」のことが出てくる珍しい映画がある。元保安隊の隊員で、米軍お下がりのカービン銃によって、保安庁技術研究所の経理課長を脅迫して、大金を奪取した〝カービン銃事件〟を天知茂を主演してセミ・ドキュメンタリーとして撮った新東宝映画『恐怖のカービン銃』（一九五四年、田口哲・浅野辰雄監督）である。保安庁‐保安隊の経理がかなり杜撰であったことを、この映画は期せずして語っている）。

もちろん、『ゴジラ』第一作から、シリーズの大多数の作品において、ゴジラやその他の怪獣を、防衛隊、自衛隊が駆逐することなどありえなかった。戦車や戦闘機やミサイル攻撃などによって退治できる怪獣はまったくといっていいほどいなく、せいぜい対決する善玉の怪獣（シリーズの途中で、ゴジラ自身が悪玉から善玉に変わる）の掩護に回る程度で、いつも怪獣たちに破壊され、蹂躙され、手玉に取られるのが、防衛隊＝自衛隊の役回りだったのである。

怪獣たちから日本の国土や国民を守り切れない日本の防衛組織。長い間、自衛隊はスクリーンの中での自らのそんな役回りに甘んじてこなければならなかった。それは自衛隊が戦う相手が、原水爆や、〝あの戦争〟〝先の戦争〟のシンボルともいえるゴジラのような怪獣だったからだろう。日本軍が敗北することは必至であり、〝敗ける〟ことにしか日本の防衛組織のレゾン・デートルはなかったのであり、少なくても日本の防衛隊＝自衛隊は、どんな相手にも〝勝って〟はならなかったのである。

これは単にレトリカルな逆説としていっているのではない。日本国憲法第九条によって、その存在を認知されていない自衛隊は、交戦権を持たないし、戦争もできない。もちろん、〝勝つ〟ことは永遠は不可能だ。〝勝ち負け〟のない勝負にしか自衛隊は加われないのであり、これは戦後の日本において、日本国憲法が禁止したはずの「陸海空」の軍隊にほかならない自衛隊が誕生したその〝出生の秘密〟に直接的に関わっている。交戦権もなく、軍隊と名乗ることのできない〝軍隊〟である自衛隊は、平和憲法と米軍の占領政策との隙間に産み落とされた〝私生児〟にほかならない。それは法的な根拠を持たず、偽計的な政策と政治的妥協の産物にしかすぎない。

## 防衛隊から自衛隊へ

『ゴジラ』シリーズには、ゴジラやキング・ギドラなどの怪獣たちと戦う〝防衛隊〟や、自衛隊などの防衛機関、国防組織が登場する。初期の『ゴジラ』映画には、防衛隊という実際には存在しない組織名であり、同じ東宝特撮SF映画シリーズの『地球防衛軍』（一九五七年、本多猪四郎監督）では〝防衛軍〟も使われた。『ゴジラ』シリーズ、全二十八作は、〝昭和ゴジラ・シリーズ〟〝平成ゴジラ・シリーズ〟〝ミレニアム・ゴジラ・シリーズ〃の三つの時代区分で分けることが一般的だが、後期の〃ミレニアム・ゴジラ・シリーズ〃では、自衛隊がゴジラの敵として全面に出てきて戦うという傾向が強まっていると考えられる。それは、これまで無敵なゴジラにやられっぱなしでも、戦車や戦闘機のシーンのためにいろいろな便宜を計っていた自衛隊が、その協力の度合いについてそれなりの〃対価〃を求めてきた結果と考えられるのだ。ゴジラに踏み潰され、口から吐く放射能光線によって炎上させられ、ブザマに敗退してゆくだけの自衛隊の描き方に、自衛隊の側からクレイムがついたと考えることは当然だ。国民の税金を使って、『ゴジラ』映画などに協力するのに、その国民の信頼性を失うような、〃弱くて、役に立たない〃自衛隊の在り方（描かれ方）に疑問が出てくるのは無理からぬことなのである。

それでも、初期の怪獣映画、東宝のゴジラ・シリーズや大映のガメラ・シリーズでは、自衛隊が出てくる（登場させる）ことだけで、憲法九条違反の違憲的な存在であり、国民的な認知を貰えない自衛隊の存在感の証明、涙ぐましい広報活動の一環として意味はあったのだが、最新鋭のジェット戦闘機や戦車や戦艦、潜水艦を備えた自衛隊三軍の軍備の充実は、〃絵になる〃ものとして、逆に自衛隊の協力が必需的になる映画の製作を促したのである。そのメルクマールとなった作品として、一九七九年に製作され、公開された『戦国自衛隊』（斎藤光正監督、角川映画）をあげることは、おそらく大きな間違ではないだろう。それまで、自衛隊という名称すら公認されているとは言い難かった現実から、明確に作品名に〃自衛隊〃と刷り込んだ最初の小説作品であり、映画作品であったと思われるからだ。

本書I部で論じたように、半村良作による小説『戦国自衛隊』も、その原作による映画化された『戦国自衛隊』も、決して、自衛隊を全面的に肯定的に描いたものとも、自衛隊の国民的認知に道を開いたものとは思われない。しかし、それまで〝日陰者〟的な存在であり、自衛隊です、とか自衛隊員です、と何のためらいもなしに自己紹介することがためらわれる（『マドンナのごとく』）ような自衛隊を、SF的な発想の作品でありながら、堂々と自衛隊と名乗った文学作品、映画作品は珍しかったのだ。

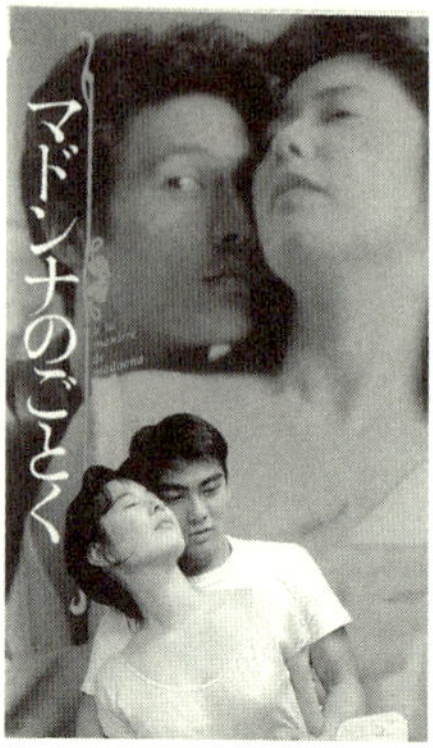

ポニーキャニオン

　また、戦国時代にタイムスリップしたといっても、戦車や機関銃がきわめて効率のよい兵器として、そして自衛隊員が戦闘場面において肯定的に描かれているということは、かつてなかったことといってよいのだ（怪獣映画では、自衛隊の火器は無力であり、自衛隊員は、無能に指導者と無力な一般兵士しか存在しないようだ）。すでに指摘したように、『軍靴の響き』などの反自衛隊小説ともいえる、反戦、反軍国主義的な小説を書いた作家・半村良が、単純な自衛隊肯定論者であったわけはない。むしろ、戦後民主主義的な反戦・平和主義者であり、どちらかといえば、自衛隊反対論者であると考えたほうが辻褄が合う。

　しかし、もちろん彼は、〝非武装中立〟という空想的な平和主義者や、憲法九条の文字通りの実現を主張するリゴリズムの観念論者でもなかった。何よりも、自衛隊の一般隊員は、昔は地方出身の中・高卒男子が中心であり、いわば〝庶民の軍隊〟にほかならなかった。旧日本軍出身の幹部や、防衛大出のエリートは少なく、半村良のような庶民派作家と出自を同じくする国民の中・下層の兵士たちだった。

　もちろん、こうした原作者・半村良の自衛隊観や、自衛隊員に対する感情や考え方など、映画企画に協力するかどうかを決定する自衛隊広報部にとってはどうでもよかった。自衛隊が批判的に描かれなければそれでよかったのであり、戦車を使った戦闘シーンの見せ場が豊富であれば、それで十分といえたのである。ましてや、題名に自衛隊の三字が入る作品など願ってもないものだったといえる。一九七〇年代に、高田渡の歌う『自衛隊に入ろう!』という反戦的なフォークソングが流行ったことがあったが、そのシンガー・ソング・ライターのところに、防衛庁から自衛隊入隊勧誘の歌として使わせて欲しいというオファーがあったというまことしやかな噂があった。「自衛隊に入って、花と散ろう」という歌詞をどう受けとったのか、本気で〝自衛隊に入ろう〟というオススメの歌だと思ったらしいのだ。自衛隊という言葉は、小説であれ、映画であれ、歌であれ、題名としてはタブーに近いものという認識がその頃まではあったのだ。

## 自衛隊映画と自衛隊協力映画

ここでいう〈自衛隊映画〉は、大きく二つのカテゴリーに分けられる。一つは、自衛隊（自衛官）そのものをテーマとしたり、映画作品の主要な登場人物や舞台としたものであり、もう一つは、自衛隊がその映画製作の過程において協力を行ったものである。前者には、『戦国自衛隊』や『亡国のイージス』などであり、後者は代表的なものとしてゴジラ・シリーズやガメラ・シリーズ、あるいは『男たちの大和／YAMATO』や、『俺は、君のためにこそ死ににいく』などの、怪獣映画や戦争映画がある。

この両者を合わせて〈自衛隊映画〉と呼びたいのだが、〈自衛隊映画〉の多くが〈自衛隊小説〉と密接な関係を結んでいる。つまり、そのなかの多数の作品が小説を原作として映画化されたものであり、言語（小説）と映像（映画）、画像（コミック）、音楽（主題歌、あるいはサウンド・トラック）とのいわゆるメディア・ミックスの形で提供されたものが多いのである。

もちろん、そうした仕掛けが必ずしも商業的に成功したわけではないが、社会的な話題となり、流行現象やブームとなったのも少なくない。つまり、狭い文学や映画の畑だけではなく、大きな社会現象となったものも見られるのである。たとえば、百田尚樹の『永遠の0』は、太田出版から単行本として発売された時はそれほどでもなかったが、文庫本として販売されて以来、小説ジャンルのものとしては驚異的な四百万部を売り上げたといわれ、ベストセラーの史上第一位といわれている。この本の販売を押し上げたのが、映画の『永遠の0』（二〇一三年、山崎貴監督）で、賛否両論があるなかで、封切り公開以来、今までの邦画界の記録を更新するような観客動員数を誇っている。小説と映画の相乗効果的な宣伝が効いたのである。

## 自衛隊協力映画

『永遠の0』のなかには、現今の自衛隊に関する言辞はまったく出てこないが、〝偉大な祖父の世代〟を賛美することは、旧日本軍を肯定的に表現することと直接的に結びつかないとしても、戦後の〝軍隊ではない軍隊〟としての自衛隊への否定的な評価へと結びつく傾きを持っている。

福井晴敏や有川浩の〈自衛隊小説〉が、外敵や侵略者に対して、打つべき手を持たない（持たされていない）現在の自衛隊に対する不満や否定的評価であるとすれば、『永遠の0』のような〈特攻小説〉は、少なくとも日本の旧軍隊は、日本を守るべき意志も、手段も、システムも持っていたという〝郷愁〟に繋がってゆく可能性が高い。

〝戦えない軍隊としての自衛隊〟に対して、〝戦った〟実績のある旧日本の軍隊。どちらに存在意義があり、必要性や正当性があることは、明白だろう。これは、現今の日本国民の多数にとって、〝偉大な祖父〟としての旧日本軍と〝偉大ではない父〟としての自衛隊という二項対立の図式でとらえることは必ずしも我田引水の論議ではないだろう。

しかし、興味深いのは、こうした二元論がありながら、自衛隊の内部には、旧日本軍に対する親和性と反撥とが同時にあるということだ。もちろん、戦前・戦中の日本軍と戦後の自衛隊とは、決して継続したものではありえないし、三島由紀夫や一部の極右分子以外には、今のところ自衛隊をすぐさま旧日本軍の「国軍」に変えようという主張は表立っていない。憲法上、「戦力」や「交戦権」を持たない日本国が、正式な「国軍」を編成・組織することが、憲法改正（改悪）を経ることなしに可能であるとする言説は、いかに愚かで鉄面皮な右翼の政治家であっても主張し得ないことだ。自衛隊は、旧日本軍を継承するものでもなければ、そのままネオ日本軍へと発展してゆくものでもない。日本軍→自衛隊→ネオ日本軍というベクトルの図式は成立しない。

しかし、こうした自衛隊の旧日本軍からの独立、自立志向とは裏腹に、旧日本軍の正当性に対する〝郷愁〟にも似た、旧日本軍の正統な嫡子としての自衛隊を目指す傾向も、現今の自衛隊の内部にまったくないとはいえない。それは、警察予備隊から保安隊、そして自衛隊へと展開してきた日本の防衛組織（軍組織）が、極力、自衛隊の中から〝旧軍隊〟的なものを切り離し、払拭し、精算してこようと努力してきたこととは逆のベクトルとして働くものであり、それは一つは、自衛隊が軍事組織として、正式の軍隊としての自覚、自信を深めてきたことと無関係ではありえない。

映画となった『永遠の0』と同じように、やはり特攻隊の死を美化することによって、祖父母たちの戦った「戦争」を賛美しようという意図を明白に持った、石原慎太郎（総指揮・脚本）などの極右のナショナリストたちが作った映画『俺は、君のためにこそ死ににいく』（新城卓監督、二〇〇七年）や、『男たちの大和／YAMATO』（佐藤純弥監督、二〇〇五年）などの映画作品には、共通したものである。それは、これらの映画製作に当たって、国家機関である自衛隊、防衛省が製作協力し、国家公務員である自衛官や自衛隊員が、何らかの形で多く協力体制を取っていることだ。

本来、国家機関や国家公務員が、民間の企業や団体や個人に特別な共益を与えたり、便宜を計ることは原則として禁じられている。しかし、上記の〈特攻映画〉に対して、国家機関としての自衛隊は、最大限ともいえるような〝特別サービス〟として、手厚い協力を惜しんでいない。

なかでも『男たちの大和／YAMATO』には、「ご協力ありがとうございました」という画面の後のクレジットとして「防衛庁、長官官房広報課、海上幕僚監部　広報室、海上自衛隊　自衛艦隊、護衛艦隊AOE425ましゅう、AST4202くろべ、第4護衛隊群DDH142ひえい、呉海上訓練指導隊潜水艦隊、第1潜水隊群　呉潜水艦基地隊、潜水艦教育訓練隊、掃海隊群　MST堤464ぶんご、呉地方総監部　第22護衛隊　DD130みねゆき、DD131せとゆき、呉警備隊　呉警護隊　港務隊、YT75、YT89、舞鶴地方総監部　第24護衛隊　DD124みねゆき、DE230じんつう、舞鶴教育隊、舞鶴音楽隊、幹部学校、第1術科学校、第2術科学校」が記されている（須藤遥子『自衛隊協力映画「今日もわれ大空にあり」から「名探偵コナン」まで』大月書店）。

自衛隊総動員ではないか、と目を見張るほどの全面協力ぶりだ。このロケの間に有事でもあれば、日本の防衛体制に支障を来すのではないかと危ぶまれるほどである（もちろん、冗談だが）。しかし、冗談ではないのは、これらの自衛隊の協力による経費は、すべて国費から支出されており、もともとは税金であるということだ。

『自衛隊協力映画』の著者である須藤遥子の防衛省に対する取材によると「『男たちの大和／YAMATO』は旧海軍の話であるが、テロ対策特別措置法に基づいて派遣された補給艦「ましゅう」帰港の事実を本編への導入部として冒頭で伝えていることが高く評価され、内容も防衛庁・自衛隊を誹謗中傷するものではないことから、協力に値する健全妥当な作品と判断されたという。人気男性俳優をキャスティングしているので、幅広い年齢層の女性観客への防衛思想の普及高揚が見込まれた。舞鶴教育隊には兵士役の約三〇名の俳優たちが体験入隊したので、俳優個人の自衛隊に関する情報発信にも期待が寄せられた」と答えたという。

自衛隊が、映画製作に協力したというより、映画のほうが、自衛隊の広報活動（プロパガンダ）に〝協力した〟といったほうがいいような塩梅だ。自衛隊に協力を得るためには、当然事前にシナリオを提出したか、内容を細かな所まで説明したものと思われるが、〝協力〟と引き替えに一種の事前検閲がなされたのではないかと疑われるフシもある。商業映画の〝商売〟のために、こんなに国家機関が協力、加担することの疑念も拭い去ることは不可能だ。

しかし、この映画製作において注目すべきことは、やはり須藤揺子がその著書の中で紹介していることだが、この映画作品のＤＶＤに収録されている「映像特典」において、当時の防衛庁海上幕僚監部監理部広報室長の伊藤俊幸が「海上自衛隊は帝国海軍の良き伝統の継承者」という発言を繰り返しているということだ。海上自衛隊は、陸上自衛隊ほどには、旧日本軍との継承関係について否定的ではないといわれているが、旧日本軍との臍《ほぞ》の緒を躍起として切ろうとしていた最初期の自衛隊と比較すれば、その開き直りのような旧日本軍との親和性、継承性の表明は如実であり、露骨であるともいえる。

自衛隊が、その広報のために「協力的広報活動」の一環として「部外製作映画に対する協力」を行うことの規則を定めたのは、一九六〇年の「防衛庁の広報活動に関する訓令」（訓令第三六号）によるものだった。それによって、協力の度合いを、「防衛省広報に極めて有意義と判断されるもの」をAランク、「防衛省広報に概して有意義と判断されるもの」をBランク、「その他」をCランクとして格付けが行われている（A、Bは協力可、Cは不可とされる）。

しかし、不思議なことには、実際にこの訓令の下に、自衛隊の協力によって製作された映画作品の中に、旧日本軍に関する映画作品が少なくないことだ。この訓令直前に公開された『予科練物語　紺碧の空遠く』（井上和夫監督、一九六〇年）がそうであり、続いて『太平洋と姫ゆり部隊』（大蔵貢製作、小森白監督、一九六二年）、『零戦黒雲一家』（一九六二年）などがあり、さらに、先に論じた『男たちの大和／YAMATO』、『俺は、君のためにこそ死ににいく』などがある。これらの作品にも、現在の自衛隊のシーンを少しでも入れることという制約があるそうだが、旧日本軍の、結果的には敗北に終わった戦争を描く映画が、「防衛省広報」に「有意義」であるとは思えないのが普通ではないだろうか。

また、ゴジラ・シリーズやガメラ・シリーズなどのような怪獣対自衛隊という特撮映画に、自衛隊は協力を惜しまないようだが、ゴジラに踏みつぶされる戦車や、ガメラの口から吐く炎に炎上する戦闘機、怪獣たちに跳ね返される大砲や機関銃の弾丸など、どう考えても〝強くて、頼りがいある〟自衛隊とい

円谷プロダクション

うより、怪獣たちに蹂躙される必敗の自衛隊というイメージが強い映画が、「広報」の役割を果たしているかどうか、疑われるのである。だから、劇場版『ウルトラマン』（小中和哉監督、二〇〇四年）では、ウルトラマンの正体は、テレビ版の現実に存在しない〈科学特捜隊〉のハヤタ隊員ではなく、航空自衛隊のパイロットの真木舜一に変更されているのである。

空自のイーグル戦闘機のパイロットだった彼は、スクランブル発進して、謎の赤い発光体と衝突する。彼の前に、やはり発光体（青）と衝突して「ザ・ワン」として変身した男がいた。巨大な爬虫類のような怪獣に変化した「ザ・ワン」と、銀色の巨人（ウルトラマン）に変身した真木との間で、東京を救うための死闘が開始される。最後の死闘シーンでは、ウルトラマンを援護するために、同僚だったイーグル機が登場するし、妻子を守るという、元自衛官の「国防意識」が強調されており、自衛隊そのものは怪獣に対して無力であり、はかばかしい活躍はしないのだが、防衛省としてはAランクを付けたものと思われる。

　こうした映画は、自衛隊のプロパガンダのためにむしろマイナスではないのか。しかし、それは表層的な理解でしかないようだ。敗北に終わった旧日本軍の末裔としての自衛隊だから、あるいは怪獣たちに叩き潰され、踏み潰される自衛隊だから、そんな軍隊は要らないということではなく、むしろ同情すべきほど健気《けなげ》に戦っている（負けても、負けても）からという自衛隊の擁護者や理解者が観客のなかに増えてくることを、自衛隊は期待しているフシがあることだ。これは、戦前・戦中の日本の戦争映画が、欧米的な観客の目からすれば、反戦映画、少なくとも厭戦の映画ではないかと思われたということと平仄を合わせたものではないか。勇ましい戦闘シーンよりも、招集され、親子の別れを告げる涙のシーンや、行軍の苦難、戦場の悲惨さが強調されており、それは反戦、厭戦をアッピールしているかのようにとらえられかねない。

だが、日本人観客の反応は違っている。悲惨であり、惨めであるからこそ、〝俺は、君のためにこそ死ににゆくのだ〟という特攻隊的な決意がアッピールされるのであり、それは純粋な若者たちを、戦場へと駆り立ててゆく十分な軍国主義のメッセージとなりえていた。

旧日本軍への郷愁を露骨に示す、こうした映画群に自衛隊が協力するのは、自衛隊がもはや旧日本軍の陸軍とも海軍とも、その臍の緒を完全に断ち切ったことを表すものかもしれない。しかし、それはもちろん軍隊としての自衛隊の自立ということではない。ある意味では、完全な日米同盟軍として日本の自衛隊が、米軍の機構下に置かれたことであり、完璧な傭兵化にほかならなかった。

つまり、アメリカ軍の別働隊として、イージス艦やステルス戦闘機のようなハイテク兵器をアメリカから購入し、アメリカ式最新装備で武装した自衛隊は、米軍と共同歩調、共同作戦、共同訓練しなければ、「戦力」として機能せず、軍隊として成立しない組織となってしまったのである。これまで自衛隊が海外派兵されて行ったことは、朝鮮戦争時の機雷掃海（警察予備隊の時代だが）と中東での給油活動、イラク戦争の時の米兵や兵器、銃弾の運輸、運搬など、アメリカ軍の後方活動そのものであり、自立、独立した軍隊としての活動でなかったことは誰の目にも明らかなことなのだ。すなわち、シビリアン・コントロールならぬアメリカン・コントロールの下の米軍の補充部隊、兵站部門を受け持つ〝第二軍〟にすぎない。

こうした現実を覆い隠すために、旧日本軍への郷愁が利用されていると私は考える。戦艦大和やゼロ戦への郷愁をかき立てる映画作品は、アメリカ軍の下請けの軍属でしかない自衛隊を、日章旗や旭日旗で彩られた〝帝国国軍〟の正統的な後継者であり、自立・独立した〝国軍〟としての自衛隊を幻想させる装置として働いている。

〝国土〟を守るために戦い、散っていったという戦艦大和の艦員たちと、ゼロ戦に乗った特攻兵士たち。軍隊は国防のためにあり、それはかけがえのない家族や国民を守るために犠牲となった尊い勇士たちである。そうした旧日本軍隊の美化と英雄視は、現在の自衛隊が米軍の下請けの軍隊であり、傭兵にしかすぎないという〝現実〟を糊塗し、プロパガンダする。集団的自衛権の行使の論議のなかで、安倍晋三政権が恥じらいもなく持ち出して来たのが、周辺領域の有事の際に、日本の自衛隊が米軍艦を護衛するといった途方もないデタラメな事例だったが、自衛隊が主体的に、主導的に米軍を守ることも、アメリカをミサイル攻撃から防衛するといったことは、その能力も、アメリカ側からの要請も、その必要性も、万に一つもありえないことなのである。傭兵としての日本の自衛隊に、掃海や警護や警備を米軍が命令することはあっても、自衛隊に自分たちを〝守ってもらおう〟などということを、アメリカ側が要望も、要請も、期待も、することなどありえないのだ。

## 自衛隊非協力映画

もちろん、〈自衛隊映画〉のなかでも、自衛隊からの協力を得られなかったもの、最初から自衛隊に拒

東映

否されそうなもの、端から協力や支援など諦めざるをえないものもあった。

　須藤遙子の『自衛隊協力映画』に拠れば、二〇〇二年に公開された『宣戦布告』（石侍露堂《せじろどう》監督、原作は、麻生幾の小説『宣戦布告』）は、自衛隊の協力を打診したが、拒否されたという。その理由としては、北朝鮮（劇中では〝北東人民共和国〟という仮名となっている）の兵士たちが乗った潜水艦が、敦賀半島沖で座礁し、ロケットランチャーなどの重火器や、原子力発電所の地図などを持っていたということから、原発テロを企んでいたことが分かったという筋書きが、不穏当なものとして忌避されたこと。また、在日コリアン出身（日本国籍を取得している）の総理秘書官に差別的な態度を取る政治家がいたり、警察の手に負えない特殊工作員のグループのため、自衛隊の出動を要請するが、政治家や官僚たちの優柔不断で事なかれ主義、危機感の欠落など、福島原発第一原発事故で、誰の目にも明らかとなったその腐敗ぶりが、リアルに描かれていたからだといわれている。ただし、実際には自衛隊出動に関する法解釈などの小田原評定など、自衛隊の存在をめぐっての議論なども、自衛隊＝防衛庁（当時）にとって、できれば触れてもらいくない内容といえるものだろう。

　この映画については、架空のSAT（警察特殊部隊）だの、外事警察などがあたかも実在しているかのように描かれているなど、モデルとなった実在の事件や、政治家がいることなどから、時の政権中枢から「防衛庁は一切、撮影に協力するな」という命令が下されたという。そのため、自衛隊の迷彩服や、モデルガンを調達することさえ、自衛隊に出入りしている業者からも協力を得られずに、撮影は衣装、装備に至るまで、一から作らなければならなかったという。

ただ、架空の戦争映画としてみても、十一人足らずのゲリラ部隊に、特別警察や、自衛隊の小銃部隊、特殊部隊が次々とあっけなく狙い撃ちされ、多数の犠牲者を出したうえに、軍用ヘリコプターから発射されるバルカン砲によって、ようやく制圧が可能となったという、自衛隊の不甲斐のなさが、鑑賞後の観客の後味の悪さを引きずる結果となっているようだ。有事法制なしに、自衛隊に防衛出動、あるいは治安出動を命じることができない内閣の優柔不断さや、防衛庁長官の無能力さ、北の女スパイの美人局《つつもたせ》にはまって、機密情報を筒抜けにした高級官僚など、時の政治家たちにとって身につまされることが多かったと思われる。

しかし、上陸したゲリラたちの討伐に手間取っているうちに、〝北東人民共和国〟が国境線に軍を集結させたり、潜水艦を日本領海に侵入させたりして、中国、アメリカ、台湾での軍事的緊張がいっきょに高まり、核戦争が起こるぞ、と防衛庁長官に口走らせているのは理解しがたい。日本に上陸したのが、北東人民共和国の派遣したゲリラ部隊だとしても、本国はあくまでも〝知らぬ、存ぜぬ〟を通すはずで、それらの正体不明のゲリラ組織を、日本の自衛隊が国内で、個別的自衛権を発揮することによって彼らを武力制圧することが、某国へ対する〝宣戦布告〟と同じ意味を持つという防衛庁長官の発言は、きわめて異様なものだ。

むろん、日本人拉致、核実験、弾道ミサイル発射、六カ国協議など、北朝鮮との間で問題が山積しているという状況のさなか、北朝鮮軍の兵士（北東人民共和国と称しても、彼らの使っている言葉は朝鮮語であり、〝北朝鮮〟をモデルとしていることは明白だ）と自衛隊が、日本国内で戦闘し、自衛隊が派手に殺戮されるような映画が自衛隊にとって歓迎すべきものではないことは自明だった。

ただ、須藤遥子は、この映画に、自衛隊が協力を拒否することによって、反自衛隊とまではいわないものの、かなり勝手な自衛隊像を描かれてしまったという反省が、自衛隊のなかにはあったのではないかと推測している。協力を断るより、協力することによってシナリオの手直しや、自衛隊にとって不満なところや、不本意な部分をむしろカットさせたり、改訂させたりした方が、〝自衛隊非協力映画〟を生み出すより建設的だということではないか、という反省点があったのではないかということだ。つまり、『宣戦布告』は、自衛隊広報戦術の失敗例としてあるのではないかということだ（自衛隊の協力を得られなかった『宣戦布告』は、ヘリコプターのシーンまでも自前で調達し、厖大な製作費の割には興行的には不入りで、製作者側は多大な借金を背負ったという。この手の映画製作に、自衛隊の協力はもはや不可欠のものとなっているのだ）。ただし、防衛庁長官を歴任した石破茂は、この『宣戦布告』の原作小説を高く評価し、「もう何度も読んだのでボロボロになり、今本棚にあるのは二冊目です」といい、「小説の出来は良かったのに、映画は防衛庁がまったく協力しなかったせいで、惜しいことをしました」といっている（石破茂『国防』二〇〇五年、新潮社）。

だから、内容的には、北朝鮮のコマンド兵士が日本の北アルプス山中に侵入し、元戦場カメラマンの民間人と自衛隊員の日本人が激しく戦いあうという、『宣戦布告』とよく似た内容を持つ『ミッドナイトイーグル』（成島出監督、二〇〇七年）が、一転して自衛隊＝防衛省の全面的な協力を得ることができたということは、石破茂の文章にあるように、『宣戦布告』の際に自衛隊がまったく協力しなかったことの反省を活かしたものといえるかもしれない。

ユニバーサル・ピクチャーズ・ジャパン

横田基地で爆薬を仕掛けられた米軍のステルス機が、北アルプス山中に墜落する。それには日本の中心部を壊滅させるような核兵器が搭載されていた。墜落した米軍のステルス機が、核兵器を搭載していて、それを爆破させようと〝某国〟工作員たちが、その墜落現場へ到着しようとしたのだった。米軍機が核兵器を搭載していただの、某国工作員をやすやすと国内に侵入させてしまっただの、自衛隊＝防衛省としてはあまり有り難くない設定といえるわけだが、ゲリラ工作部隊と銃撃戦を行う自衛官が、「軍隊ではない。自衛隊だ」という、あくまでも自衛隊の建前のセリフを建前通りに吐くなど、シナリオ段階ですでに自衛隊の意向が反映していると考えることは邪推でも何でもないだろう。

同じような、〝北〟の侵入部隊と自衛隊との戦闘を売り物とする〈自衛隊映画〉であっても、『宣戦布告』と『ミッドナイトイーグル』とは、自衛隊の協力度という意味では対極的な作品なのである。そして、そのどちらが、自衛隊という存在について、客観的な問題意識や社会的評価を提供できるかということは、むろん両作とも、問題にもなっていない。

有川浩の『ラブコメ今昔』（二〇〇八年、角川書店）のなかに「広報官、走る！」という一章（一編）があり、それはテレビ・ドラマのスタッフと、自衛隊広報官とのドタバタ騒ぎを描き出したラブ・コメディーである。テレビ映画の撮影隊のいいかげんなスケジュール管理と、一分ナ一秒を厳格に自衛隊との習慣、生活の違いに、その双方の板挟みとなったディレクターのアシスタントの若い女性と、男性自衛隊広報官との密かな交情。しかし、問題は、ディレクターによるセリフの改変が、原作者に気に食わず、あわや、テレビ・ドラマ製作そのままが破談になってしまうという危機に瀕することだった。杓子定規で、そもそもテレビ映画の撮影なんかに理解のない自衛隊幹部が、撮り直しなんかに応じてくれそうもない。テレビ局としては、撮り直しがなければ、すでに完成しドラマを一本分まるまるダメにすることになる。小説そのものはコメディー・タッチだが、テレビ局のアシスタント・ディレクターと、担当の自衛隊広報官としては、冷や汗程度ではすまないことだろう。

有川浩の小説では、テレビ局側の無理解や横暴さ、横柄さの方に、批判の矢が向いているようだが、実際のこうした場面では、自衛隊側の無理な注文や、横車を押すといったことがあるようだ。話はやや古いが、一九六〇年四月一日公開の『予科練物語　紺碧の空遠く』では、「プリントカット事件」があったという。特攻隊となった海軍飛行予科練習生の群像を描き出したこの映画の最終場面で、アメリカ兵とまったく同じ迷彩服とカービン銃を持った自衛隊員の隊列が描き出されたのだ。戦争の犠牲となった特攻隊員たち。しかし、日本は戦後すぐに再軍備を始め、自衛隊が米軍指導下に創設された。その再軍備批判のトーンがあるこの映画の最終シーンを自衛隊幹部が嫌い、製作会社の上層部を動かして、上映の際に最後のシーンをカットさせたという事件である。

須藤遥子は、『自衛隊協力映画』で、このことは松竹側の自主的な訂正となっているが、自衛隊からの横槍によることは明らかであることを証明している。また、現在の「自衛隊協力映画」製作の場合、事前のシナリオ検閲や、キャストやスタッフへの注文（タレントの起用や、音楽の選択）や自衛隊の登場シーンなどにも多くの注文や要望や要請が出され、協力からはみ出して、合作とも自衛隊製作と見紛うようなものさえ登場しているといえよう。『今日もわれ大空にあり』（古澤憲吾監督、一九六四年）、『ジェットF104　脱出せよ』（村山三男監督、一九六八年）、『BEST GUY（ベストガイ）』（村川透監督、一九九〇年）、『右向け左！　自衛隊へ行こう』（一九九五年）、『守ってあげたい！』（錦織良成監督、二〇〇〇年）、『ミッドナイトイーグル』（成島出監督、二〇〇七年）、『空へ～救いの翼』（手塚昌明監督、二〇〇八年）などの作品は、そもそも自衛隊の協力がなくては作ることさえできなかった作品であるといえよう。その意味では、自衛隊協力映画ではなく、自衛隊宣伝映画そのものであるといえる。

## 自衛隊プロパガンダ映画

『守ってあげたい！』は、同名マンガの原作で、女優の菅野美穂が主役の女性自衛官を務めたことで話題となった。同じ部屋に寄宿し、厳しい訓練を続ける同僚は、軍事オタクや元女子プロレスラーや借金のために自衛官になった女性など、来歴はさまざま。失恋から自衛官を衝動的に目指した主人公は、しかし、そうしたなかで、誰かを〝守ってあげたい〟と考えるような〝立派な〟自衛官に育ってゆく。

小学館ビデオ

また、『空へ～救いの翼』は、嵐に襲われた離島で、病気の母親を自衛隊の救援ヘリコプターで病院へ搬送してもらったという経験のある高山侑子演じる女性自衛官が、救援ヘリコプターの初めての女性パイロットとして成長してゆく物語だ。自衛隊法の規定では主要な「任務」ではない、「災害出動」で、さらに救援ヘリコプターのパイロットというのは、航空自衛隊では決して花形ではない。

『今日もわれ大空にあり』や『ジェットF104　脱出せよ』、

東映

そして『BEST GUY（ベストガイ）』が、戦闘機パイロットたちの厳しい訓練克服の物語と、空の男たちの友情などを主題とした〈自衛隊映画〉＝〈軍隊映画〉の常道だとしたら、女性パイロットの主人公、そして自衛官であることに悩みや迷いを持つ登場人物たちを描いているということで、〈自衛隊映画〉としてはかなり画期的なものといえる。

もちろん、こうした映画に自衛隊＝防衛省は全面的な協力と支援を惜しまず、数分間、動かすだけで莫大な燃料費を使うヘリコプターや飛行機を長時間飛行させて映画製作に〝協力〟した。『今日もわれ大空にあり』では、作品全体の八割以上が、自衛隊の協力で製作されたシーンだったという（須藤遙子前掲書）自衛隊協力ではなく、自衛隊製作としたほうがよいようだ。

自衛隊の駐屯地、基地内部の撮影。ブルーインパルスを始めとする航空自衛隊の戦闘機、哨戒機、輸送機、ヘリコプターのさまざまなタイプ、戦車や装甲車、特殊車両の種類と、銃砲、火器。海上自衛隊の自衛艦や潜水艦の外部や内部の模様など、自衛隊の協力がなければ、リアルな迫真性のあるシーンの撮影はほとんど不可能だったはずだ。それだけこれらの作品は、自衛隊の〝協力〟に依拠し、その全面的な〝協力〟に依存しなければ製作そのものがおぼつかないと思われる。もちろん、そうした条件の下で、自衛隊に批判的であったり、それを揶揄するような映画作品が作られるはずがなかった。

『TOP FIGHTER トップファイター』（中島芳人監督、一九八八年）は、そうした自衛隊プロパガンダ映画のなかでも、陸上自衛隊、海上自衛隊、航空自衛隊の三自衛隊のそれぞれ戦車、スクランブル戦闘機、戦闘用ヘリコプター、潜水艦、戦艦を総動員させて、自衛隊の軍事力を誇示するような劇場用のドキュ

松竹

メンタリー映画だ。もっとも、ドキュメンタリーといっても、陸上自衛隊員が機関銃をぶっぱなし、戦車が砲弾を発射し、ヘリコプターが、地上の標的に砲撃し、艦船隊が堂々と巡航してゆくという、自衛隊自慢の兵器・武器をスクリーン上に展示してみせたといった作品である。協力はもちろん防衛庁と、そしてマクドネル・ダグラス社、製作はライト・ヴィジョン社とコスモメジャー社、そして山田洋行の三社合同である。F14戦闘機一機を一回発進させるだけで、燃料費として二百万円かかるとされている。この映画のコストが厖大なものであることは誰にでも分かる。それは訓練費として、防衛予算、すなわち国民の税金から支出される。

　防衛庁長官を歴任した石破茂は、防衛庁は〝お買い物庁〟であると自嘲的に語っているのだが、その〝お買い物〟の客に、さまざまな武器・弾薬・兵器や必要な物資を売り込むのが山田洋行であり、防衛庁との〝黒い癒着〟の構造が問題視されていた〝御用商人〟であり、一般企業でも、バイヤー（調度課や購入課）と出入りの納入業者との癒着は、どこの業界でも見られる通弊である（しかも、その取り扱い商品が、本当に役に立つものであるかは、戦争が起こってみなければわからない。売り手にとって、こんなに甘い買い物客は普通はいないはずだ）。とにかく、ドンパチの場面をふんだんにして、最新鋭の兵器を画面で見せれば、軍隊マニア、兵器フェチの観客は狂喜するだろうと、観客を嘗めたような作りのこの映画は、劇場で一般公開されても少しもヒットしなかった。山田洋行の取扱商品としての兵器一覧のアルバムを見せられているような映画に、一般客を動員できると思ったとしたら、山田洋行も、防衛

角川映画

庁もずいぶん甘い広報・宣伝観しか持っていないということだろう。

こうした自衛隊プロパガンダ映画が、自衛隊が予想していたような宣伝効果を上げられたどうかはまた別の話であり、『空へ〜救いの翼』も、自衛隊の全面的協力がありながら、興業成績は振るわず、「惨憺たる結果」に終わったということである（須藤遙子）。製作映画会社側の宣伝・広告、動員・集客能力の見誤りもあったのだろうが、災害救援ヘリコプターの女性パイロットという、自衛隊の本業の国防からはきわめて周辺的な仕事の、周縁的な人物にフォーカスを当てた作品自体が、〈自衛隊映画〉の本来の顧客である軍事オタクや、戦闘機フェチ、右翼・保守の、旧軍にノスタルジーを感じている観客層などにまったく届かなかったということがいえるかもしれない。莫大な国費を注ぎ込んだ映画が、作品的にも、興行的にもまったく評価されなかったというのは、批判、反省の材料となるべきものだったはずだ。

東映

自衛隊が協力した映画作品のなかでは、なぜ、こんなものが〝協力〟を得られたのか、不審なものもある。『北京原人 Who are you?』（佐藤純彌監督、一九九七年）は、現代の世界に北京原人が甦り、それを日本や中国の闇のグループが鎬《しのぎ》を削って追いかけ回すという、パロディー的でもあり、ポルノ的な愚作なのだけれど、それにどういうわけか自衛隊のヘリコプターが登場し、協力している。たぶんシナリオ、製作意図の段階で、どんな映画なのか、自衛隊としてはよく分からなかったのだろう

アートポート

パック・イン・ビデオ／ホリプロ

と思われる。自衛隊の宣伝とも、国防意識の宣揚とも、関係のなさそうな映画作品が自衛隊の協力を取り付けられたのは、単に自衛隊の側の勘違いか、ゲリラ的な製作スタイルに、深く考えることなく、乗せられてしまったからだろう。

『パコダテ人』（前田哲監督、二〇〇二年）は、猫のような尻尾の生えた〝パコダテ人〟の女の子の主人公を宮崎あおいが主演するラブ・コメディーだが、自衛隊が登場するのは、軍用トラック一台から数人の自衛官が下りてきて、主人公の家（大正湯という銭湯）を囲むシーンがあるだけだ。これで自衛隊協力というクレジットを出すのは大げさすぎるというべきだろう。

泉谷しげる監督・主演・音楽の『ネイビー・ロック・ウォー　撃破せよ』（一九九〇年）は、ロック歌手として著名な監督の名前で〝協力〟を決めたのだろうが、作品の中味は、核兵器を持った男に支配された離島を、海上自衛隊の自衛官が奪還しようというもので、その戦闘シーンは徹底してパロディー化されており、ナンセンスなギャグ的なセリフ、内容にしても、〝自衛隊協力〟の看板が泣くようなメチャクチャぶりだ。シナリオをチェックすることも、出来上がった作品を事後に検閲することもしなかったのではないだろうか。たぶん、自衛隊広報課としては、反省の材料の一つにはなったと思われるが。

## 自衛隊アンチ協力映画

最初から、自衛隊の協力など、当てにもしないし、当てにもできない〈自衛隊映画〉として、『ゾンビ自衛隊』（友松直之監督、二〇〇五年）や『サバイバル自衛隊 SO SOLDIER』（水木英昭監督）がある。富士山麓の樹海で訓練中の陸上自衛隊員が次々とゾンビ化し、ヤクザやアイドル・タレントや山中の別荘に住む人々を襲い、みんながゾンビと化してしまう『ゾンビ自衛隊』は、ただゾンビ映画の変わり種

GPミュージアムソフト

ファイナルバロック

として自衛隊を出したにしかすぎないし、やはり山中のサバイバル訓練を行う自衛隊員が、何か訳の分からない怨みを自衛隊に持っているファミリー（父親と息子と娘）が、隊員を次々と血祭りにあげてゆく『サバイバル自衛隊』は、殺戮・殺人ゲームの感覚で、スプラッター映画を鑑賞する観客のために作られたB級のビデオ・シネマ作品である。両作とも女性自衛官を正面に立て、セクシーな場面をサービス的に挿入しているところが、娯楽映画として愛嬌のあるところだ。

『特攻任侠自衛隊』（土方鉄人監督、一九七七年）は、北方の大国〝ケロス〟に対する日本の弱腰外交が続いていた。〝ケロス〟に内通した陸上自衛隊の一部が反乱軍を組織して、日本支配を目指している。自衛隊幹部は、警務隊の安藤力雄二尉にその討伐を命じたが、正規の自衛隊を一兵たりとも動員することができない。花井組という博徒集団か

飯島洋一

ケイエスエス

ら花井光治組長を始めとした命知らずのやくざ者を集め、訓練所で、兵士としての訓練を行う。自衛隊とやくざという組み合わせによる抱腹絶倒な軍事訓練が展開される。やくざ組織の抗争などの出来事もあったが、無事に〝任侠自衛隊〟は、反乱軍に対する〝特攻〟に当たることになり、敵ゲリラ集団を絶滅するのに成功する。しかし、特攻のヒーローの花井は、卑劣な銃弾に倒れる。勝新太郎、田宮二郎のコンビによる「兵隊やくざ」シリーズの自衛隊版ともいえるのだが、軍事訓練や戦闘場面はかなりチープであり、自衛隊の協力が得られなかったことは歴然としている。自衛隊協力映画と見較べると月とスッポンほどの違いがある。

ただ、これらは別に自衛隊を批判的に、あるいは否定的にとらえているということではなく、見方によれば、『右向け、左!』にように、単に自衛隊という存在をパロディー化したり、せいぜいそれをブラック・ユーモアの対象にしているだけであり、もとより「自衛隊の宣伝」や「国防意識の涵養」には役立たないが、むしろ自衛隊を一般国民の身近なものとして近づける役割ぐらいは果たしているのかもしれない（もちろん、自衛隊側としては、こんな形で自衛隊を取り上げるならば、取り上げてくれない方がましだと思うことだろうが）。

そうしたなかでも、在日コリアンの俳優の白龍（やくざものビデオ・シネマの貴重な役者だ）が主演した『サムライ』（片岡修二監督、二〇一二年）は、異色で、それなりのリアリティーを持った作品だ。海外に派遣された陸上自衛隊の一隊が、現地で民間人を射殺した。しかし、それは民間人に偽装した兵士だった。だが、そんな事情や状況を知ろうともしない日本のマスコミや世間は、帰国後、ここぞとばかり隊を率いていた白河隊長をバッシングした。彼はそのため、引責辞職せざるをえなくなる。

そんな白河に自分たちの計画に加わらないとか声を掛けたのが、政界の黒幕といわれる安永だった。自衛隊内に隠然たる勢力を持つ彼は、白河をクーデター計画に誘い込もうとする。防衛費を削減し、迎撃ミサイルの開発を中止し、弱腰外交を進める日本の国を立て直すためには、自衛隊による武力クーデターが必要だと安永は白河を説得する。白河は自分を隊長として慕う部下四人を手勢に、武器・弾薬庫を襲うが、しかし、そこにはすでに警備する自衛隊兵士がいた。実際のクーデター行動に出たのは彼らの一隊だけであり、事前に情報が漏れ、いっしょに立ち上がるはずだった自衛隊幹部は、制止されていたのだ。投降しろといいに来た仲間の幹部は、尾行してきた自衛隊員に射殺された。白河は、そのクーデター計画を潰した者に復讐することを決意した。

白河たちを蹶起させ、そのクーデターを失敗させたのは、安永（と、自衛隊の大幹部）だった。彼らは最初からクーデターを完遂するつもりはなく、政治家や官僚を震えあがらせ、防衛予算の増大や、迎撃ミサイルの開発の利権などを手に入れようと一芝居打ったのである。それに乗せられたのが、白河や純粋な自衛隊員だった。白河は、安永の屋敷に乗り込み、天誅として彼を斬り殺す。

政界の黒幕に、こんなにあっさり騙されるというのも芸のない話だが、日本人の誇りを取り戻すだの、日本を救うだの、愛国、憂国を語る手合いは、すべて金と名誉に目の眩んだ俗物であり、悪人であるという〝健全な〟思想は生きている。国を守るだの、国民の生命と財産の安全にために働くだのという輩《やから》に限って、〝非国民〟的な〝売国奴〟であるという構図は、昔も今も少しも変わっていないからだ。日本人の国籍を求められる自衛隊には、在日コリアンの白龍は入隊できないはずだが、その彼が憂国の烈士を演じていることは興味深い。〈自衛隊映画〉なのに、戦車も飛行機も戦艦も潜水艦も、ヘリコプターすら出てこない、見るからに低予算の作品なのだが、その内容からして自衛隊が協力してくれるはずもなく、逆にいうと、いかに自衛隊は、国民の血税を使って自らのプロパガンダを、〈自衛隊協力映画〉を通じて行っているか、ということを逆証明している。

アジア太平洋戦争時代の日本の軍の上層部で、己れの保身と栄達と利益・利権のために働かなかったものはごく少数であり、愚劣な戦争指導によって兵士や国民に塗炭の苦しみを嘗めさせたのに、戦後はのうのうとして生きながらえた軍や政権や高級官僚がどれほどいたか。彼らは、ほとんどそのまま戦後社会に横滑りしていった。さすが旧軍の将軍クラスは、自衛隊創設には参加しなかったものの、将校クラスは自衛隊のなかにいつしか潜り込み、〝戦争をしない軍隊〟において、思いっきり安逸の境遇を受け取ることができたのだ。〈自衛隊映画〉の一種類に、旧日本軍礼賛ものが上げられるのは、そうした旧日本軍→自衛隊という遺伝子が組み込まれているからといえる。

## 自衛隊に対する〝反協力〟

こうした〈自衛隊非協力映画〉は、製作側の思惑とは別に、自衛隊側が〝非協力〟せざるをえないというものだが、それと似ているが、製作側が最初から〝反協力〟という立場を貫いていると思われるものもある。その一つが、角川映画の〝証明三部作〟の一作として評判となった『野性の証明』（一九七八年、

角川書店

佐藤純彌監督）がある。二時間超の大作で、アメリカロケを敢行し、それだけで当時としては巨額な五億円を投じたという日本版ブロックバスター映画は、自衛隊特殊部隊（レンジャー部隊）のエリート自衛官だった味沢岳史（高倉健）が、山中訓練中に山村の大量殺人事件に巻き込まれ、そこでの生き残りの少女・頼子（薬師丸ひろ子）を養女として引き取って、東北の地方都市に住んでいるうちに、政財官を牛耳り、地方都市の独裁者として君臨しようとする大場（三國連太郎）の一味と死闘を繰り広げることになるという映画だ。

味沢を殺人犯として執拗に追いかける刑事（夏木勲）。特殊部隊の秘密を守るために、味沢を抹殺しようとする、特殊部隊長の皆川（松方弘樹）。味沢一人を殺すために、自衛隊の演習の部隊を総動員し、機関銃どころか、大砲、戦車、軍用ヘリまでも使って、圧殺に向かう自衛隊の秘密組織（レンジャー部隊は、目的遂行のためには、一般人や一般自衛官を殺すこともためらわない）。

自衛隊員（特殊部隊）が、自衛隊員を殺す。こんなストーリーや場面を自衛隊が許容するはずがない。もちろん、自衛隊が撮影に協力することもありえない。厖大な予算を投じて、大がかりな映画製作をし、そこからさらに巨大な利益を得ようとする角川映画の商法は、あえて自衛隊（防衛庁）の協力などを求めず、アメリカでロケ撮影し、米軍の戦車や軍用ヘリを自衛隊仕様に塗り替え、大勢のエキストラを使って、元自衛官の一人の男と、全自衛隊ともいえる総動員の部隊との熾烈な〝戦い〟を描き出したのである。

だが、これを「アンチ自衛隊映画」と規定することには躊躇《ためら》いが残る。一人の男を抹殺するために、戦車数十台を動員し、演習場という野に放たれた〝敵〟のために自衛隊が総決起するようなストーリー自体は荒唐無稽なものであり、何のリアリティーも持たないからだ。寒村の大量虐殺事件が、未知の細菌を病原菌とする狂気から発しているという設定と同様に、特殊部隊の存在や訓練の秘密が、これほど大がかりな殺戮に見合うような〝秘密〟とは到底思えないのである。強いていえば、原作者の森村誠一の〝自衛隊嫌い〟（それ自体は健全なことだが）が全面的に表現されたということであって、製作者の角川春樹や、佐藤純彌監督などの映画製作者側に、そうした〝イデオロギー〟があったとは思えない。この映画を観て、日本の自衛隊は非人間的であり、危険で物騒な組織であり、集団であると考える観客は一人もいないだろう。その意味で、この映画は社会的意味を欠いた、単なる娯楽大作にほかならないのである。

三島由紀夫が自衛隊市ヶ谷駐屯地に乱入し、総監を監禁し、自決した、いわゆる〝三島事件〟を扱った、若松孝二監督の『11・25自決の日　三島由紀夫と若者たち』（二〇一二年）がある。

若松孝二

自衛隊にとって、駐屯地への闖入者であり、総監を人質にし、勝手な演説をしたあげくに、自決して、総監室を血で汚した三島由紀夫と「楯の会」の若者たちを、共感的、あるいは同情的に描いた作品に協力するいわれはまったくなく、たとえ協力要請があっても拒否しただろうと思われるが、製作側としても、三島由紀夫の切ないまでの自衛隊への恋慕を、あっさりと踏み躙《にじ》った自衛隊に、嫌悪感と拒否感があったことは否定できないと思われる。

三島由紀夫（と楯の会）が自衛隊による訓練を受けるシーンがあるが、これは自衛隊の富士山麓の演習場に近いところでロケされたと思われる。その時のメイキング映像を見てみると、撮影現場には、偶然に装甲車が走り抜け、戦車さえ近くを通り、そのキャタピラーの跡を地面に残している。普通ならば、自衛隊の演習場の雰囲気を盛り上げるものとして、その偶然シーン（別のカメラで撮影している）を作品のなかに使いそうなものだが、若松孝二監督は、そうした映像を使おうという気はまったくしなかったようだ。それは、反戦、反軍的な思想というより、監督のなかに、自衛隊に関する〝憎しみ〟、あるいは〝侮蔑〟があったからではないか。もちろん、それは、三島由紀夫の恋闕《れんけつ》に対して答えることのなかった自衛隊への憎しみなのである。

つまり、自衛隊に協力を仰がないという意味での「非協力映画」ではなく、積極的に協力を拒否する（もちろん、自衛隊が協力することはありえないのだが）、反協力の姿勢を打ち出したものなのだ。それは、自衛隊が愛国的でも軍国的でもなく、ただ、ひたすらアメリカ軍の傭兵という道を自ら進んで邁進しているということと無関係ではない。三島由紀夫が命を賭けてまで実現しようとしたもの。いや、生命を賭けてまで止めようとしたのは、自衛隊の米軍の傭兵化だった。「日米同盟」などと、口にするにも汚らわしい路線を、警察予備隊から自衛隊に至るまでの歴史を通じて、自衛隊自身が推進している。三島由紀夫が決して許そうとはしなかった道筋を、「右翼」や「保守」や「伝統」を声高に訴える政治家や官僚や言論人たちが、自衛隊に歩ませようとしている。三島由紀夫と同世代というより、同質の思想性や感性を持つ若松孝二監督が、三島由紀夫の純情を〝裏切った〟自衛隊（防衛庁の幹部）を〝憎んだ〟ことは当然だったと思える。

今後、〈自衛隊映画〉として増えてゆくのは、海外派兵に関する自衛隊の活躍をテーマにしたものだと思われる。すでに防衛省のプロパガンダのＤＶＤとして『世界の平和により役立つために――防衛省・自衛隊の国際平和協力活動――』（企画制作・防衛省）などが作られているが、今後は劇映画としての海外派兵ものが、多く登場してくるものと思われる。

幸いというべきか、これまでの〈自衛隊映画〉は、日本国内に舞台を限定していた。しかし、今後は、自衛隊の海外での派遣活動を基とした、自衛隊のプロパガンダ映画が作られると考えられるのだ。もちろん、それが自衛隊の協力なしで作られるはずがない。ホムルズ海峡、危機一髪や、東シナ海、あるいは南シナ海波高しといった題目の映画が作られないとは限らないのだ。〈自衛隊映画〉の世界も、まさに風雲急を告げているのである。

## 自衛隊を〝自衛〟する自衛隊

防衛省に協力申請をしたのかどうか分からないが、まず確実にＣ評価になり、協力を断れた思われる自衛隊映画がある。『相棒　劇場版パートIII』（和泉聖治監督、二〇一三年）だ。映画のなかでも、警察と防衛省＝自衛隊は仲が悪いというセリフがあり、そうした場面があって、主人公二人が警視庁の特命刑事という、この〝相棒〟シリーズが防衛省に受けがいいはずがない。しかも、内容は、自衛隊が密かに生物兵器（天然痘ウィルスの培養）の開発を行っていて、その培養したウィルスの株を退職した自衛官に持ち出されたというスキ

テレビ朝日

ャンダラスな出来事が事件の発端となっているのである。

防衛大臣を歴任した政治家や、自衛隊幹部の後ろ盾を得て、防衛大生で任官拒否した実業人がスポンサーとなった民兵組織の訓練場が、東京から三百キロメートルも離れた海上にある鳳凰島に作られていた。落馬事故の障害がもとで退職した元自衛官に率いられた民兵たちが過酷な戦闘訓練に明け暮れていた。そのなかに、企業から派遣された予備自衛官がいて、馬に蹴られて死亡するという事故が起きる。それは本当に事故なのか。そして、その訓練基地には、自衛隊から流出した生物兵器の秘密の製造施設があるという疑惑があった。警視庁特命刑事の〝相棒〟二人組が、その捜査のために、八丈島を経て、その絶海の孤島へ出かけるのである。

防衛省の門の看板が映り、自衛隊のヘリコプターが上空を飛ぶ。迷彩服の自衛隊特殊部隊が、民兵組織を襲撃する。そんな場面に、防衛省の協力があれば、もっとダイナミックで、リアルな撮影ができたのだろうが、自衛隊が秘密に生物兵器を開発していただの、その事実を隠蔽するために、流出して、新たに生物兵器を作った、民兵組織の製造工場を爆破するだのといった、このドラマの内容が、自衛隊や国防に対する国民の理解を増すものとは到底思えない。自衛隊が、ことあるごとにライバル視している警視庁の刑事に、（主犯である元自衛官に対し）「国防という流行り病にかかっている」と言われるのだから、これが国防意識を強調し、自衛隊＝防衛省の存在意義を日本社会に高めさせようとする現今の自衛隊に対する誹謗の言辞と取られても仕方ないだろう。「自分で自分を守ること（自衛権）」を主張し、「生物・科学兵器が非人道兵器で、核兵器は人道兵器か」と挑発する元自衛官のセリフは、現在の日本社会では〝狂気〟に近いといわざるをえない。つまり、この映画は、あくまでも「警察」の側から自衛隊を戯画化しているものと受け止められるのである（防衛省は、警察からの出向の内務官僚の方が、制服組よりも上層にいるという、長い間の警察出身—自衛隊プロパーの葛藤がある）。

テレビ人気ドラマの劇場版だから、とりたてて防衛省の協力を仰がなくとも、ヘリコプターや自衛隊の衣装や小道具は調達できるという製作者側の思惑もあっただろうし、撮影ロケ地の沖縄では、むしろ自衛隊の協力が、地元の協力のネックとなるのではないかという要因もあったと思うが、国防や防衛方針や自衛隊に対する、疑問や疑念をテーマ化するには、自衛隊の協力は不必要というより、絶対に排除しなければならないものだ。なぜなら、自分たちの存在に疑念を出し、批判的に検討しようとすることに、現在の自衛隊＝防衛省が協力するはずはなく、むしろ陰に陽に妨害工作をすることは明らかだからだ。これは、戦前の軍部批判、軍隊批判が、生命を賭けての重要事であったことに較べれば、まだマシなのかもしれないが、いずれ、「軍」の特殊工作が、国民にも向けられてくるのは時間の問題のように思える。すや、すでに幾分かは実行されているのかもしれないのだ。

自衛のための軍隊、国防のための軍隊、国民のための軍隊から、軍隊のための軍隊、自衛隊そのものを自衛するための自衛隊への転換。しかし、それは自衛隊の英語名に、すでに表現されていた。すなわち、SELF－DEFENCE FORSE、自己防衛のための力、自衛隊は、まさしく自衛隊を守るための〝力〟にほかならないのである。

註

（1）軍事オタクとして知られる防衛族のドンである政治家・石破茂は、『日本人のための「集団的自衛権」入門』（二〇一四年、新潮社）なる本を書いているが、彼の防衛政策の基幹にあるのは、彼が旗を振って作った、自民党の「国家安全保障基本法案」の第12条にあるようだ。すなわち「国は、我が国及び国際社会の平和と安全を確保するとの観点から、防衛に資する産業基盤の保持及び育成につき配慮する」として、2項に「武器及びその技術等の輸出入は、我が国及び国際社会の平和と安全を確保するとの目的に資するよう行われなければならない。特に武器及びその技術等の輸出に当たっては、国は、国際紛争等を助長することのないよう十分に配慮しなければならない」としている。

安倍晋三政権と自民党（石破幹事長）が、武器輸出三原則を撤廃し、武器・兵器を輸出と、防衛産業の育成を図っているのは、アメリカのブッシュ政権のように、軍需産業と一体化して、その利権を最大限に享受しようという底意のものだろう。彼は単なる武器マニア、軍事オタクではなく、三菱重工業、東芝、日立などの軍需産業（であると同時に、原子力産業）に寄生する政商のドンになろうという欲望を抱いているようだ。たとえば、石破は、武器輸出を肯定するために、こんな迷言を吐いている。「紛争を助長させない、との厳格な基準の下に、日本が武器を輸出したとして、その輸入国がもしさまざまな事情によって国際秩序を乱すような行動に出ようとした時、日本が輸出を止めると意思表示することは、その国の行動を思いとどまらせることになるでしょう」。日本の武器輸出が、〝安全保障〟に資するという、支離滅裂な（非）論理である。

(2) 安倍晋三と中川昭一は、いずれも自民党の世襲議員であり、苦労知らずのお坊っちゃんであることが共通している。極右的な性行を持ち（思想といえるほどのものは持っていない）、言論機関などに圧力をかけ、権力主義的なところは、安倍の場合は祖父の岸信介、中川の場合は父親の中川一郎の血を引いているといえる。ただ、お坊っちゃん育ちのため、性格的に脆い面もあり、安倍の場合は一度総理の椅子を投げ出し、中川は酔態を国際的な記者会見でテレビに晒し、自殺と思われる不審死を遂げた。安倍晋三は、結果的には〝昭和の妖怪〟といわれた祖父・岸信介のように、〝平成の妖怪〟などにはなれず、その風貌が似ている〝平成のネズミ男〟としてその政治的役割を終えるであろう。

（3）自衛隊の誕生については、増田弘の『自衛隊の誕生』から、別冊歴史読本の『自衛隊誕生秘話』のような本がいくつも出されているが、草創期の自衛隊（警察予備隊、保安隊）に実際に入隊して、その個人的な体験談を書いているのは、『さらばわが友』のようにそれほど多くはない。後にカービン銃事件を引き起こしたK・Oことと大津健一は、監獄で知り合った大物死刑囚について回想録を書いているのだが、その警察予備隊の時代の体験談も貴重である（全部が本当だとは思えないが）。

航空自衛隊の草創期については、坂梨靖彦が『自衛隊これでいいのか　日本没落のシナリオ』（二〇〇一年、元就出版社）で小説仕立てで書いているが、これはノンフィクションとして読めるものだ。アメリカ側からの証言として、米軍事顧問団幕僚長だったフランク・コワルスキーによる『日本再軍備　米軍事顧問団幕僚長の記録』（勝山金次郎訳、中公文庫、一九九九年八月）がある。

（4）守屋武昌の『日本防衛秘録』（二〇一三、新潮社）は、制服組の単なる軍事バカ（田母神某など）の本とは違って、防衛省＝自衛隊と、日本政府の防衛政策、国防認識の欠陥点や深刻な矛盾などが露呈されていて、参考になるものだ。ただし、在日米軍や沖縄の基地問題については、日米安保条約や占領軍＝駐留軍の既成権益や、米軍の世界戦略をそのまま鵜呑みにしているだけで、批判的な視点どころか、現状をまったくそのまま肯定していることの問題性のかけらもないことに驚く。それに、自分が防衛次官を退職した件（山田洋行事件）について、言い訳でも言い開きでもいいから、一言、言及するところがあっていいはずだ。防衛予算を食い物にしていた輩が、したり顔で日本の防衛について憂えても誰も信用しない。

（5）アメリカ軍の世界戦略の転換によって、沖縄にあるアメリカ軍基地の整理が着手されたのだが、日米軍事同盟にしがみつく日本政府は、現状の体制を変更することを怖れ、都市部の真ん中にあり、きわめて危険な普天間基地を米軍から返還してもらうことの代わりに、辺野古に新しい滑走路を含む基地建設を約束した。普天間基地の返還が最優先の課題だったのに、辺野古基地新設が前面での課題となって、沖縄の米軍基地問題は、本末転倒の混乱に陥った。民主党の鳩山由紀夫首相が、鹿児島県徳之島への移転を念頭に「最低でも県外移転」などと口外し、現地の反対や、アメリカ側の拒否もあって、鳩山政権は崩壊した。辺野古移転に反対を表明して、沖縄県知事となった仲井真知事は、自民党の政治工作に懐柔され、移転容認へと転じ、沖縄県民の激しい批判に晒され、知事の椅子を辺野古移転反対派の翁長雄志《おながたけし》に空け渡さざるをえなかった。しかし、自民党安倍政権は、辺野古基地を規定方針として強権的に推進しようとしている。守屋武昌『「普天間」交渉秘録』（二〇一〇年七月、新潮社）は、自分を正義派として、沖縄側や自民党政治家、外務省を悪役に仕立てている〝物語〟だが、欲に駆られた有象無象の暗躍という、現実の日本の防衛事情の醜悪さを内側から描いていて面白い。

(6) 軍事・安全保障論の専門的研究家である前田哲男は、具体的に自衛隊の縮小案を提示している（『自衛隊変容のゆくえ』二〇〇七年七月、岩波新書）。それは「平和基本法」の構想の下に自衛隊を解体的縮小することを前提としたものだが、そこで自衛隊の持つ「最小限の防御力」を次のように規定している。

○最小限防御力は、治安警察（constbulary）と沿岸警備隊（coastguard）を基本に編成される。「陸海空軍その他の戦力」にいたらない組織とする○人員は最大で五万人ていど（「警察予備隊」は七万五〇〇〇人だった）。一元的に運用され、日本の主権のおよぶ地域内のみで行動する○最小限防御力と別に、国連警察活動への常設待機組織（文民、NGOを含む）が創設される。PKOや巨大災害の救援に迅速に対応する。○国際的で全般的な軍縮実現に取り組む決意と、「東アジア・共通の安全保障」に向けた努力を推進する。○国連の集団的安全保障機能を強化を推進し、決議にもとづく警察的制裁活動へ参加（資金・人員の提供）する。

以上のような内容だが、概ね妥当なものと思われる。ただ、人員の数と装備の内容は、現実的にさらに検討する必要があろう。

# 文献一覧

## 【フィクション】

野呂邦暢『草のつるぎ』一九七四年、文藝春秋。
野呂邦暢『丘の火』一九八〇年、文藝春秋。
大江健三郎「セヴンティーン」『大江健三郎自選短篇』二〇一四年八月、岩波書店。
三浦朱門『光はるかに』一九七九年九月、日本経済新聞社。
森村誠一『黒い墜落機《ファントム》』一九七六年二月、光文社。
小林久三『皇帝のいない八月』一九七八年、講談社。
砧大蔵『ザ・クーデター』二〇〇四年一月、有楽出版社。
砧大蔵『日本再占領』二〇〇三年八月、有楽出版社。
砧大蔵『日中激突』二〇〇五年二月、有楽出版社。
半村良『戦国自衛隊』一九七五年、早川書房。
川又千秋『虚空の総統兵団』一九八五年十二月、中央公論新社。
遙士伸『時空連合自衛隊』二〇〇五〜二〇〇六年、コスミック出版。
浅田次郎『歩兵の本領』二〇〇一年四月、講談社。
東野圭吾『天空の蜂』一九九五年十一月、講談社。
川本三郎『マイ・バック・ページ　ある六〇年代の物語』一九八八年、河出書房新社。
三島由紀夫『Ｆ１０４』一九八一年六月、河出書房新社。

福井晴敏『亡国のイージス』一九九九年八月、講談社。
古処誠二『UNKNWN（アンノウン）』二〇〇〇年、講談社。
真保裕一『朽ちた樹々の枝の下で』一九九六年、角川書店。
生田直親『199X年自衛隊潰滅す』一九八五年、徳間書店。
生田直親『ソ連侵略198X年（上・下）』一九八〇年十一月、徳間書店。
森詠『決定版　日本朝鮮戦争（上・中・下）』徳間書店。
有川浩『クジラの彼』二〇〇七年一月、角川書店。
有川浩『塩の街』二〇〇四年二月、メディアワークス。
有川浩『空の中』二〇〇四年十一月、メディアワークス。
有川浩『海の底』二〇〇五年六月、メディアワークス。
有川浩『空飛ぶ広報室』二〇一二年七月、幻冬舎。
吉岡平『二等空士物語』二〇〇三年七月、朝日ソノラマ。
山崎豊子『約束の海』二〇一四年二月、新潮社。
福田和代『迎撃せよ』二〇一一年一月、角川書店。
福田和代『潜航せよ』二〇一三年十月、KADOKAWA。
福田和代『碧空《あおぞら》のカノン』二〇一三年二月、光文社。
福田和代『サイバーコマンドー』二〇一三年、祥伝社。
大藪春彦『俺に墓はいらない』一九九六年八月、光文社。
鳴海章『強行偵察』二〇〇六年十月、実業之日本社。
未須本有生『推定脅威』二〇一四年六月、文藝春秋。

安生正『生存者ゼロ』（原題『下弦の刻印』）二〇一三年一月、宝島社。

安生正『ゼロの迎撃』二〇一四年七月、宝島社。

池上司『無音潜航』二〇〇四年一月、角川書店。

馬場祥弘『日本朝鮮戦争勃発！』二〇〇三年十月、コスミック出版。

喜安幸夫『日本中国開戦』二〇〇五年六月、学習研究社。

数多久遠『黎明の笛』二〇一四年三月、祥伝社。

野島好夫『超武装自衛隊1、2』二〇〇九年十一月〜二〇一〇年一月、コスミック出版。

伊藤計劃『虐殺器官』二〇〇七年六月、早川書房。

坂梨靖彦『自衛隊　これでいいのか　日本没落のシナリオ』二〇〇一年一月、元就出版社。

百田尚樹『永遠の0』二〇〇六年八月、太田出版。

池上司『無音潜航』二〇〇四年十月、角川書店。

船戸与一『夢は荒れ地を』二〇〇六年六月、文藝春秋。

月村了衛『土漠の花』二〇一四年九月、幻冬舎。

孫崎亨『小説外務省　尖閣問題の正体』二〇一四年四月、現代書館。

安達瑶『友喰い』二〇一四年九月、光文社。


【ノンフィクション】


杉山隆男『兵士に聞け』一九九二年、新潮社。

杉山隆男『兵士を見よ』一九九五年九月、新潮社。

杉山隆男『兵士を追え』二〇〇五年八月、小学館。

杉山隆男『「兵士」になれなかった三島由紀夫』二〇〇七年七月、小学館。

増田弘『自衛隊の誕生　日本の再軍備とアメリカ』二〇〇四年十二月、中央公論社。

本庄重夫『阿賀野川の炎《ほむら》　名もない自衛隊員の記録』二〇〇二年五月、彩図社。

前田哲男『自衛隊のジレンマ　3・11震災後の分水嶺』二〇一一年七月、現代書館。

前田哲男『自衛隊　変容のゆくえ』二〇〇七年七月、岩波書店。

前田哲男編『自衛隊をどうするか』一九九二年一月、岩波書店。

島本滋子『戦争で死ぬ、ということ』二〇〇六年七月、岩波書店。

桜林美佐『日本に自衛隊がいてよかった　自衛隊の東日本大震災』二〇一一年九月、産経新聞出版。

桜林美佐『自衛隊と防衛産業』二〇一四年八月、並木書房。

桜林美佐『誰も語らなかった防衛産業』二〇一〇年八月、並木書房。

『週刊金曜日』編『国策防衛企業三菱重工の正体』二〇〇八年三月、（株）金曜日。

大場一石『証言　自衛隊員たちの東日本大震災』二〇一四年二月、並木書房。

井上和彦『東日本大震災　自衛隊かく闘えり』二〇一二年二月、双葉社。

井上和彦『国防の真実　こんなに強い自衛隊』二〇〇七年二月、双葉社。

井上和彦『こんなに強い自衛隊』二〇一〇年十月、双葉社。

清谷信一『防衛破綻　「ガラパゴス化」する自衛隊装備』二〇一〇年一月、中央公論社。

清谷信一『国防の死角　わが国は「有事」を想定しているか』二〇一二年三月、ＰＨＰ研究所。

清谷信一『専守防衛――日本を支配する幻想』二〇一〇年三月、祥伝社。

江畑謙介『日本に足りない軍事力』二〇〇八年九月、青春出版社。

江畑謙介『米軍再編』二〇〇五年六月、ビジネス社。

江畑謙介『兵器マフィア』一九九二年一月、光文社。

麻生幾『前へ！東日本大震災と戦った無名戦士たちの記録』二〇一一年八月、新潮社。

瀧野隆浩『ドキュメント自衛隊と東日本大震災』二〇一二年五月、ポプラ社。

高嶋博視『武人の本懐』二〇一四年二月、講談社。

永野節雄『自衛隊はどのようにして生まれたか』二〇〇三年七月、学研。

藤井治夫『自衛隊　この戦力』一九七〇年十二月、三一書房。

藤井治夫『自衛隊を裁け　その軍事機密の追及』一九七四年九月、三一書房。

藤井治夫『自衛隊のクーデタ戦略』一九七四年十一月、三一書房。

藤井治夫『戦争計画――自衛隊戦えば』一九七八年八月、三一書房。

藤井治夫『自衛隊はかならず敗ける　防衛の原点にかえれ』一九八〇年十月、三一書房。

星野安三郎・林茂夫『自衛隊　その二つの顔』一九六三年八月、三一書房。

中北龍太郎『国家非武装の原理と憲法九条　憲法・自衛隊・安保の戦後史』一九九七年四月、社会評論社。

読売新聞戦後史班編『昭和戦後史　「再軍備」の軌跡』一九八一年九月、読売新聞社。

半田滋『自衛隊VS北朝鮮』二〇〇八年八月、新潮社。

半田滋『日本は戦争をするのか　集団的自衛権と自衛隊』二〇一四年五月、岩波書店。

半田滋『「戦地」派遣　変わる自衛隊』二〇〇九年二月、岩波書店。

半田滋『ドキュメント防衛融解　指針なき日本の安全保障』二〇一〇年七月、旬報社。

石破茂『日本人のための「集団的自衛権」入門』二〇一四年二月、新潮社。

石破茂『国防』一九九九年一月、新潮社。

守屋武昌『日本防衛秘録』二〇一三年十月、新潮社。

守屋武昌『「普天間」交渉秘録』二〇一〇年七月、新潮社。

松竹伸幸『集団的自衛権の深層』二〇一三年九月、平凡社。

別冊宝島編集部編『新装版　裸の自衛隊』二〇〇八年六月、宝島社。

太田昌克『日米「核密約」の全貌』二〇一一年一一月、筑摩書房。

『別冊歴史読本　自衛隊誕生秘話』二〇〇三年四月、新人物往来社。

読売新聞戦後史班編『昭和戦後史「再軍備」の軌跡』一九八一年九月、読売新聞社。

佐藤守男『情報戦争の教訓　自衛隊情報幹部の回想』二〇一二年九月、芙蓉書房出版。

岡田真理『いざ志願！　おひとりさま自衛隊』二〇一〇年八月、文藝春秋。

宮嶋茂樹『ああ、堂々の自衛隊』一九九三年六月、クレスト社。

纐纈厚『文民統制　自衛隊はどこへ行くのか』二〇〇五年六月、岩波書店。

須藤遙子『自衛隊協力映画「今日もわれ大空にあり」から「名探偵コナン」まで』二〇一三年十月、大月書店。

武田頼政『ブルーインパルス　大空を駆けるサムライたち』二〇一一年六月、文藝春秋。

豊下楢彦・古関彰一『集団的自衛権と安全保障』二〇一四年七月、岩波書店。

豊下楢彦『集団的自衛権とは何か』二〇〇七年七月、岩波書店。

豊下楢彦『安保条約の成立――吉田外交と天皇外交』一九九六年十二月、岩波書店。

小西誠編著『小西反軍裁判―反戦自衛官の闘いと勝利―』一九八二年二月、三一書房。

松本重夫『自衛隊「影の部隊」情報戦』二〇〇八年十二月、アスペクト。

孫崎享『日米同盟の正体　迷走する安全保障』二〇〇九年三月、講談社。

梅林宏道『在日米軍』二〇〇二年五月、岩波書店。

後藤一信『自衛隊裏物語　みんなの知らない国防組織の真実』二〇〇七年八月、バジリコ。

能勢伸之『防衛省』二〇一二年七月、新潮社。

佐藤正久『イラク自衛隊「戦闘記」』二〇〇七年三月、講談社。

福山隆『防衛省と外務省　歪んだ二つのインテリジェンス組織』二〇一三年五月、幻冬舎。

小川和久『在日米軍 軍事占領40年目の戦慄』一九八五年三月、講談社。

伊勢崎賢治『日本人は人を殺しに行くのか』二〇一四年十月、朝日新聞社。

伊勢崎賢治『武装解除 紛争屋が見た世界』二〇〇四年十二月、講談社。

伊勢崎賢治『自衛隊の国際貢献は憲法九条で　国連平和維持軍を統括した男の結論』二〇〇八年三月、かもがわ出版。

小池清彦・竹岡勝美・箕輪登『我、自衛隊を愛す　故に、憲法9条を守る』二〇〇七年三月、かもがわ出版。

白井聡『永続敗戦論　戦後日本の核心』二〇一三年三月、太田出版。

古賀茂明『国家の暴走　安倍政権の世論操作術』二〇一四年九月、KADOKAWA。

太田述正『実名告発防衛省』二〇〇八年十月、金曜日。

太田述正『防衛庁再生宣言』二〇〇一年七月、日本評論社。

太田述正・兵頭二十八『属国の防衛革命』二〇〇八年十月、光人社。

矢部宏治『日本はなぜ、『基地』と『原発』を止められないのか』二〇一四、十月、集英社インターナショナル。

三宅勝久『自衛隊員が泣いている』二〇一三年七月、花伝社。

三宅勝久『自衛隊という密室』二〇〇九年九月、高文研。

泉博子『告発！　隠蔽されてきた自衛隊の闇』二〇一二年九月、光文社。

田岡良一『国際法上の自衛権』一九六四年一一月、勁草書房。

末浪靖司『対米従属の正体　米公文書館からの報告』二〇一二年六月、高文研。

佐藤守男『情報戦争の教訓　自衛隊情報幹部の回想』二〇一二年九月、芙蓉書房出版。

西村金一・岩切成夫・末次富美雄『自衛隊は尖閣紛争をどう戦うか』二〇一四年八月、祥伝社。

梅田正己『「北朝鮮の脅威」と集団的自衛権』二〇〇七年九月、高文研。

芦川淳『自衛隊と戦争　変わる日本の防衛組織』二〇一三年五月、宝島社。

田村重信『憲法と安全保障』一九九三年十二月、南窓社。


【資料】

『防衛実務小六法　平成二十五年版』二〇一三年一月、内外出版。

『防衛白書　平成25年版』防衛省。

『雄鶏通信臨時増刊　保安隊』一九五四年三月、雄鶏社。

田村重信・杉之尾宜生編『教科書　日本の安全保障』二〇〇四年三月、芙蓉書房出版。

田村重信・高橋憲一・島田和久編『日本の防衛法制』二〇〇八年五月、内外出版。


【ビデオ・DVD】

『ゴジラ』本多猪四郎監督、一九五四年。

『恐怖のカービン銃』田口哲・浅野辰雄監督、一九五四年。

『地球防衛軍』本多猪四郎監督、一九五七年。

『右向け、左！自衛隊へ行こう』冨永憲治監督、一九九五年。

『ゾンビ自衛隊』友松直之監督、二〇〇五年。

『特攻任侠自衛隊』土方鉄人監督、一九七七年。

『サムライ』片岡修二監督、二〇一二年。

『俺は、君のためにこそ死ににゆく』新城卓監督、二〇〇七年。

『男たちの大和/YAMATO』佐藤純彌監督、二〇〇五年。

『マイ・バック・ページ』山下敦弘監督、二〇一一年。

『宣戦布告』石侍露堂監督、二〇〇二年。

『亡国のイージス』阪本順治監督、二〇〇五年。

『3年B組金八先生 パートI 送る言葉』演出・生野慈朗。

『ULTRAMAN ウルトラマン』小中和哉監督、二〇〇四年。

『守ってあげたい!』錦織良成監督、二〇〇〇年。

『ミッドナイトイーグル』成島出監督、二〇〇七年。

『マドンナのごとく』門奈克雄監督、一九九〇年。

『戦国自衛隊』斎藤光正監督、一九七九年。

『戦国自衛隊1549』手塚昌明監督、二〇〇五年。

『野性の証明』佐藤純彌監督、一九七八年。

『北京原人 Who are you?』佐藤純彌監督、一九九七年。

『BEST GUY(ベストガイ)』村川透監督、一九九〇年。

『空へ~救いの翼』成島出監督、二〇〇八年。

『サバイバル自衛隊 SO SOLDIER』水木英昭監督、二〇〇五年。

『3・11東日本大震災自衛隊災害派遣 絆~キズナノキオク~』監修・岡部いさく、二〇一二年。

『自衛隊だけが撮った0311―そこにある命を救いたい―』総合演出・吉澤健一、二〇一二年。

『東日本大震災 自衛隊災害派遣活動の実録』坂本訓広監督、二〇一二年。

『世界の平和により役立つために――防衛省・自衛隊の国際平和協力活動』防衛省、二〇〇八年。

『TOP FIGHTER トップファイター』中島芳人監督、一九八八年。

『知っておきたい！陸上自衛隊』監修・岡部いさく、二〇一二年。

『知っておきたい！海上自衛隊』監修・岡部いさく、二〇一二年。

『知っておきたい！航空自衛隊』監修・岡部いさく、二〇一二年。

『太平洋と姫ゆり部隊』小森白監督、一九六二年。

『パコダテ人』前田哲監督、二〇〇一年。

『日本沈没』樋口真嗣監督、二〇〇六年。

『野性の証明』佐藤純彌監督、一九七八年。

『11・25自決の日　三島由紀夫と若者たち』若松孝二監督、二〇一二年。

『相棒　劇場版パートⅢ』和泉聖治監督、二〇一三年。

# あとがき

本書の第1部は、「自衛隊文学論」として、「文学史を読みかえる会」が刊行していた『〈いま〉を読みかえる　文学史を読みかえる8』（二〇〇七年一月、インパクト出版会）に書いたものである。第Ⅱ部、第Ⅲ部は、本書を刊行する際に書き下ろしたものだ。その間、七年間ほどのブランクがある。第Ⅰ部は、見ての通り、これまで自衛隊や自衛隊員を取り上げた小説作品を批評の対象としたもので、野呂邦暢のような純文学から、浅田次郎や有川浩のようなエンターティンメント作品までを取り上げている。話題になったものも、話題にならず、現在ではすっかり埋もれた作品となっているものも、自衛隊をテーマとしている限り、網羅的に取り上げたつもりである（『〈いま〉を読みかえる』に掲載した論文に、かなりの部分加筆している。発表以降に読んだものを補充したからである）。

ここでは「書かれた自衛隊」を通じて、日本の戦後文学の世界で、自衛隊がどのように形象化、表象化されているのかを追求したつもりである。小説作品としての優劣や、個人的な評価や価値尺度は表さないようにしたつもりだが、あまりの愚劣さに、ついつい悪口めいた評言を付与してしまったこともある。

自衛隊の本質は、〝空っぽの軍隊〟ということに尽きるというのが、ここでの結論である。

第Ⅱ部は、「まえがき」で書いたように、三・一一以降の現在において、自衛隊自体が変わったことと、それに対する私、および日本国民の〝眼〟が変わったことから発している。〝空っぽの軍隊〟という本質は変わっていないが、その現実的な存在感は変わったのであり、日本や国際社会においての、その社会的な在り方、さらにいえば、その〝有効性〟についての考え方が、大きく変化した。もちろん、それが、憲法九条を改定して、自衛隊の合憲化、国軍化しようという政治的な動きと、安倍政権が領導しようとする「集団的自衛権」の容認といった政治上の動きと連動していることは言うまでもない。

第Ⅱ部においても、自衛隊をテーマとして取り上げている小説作品を論述の対象としていることには変わりはないが、それと、現実の自衛隊に対する政治的動向、さらに安全保障や防衛体制について、作品論を踏み越えて論じることになった。むしろ、こうした〝自衛隊論〟の方が、第Ⅱ部においては主題なのであって、作品論は二の次となっている。作品論として論ずべきものがないということもあるが（〝自衛隊エンタメ小説〟としかいいようがないものが多い）、私の論述の目的が、そうした文学論、作品論、作家論から大きくはずれていったからである。

「集団的自衛権」については、反対というより、原理原則的に、憲法に「自衛権」を書き込まずに個別的であれ集団的であれ、自衛権を論ずること自体が非理であるというのが私の立場だ。もちろん、その行使は絶対的に反対である。憲法改悪にはもとより反対だが、自衛隊の存在を容認するならば、憲法第九条第二項を改定して、自衛権を保持することを言明し、自衛隊の存在を合憲化することが必要であると考える。と同時に、安全保障体制、防衛政策について、国民としての立場からの徹底した検討が不可避であると思う。これまで、私を含めて日本国民は、こうした問題を忌避していたことが、石原慎太郎や百田尚樹などを、マスメディアの世界でものさばらせてきた原因なのである。

第Ⅲ部は、自衛隊文学論の、映画作品に対して応用篇である。書いている最中に須藤遙子氏の『自衛隊協力映画』（大月書店）が出て、若干方向性は違うが、大いに参考・参照させていただいたことを付記する。

前著『震災・原発文学論』に続いて、インパクト出版会の深田卓氏の手を煩わせ、出版していただくことになった。装幀を担当していただいた宗利淳一氏へとともに、感謝したい。

二〇一四年一二月一〇日

川村湊（かわむらみなと）
1951年北海道に生れる
現在、法政大学国際文化学部教授
◆著書
『作文のなかの大日本帝国』岩波書店、2000年
『風を読む　水に書く―マイノリティー文学論』講談社、2000年
『ソウル都市物語―歴史・文学・風景』平凡社新書、2000年
『妓生―「もの言う花」の文化誌』作品社、2001年
『日本の異端文学』集英社新書、2001年
『補陀落―観音信仰への旅』作品社、2003年
『韓国・朝鮮・在日を読む』インパクト出版会、2003年
『物語の娘―宗瑛を探して』講談社、2005年
『アリラン坂のシネマ通り―韓国映画史を歩く』集英社、2005年
『村上春樹をどう読むか』作品社、2006年
『牛頭天王と蘇民将来伝説―消された異神たち』作品社、2007年
『温泉文学論』新潮新書、2008年
『文芸時評 1993-2007』水声社、2008年
『闇の摩多羅神』河出書房新社、2008年
『狼疾正伝―中島敦の生涯と文学』河出書房新社、2009年
『あのころ読んだ小説―川村湊書評集』勉誠出版、2009年
『異端の匣―ミステリー・ホラー・ファンタジー論集』インパクト出版会、2010年
『福島原発人災記―安全神話を騙った人々』現代書館、2011年
『原発と原爆―「核」の戦後精神史』河出ブックス、2011年
『震災・原発文学論』インパクト出版会、2013年

**紙の砦 ―― 自衛隊文学論**

2015年2月1日　第1刷発行

著　者　川　村　　湊
発行人　深　田　　卓
装幀者　宗　利　淳　一
発　行　インパクト出版会
〒113-0033　東京都文京区本郷2-5-11　服部ビル2F
Tel 03-3818-7576　Fax 03-3818-8676
E-mail：impact@jca.apc.org
http:www.jca.apc.org/˜impact/
郵便振替　00110-9-83148

藤田印刷株式会社